그레이트 그레이

멋지게 나이 들고 싶은 어른을 위한
안티에이징 라이프 플랜

그레이트 그레이

초판 1쇄 인쇄 2019년 4월 1일
초판 1쇄 발행 2019년 4월 5일

지은이 지성언

발행인 백유미 조영석
발행처 (주)라온아시아
주소 서울특별시 서초구 효령로 34길 4, 프린스효령빌딩 5F

등록 2016년 7월 5일 제 2016-000141호
전화 070-7600-8230 **팩스** 070-4754-2473

값 15,000**원**
ISBN 979-11-89089-74-0 (04320)
979-11-89089-75-7 (세트)

멋지게 나이 들고 싶은 어른을 위한
안티에이징 라이프 플랜

GREAT GREY

그레이트 그레이

지성언 지음

RAON BOOK

| 추천사 |

어느 중국통의 액티브 인생 2막

영화 〈인턴(Intern)〉의 로버트 드니로처럼 '인생 2막'을 살아가는 지성언 대표. 그를 따라다니는 수식어가 많다. 1세대 중국통, 청바지가 잘 어울리는 남자, 꽃할배, 화보모델, 한국판 〈인턴〉까지. 이 책에는 그만이 들려줄 수 있는 중국 스토리 외에 새로운 삶에 도전장을 낸 50플러스 세대의 인생이 담겨 있다.

'액티브 인생 2막'이라는 표현으로는 모자랄 정도로, '신중년 패션맨(fashion man)'의 지치지 않는 패션(passion)에 거듭 놀라게 된다. 그가 삶을 대하는 초긍정적인 태도에서, 늙는다는 것은 결국 관성의 다른 표현이라는 생각이 들었다.

나이는 숫자에 불과하고, 경험은 늙지 않는다. 나이 듦은 인생살이 끝에 얻은 성숙함이고, 인생은 항해와 같다는 것을 새삼 깨닫게 해준다. 이 책은 열정을 잃어버리지 않는 것이 곧 내 삶을 사랑하는 것이라고 힘주어 말한다. Let's be active!

박원순(서울특별시 시장)

거침없이 런웨이

업계에 중국통은 많다. 너도나도 중국을 말한다. 그러나 정작 믿고 맡길 만한 중국통 비즈니스맨은 없다. 중국이라는 거대한 공간과 긴 역사를 이해할 수 있는 전문가가 많지 않기 때문이다. 저자 지성언은 그래서 더욱 빛을 발하는 전문가다.

그는 30년을 현장에서 발로 뛴 중국통 비즈니스맨이다. 베이징, 상하이, 광저우 등 주요 지역에 실제로 거주하며 중국인들과 협상을 벌였고, 마케팅 활동을 했다. 그런가 하면 틈틈이 중국의 역사와 인문을 연구한 그야말로 진짜 중국통이다.

지금 한국에서도 지성언의 도전은 계속되고 있다. 대기업 출신 '노땅'이 작고 젊은 스타트업 차이나다에 합류한 것부터가 새로운 시도다. 게다가 60대임에도 '젊은 오빠' 뺨치는 패션 아이콘으로 자리매김하고 있다. 그의 나이를 잊은 거침없는 도전에 찬사를 보낸다.

한우덕(중앙일보 중국연구소 소장·차이나랩 대표)

1막보다 재미있는 2막

지성언은 정말 멋진 친구다. 내가 선친으로부터 물려받은 삶의 좌우명 "새로운 도전은 항상 옳다!(Quest is always right!)"를 나보다 더 잘 실천하는 친구다. 그가 중국 주재원으로 근무하는 동안 나는 중국을 뺀 세계 각지에서 외교관으로 살았기 때문에, 각자 인생 1막을 정리한 후에야 우리는 만날 수 있었다. 만나기 전에 SNS로 근황을 물었더니 "요즘 패션모델이 되었지" 하고 길거리 캐스팅되어 찍은 패션사진을 보내주었다. 그리고 한국에 돌아와서는 신개념 중국어 놀이터 '차이나탄캠프'를 론칭했다고 했다.

그는 인생 2막을 준비하고 있었다. 인생 백세 시대를 살게 된 우리는 모두 지성언처럼 삶의 다음 단계를 준비해야 한다. 마치 4년의 대학생활이 끝날 것을 분명히 알면서도 그 후에 무엇을 할지 준비하지 않으면, 결국 사회에서 남들보다 늦은 출발을 하게 되는 것과 같다.

오래전 미국에 살 때 전설적 코미디언 밥 호프의 80세 생일 특별쇼를 본 적이 있다. 그 쇼의 제목은 〈밥 호프의 첫 번째 80년(The first 80 years of Bob Hope)〉이었다. 첫 번째가 있으니 두 번째 80년도 있다는 의미심장한 개그다. 물론 그는 160세를 보지는 못했고 100세를 맞은 2003년 작고하였다. 우리의 인생 2막이 1막보다 짧더라도 상관없다. 왜냐하면 지성언의 표현대로 "연극은 항상 2막이 더 재미있기" 때문이다. 언젠가 올 인생 2막을 준비하고 있거나 이미 시작한 모든 분에게 최고의 인생 2막 전도사 지성언의 책을 권한다.

오준(세이브더칠드런 대표·전 UN대사)

30년의 경험을 30배의 열정으로

내가 지성언 저자를 처음 만난 것은 1984년 봄 타이베이에서였다. 타이베이는 외교관인 나와 LG상사 주재원이었던 저자에게 똑같이 첫 부임지였다. 주재원들이 많지 않았고 아이들도 같은 또래여서 서로 가깝게 지냈다. 우리는 한중 수교 초기에 베이징에서 함께 근무 후 현재까지 중국에 관한 꿈을 교환하면서 각별한 인연을 유지해오고 있다.

저자는 중국과 타이완에서 30여 년간 패션산업과 무역활동의 값진 경험을 갖고 2017년 귀국한 후, 차이나탄이라는 중국어교육 플랫폼과 방송 출연을 통해서 우리 젊은이들의 중국 진출에 관한 노하우를 전달해주는 귀한 역할을 하고 있다. 아울러 중장년 대상의 패션잡지에도 출연 요청을 받고 있다고 한다. 저자는 다양한 분야에서 '인생 2막의 새로운 이정표'를 열어가고 있는 것이다.

그는 무거운 분위기를 싫어했고 매사에 긍정적이며 후배들과도 격의 없이 어울리는 성격인데, 그의 이러한 성격이 제2의 인생 개막에 계기를 가져온 것은 분명하다. 무엇보다 대기업 주재원으로서 30년의 중국 생활에서 쌓은 전문성이 가장 큰 바탕이 되었음은 물론이다.

이번에 그만의 값진 중국 경험과 한국에서의 새로운 도전 그리고 패션이야기를 함께 묶어 책으로 출판된다고 하니 너무 기대된다. 저자의 책이 100세 시대 인생 2막을 준비하는 모든 이들에게 좋은 길잡이 역할을 할 것으로 믿는다.

정상기(건국대학교 석좌교수·전 외교부 대사)

영화 〈인턴〉과 같은 그와의 만남

창업 1년 반 만에 직원 220명의 성공신화를 이룬 앤 해서웨이는 패션 사업 꼭 필요한 패션센스와 사업능력, 업무를 위해 사무실에서도 끊임없는 체력관리, 야근하는 직원을 챙겨주고, 고객을 위해 박스포장까지 직접 하는 열정적인 30대 CEO다! 한편, 수십 년 직장생활에서 비롯된 노하우와 나이만큼 풍부한 인생경험이 무기인 60대의 로버트 드니로를 인턴으로 채용하면서 그들의 특별한 만남이 윈윈(win-win)으로 이어지게 되는데…….

영화 〈인턴〉의 이야기가 지금 나에게 현실로 일어나고 있다. 인턴으로 입사해 나와 함께 '차이나다'를 이끌어 가고 있는 지성언 사장과의 이야기다. '로버트 드니로'가 본보기라면 '지성언'은 돋보기다. 두 사람 다 중년 신사로서 성공한 경험이 있는 본보기 같은 인생이지만 지성언은 사업과 패션, 중국을 자세히 들여다보여 주는 돋보기다.

지성언을 통해 들여다본 중국은 지난 15년간 나의 안목에서 바라본 중국과는 너무나 다른 색깔의 중국이었다. 대기업 중국법인장을 맡아 성공적으로 사업을 이끈 능력, 청년들보다 더 파격적이고 감각 있는 패션센스, 중국인보다 더 중국을 잘 알고 사랑하는 마음. 이 세 가지를 다 갖춘 남자가 우리나라에 또 있을까? 그야말로 주변 사람들의 능력을 끌어내어 돋보이게 하는 돋보기다.

중국어 교육 벤처기업 차이나다는 중국유학생 6명이 설립한 작은 회사였는데, 지성언은 60세에 인턴으로 입사했다. 한 걸음씩 내딛던 소규모의 회사가 지성언 사장의 합류 후 3년 만에 매출이 400% 성장하고 직원 수가 100명이 넘는 기업으로 성장했다. 차이나다가 짧은 시간에

탄탄하게 성장할 수 있었던 배경에는 지성언 사장의 면밀하면서도 과감한 의사결정이 있었다.

예를 들면 기업가치 40조 원에 달하는 글로벌 최대 공유오피스인 위워크와의 협상에서 나와 지성언 사장은 회사의 미래를 결정하는 중요한 의사결정까지 단 30분밖에 걸리지 않았다. 즉흥적이라고 볼 수 있지만 그에게는 30년이 넘는 경험치와 30대의 과감한 패기가 있었기 때문에 가능한 일이었다.

이 글을 쓰는 나도, 이 글을 읽고 계실 독자도 우리는 늘 고민한다. 어떻게 살아야 어제보다 더 나은 삶을 살 수 있을지……. 지성언은 사회적으로 성공을 이루었고 감각적인 삶과 본인이 사랑하는 일을 하고 있다. 지금도 더 멋진 인생 스토리를 써내려가기 위한 페달을 밟고 있다. 사업도 패션도 중국도 끊임없이 배우고자 노력하는 그의 모습을 옆에서 지켜보는 특권을 가진 나는 이 특권을 많은 이들에게 꼭 나누고 싶다. 혹시 알까? 우리도 지성언과 같은 인생을 살아볼 수 있을지!

김선우(중국어 교육기업 (주)차이나다 대표)

내가 만난 가장 섹시한 어른 지성언

인생 목표가 하나 있다. "섹시한 할아버지가 되자." 지성언은 내가 생각하는 이상에 가장 가까운 사람이고 그런 의미에서 나의 롤모델이다.

처음엔 그의 fashion이 섹시했다. 2018년 봄, 우리는 위워크에서 만났다. 사실 나는 그를 알고 있었다. 같은 빌딩에 있으면서 모를 수 없었다. 그는 너무 멋진 패션피플이었으니까. 조금 부끄럽지만 난 내가 이 빌딩 안에서 옷을 제일 잘 입는다고 자부하고 있었다. 그런데 웬걸, 백발의 패션피플이 내 눈에 들어왔다. 그 뒤로 오늘은 뭘 입으셨나, 또 오늘은 어떻게 연출하셨나, 매일 그의 착장이 궁금했다. 나 혼자 지지고 볶던 묘한 경쟁의식(?)은 어느새 사라졌고, 그를 내 스타일 선생으로 인정하고 있었다.

그를 알고 나서는 그의 passion이 섹시했다. 우연한 기회에 위워크 내 지인을 통해 그를 소개받았다. 밥을 같이 먹고, 커피를 마시면서 옷에 관해 이야기했다. 나보다 30년을 더 산 아저씨와 옷 이야기를 나눌 줄 단 한 번도 생각해본 적 없었다. 즐거웠다. 무엇보다 옷에 대해 가지고 있는 생각이 좋았다. 사실 그의 경력, 경제적인 위치 등을 보면 온몸을 명품으로 휘감아도 부족하지 않으리라. 하지만 그는 비싼 옷으로 무조건 치장하는 사람이 아니었다. 그는 가격에 상관없이 자기한테 잘 어울리는 자기한테 좋은 자기한테 충분한 옷으로 옷이 아니라 본인을 빛나게 할 줄 아는 사람이었다.

2018년 5월부터 우리 둘만의 프로젝트를 시작하게 됐다. 거의 매일 그의 데일리룩을 사진으로 남기기 시작했다. 아침 8시에 만나 각자 출근하기 전까지 종로, 을지로 멀게는 동대문, 경복궁까지 걸으며 아름다운 서울 풍경 안에서 멋있는 지성언을 담았다. 30년 더 산 아저씨와 아침에 1시간에서 2시간 가까이 쭉 붙어 있는 게 전혀 어색하지 않았고, 불편하지 않았고, 일처럼 느껴지지 않았다. 우리에게 그 촬영은 아침 운동이었고, 매일 놓치고 사는 서울의 풍경을 눈에 담는 일이었고, 멋진 지성언의 제2의 청춘을 기록하는 일이었다.

지성언은 나의 비즈니스 멘토다. 아버지가 어릴 적에 쓰러진 나에게 내 인생의 고민, 내 사업 고민을 들어줄 어른이 없었다. 그를 만나기 전 2018년 봄은 나에게 겨울이었다. 사업이 어려워졌고, 사실상 폐업했다. 그러다 그를 만났고, 매일 사진을 찍기 시작했다. 그와 나눈 티타임은 대학에서도 못 들어봤던 현장의 경영전략수업이었다. 그의 열정적인 모습에서 나의 열정을 끌어올리기도 했다. 그의 바르고 또 넓은 마음을 보며 내 철학을 정립할 수 있었다. 생각의 범위가 나의 역량을 넘어가는 어려운 결정을 해야 할 때에는 고민을 털어놓았고, 그의 조언을 바탕으로 중요한 결정을 해나갔다. 그렇게 1년 만에 내 사업은 폭발적으로 성장했다.

내가 만난 가장 섹시한 남자 지성언은 나에게 친구이자, 멘토이며, 롤모델이다. 지성언이 특별히 나에게만 그런 존재일까? 아니다. 지성언의 이야기는 나와 비슷한 또래의 우리에게는 우리가 가야 할 길을 제시해줄 것이고, 그와 비슷한 나이의 어른들에게는 인생 2막을 향해 다시 달려갈 수 있는 새로운 동기가 될 것이다.

권정현(중년 패션 아이콘 에이전시 헬로젠틀 대표)

| 프롤로그 |

나의 페이스대로 그려나가는 인생 2막

정신없이 달려오니 어느덧 인생 2막을 앞둔 나이가 됐다. 자고로 100세 시대다. 우리 대부분은 일찍이 스스로 예상했던 것보다 훨씬 더 오래 살 것이다.

그러나 길어진 세월을 어떻게 살아가야 하는지는 그다지 깊이 생각해보지 않은 게 사실이다. 장수시대에 아무런 대비 없이 2막을 맞게 되면 길을 잃고 헤맬지도 모른다.

이 책은 내가 평소에 막연하게나마 은퇴 후의 삶은 이래야 하지 않을까 하는 생각과 과거의 경험 그리고 도전을 풀어놓은 것이다. 나는 소위 인생 2막을 연구하는 전문가도 아니다. 더구나 나의 행보가 누구에게나 모범이 되리라고 생각하지도 않는다. 내 생각과 방식이 정답은 더더욱 아닐 것이다.

사실 나는 30년을 넘게 중국에서 살며 몸으로 체험했던 귀중한 경험과 남겨두고 싶은 사례들을 중심으로 책을 펴내고 싶어 출판사를 찾았었다. 그러나 나의 지나온 이야기와 은퇴 후의 새로운 도전 이야기를 쭉 듣던 출판사 대표는 의외의 어퍼컷 카운터 같은 제안을 했다.

"지 대표님, 만약 지금 전개하고 계신 인생 2막의 새로운 변신과 다양한 도전 이야기라면 흥미가 있어 지금이라도 계약을 하고 싶습니다. 그러나 만약 중국 관련 이야기를 쓰시고 싶으시면 나중에 자서전에나 쓰시지요."

내심 제대로 된 은퇴 후의 인생 2막을 살아보겠다고 결심하고 나름 조금씩 실행에 옮기기 시작한 나로서는 거절할 이유는 전혀 없었다. 나는 호기 있게 "좋다"고 대답부터 했다. 옛날 같으면 생각지도 못할 '대담함'이었다. 바로 이것이 인생 2막에서의 지성언 스타일이다.

지금 이 글을 읽는 독자는 아마 장수할 것이다. 그것이 행운일지 불행일지는 2막을 어떻게 준비하느냐에 따라 달라질 것이다. 《당신도 120세까지 살 수 있다》를 저술한 장종호 박사는 "노화는 그저 질병이다. 다른 병들처럼 이 질병을 예방하고 치료함으로써 젊은이와 같은 열정과 스태미나를 갖고 편안한 노년을 지낼 수 있다"고 했다.

"앞으로 20세기에 태어난 사람 중에서 150세까지 사는 사람이 나올 것입니다."

2000년 전후에 스티브 오스태드 박사가 이런 주장을 할 당시만 해도 인간의 자연수명은 120세 전후가 한계라는 게 다수설이었다. 그런데 2009년 엘리자베스 블랙번 박사에 의해 염색체 말단의 '텔로미어'가 노화와 암을 결정짓는 것으로 밝혀짐으로써 오스태드 박사의 인간 수명 150세 주장도 힘을 얻고 있다.

게다가 다양한 분야에서 안티에이징의 여러 가지 기법이 연구되었고 그 성과가 입증되면 금세 대중화되었다. 2010년에 고려대 박유성 교수팀은 현재 1958~1971년생들의 경우 100세에 도달할 확률이 43~49%라는 연구결과를 발표하기도 했다.

요즘 이틀이 멀다하고 뉴스에 오르내리는 노인 문제에 대한 근본적인 원인은 생활 수준 향상과 의학 그리고 생명공학의 발달에 따른 수명의 증가를 개인도 국가도 미처 염두에 두거나 대비를 하지 못했기 때문이다. 장수로부터 파생되는 여러 가지 문제들은 이제 개인의 문제가 아니라 사회적 국가적 이슈다.

"변화하지 않고 예전의 스타일로 사업을 계속 영위하는 것은 앉아서 재앙을 기다리는 것과 같다."

이는 경영학의 대가 피터 드러커의 말이다. 이는 꼭 경제적인 영역의 사업에만 해당하는 게 아니다. 변화하지 않고 예전의 스타일로 노년을 보내려 한다면 앉아서 재앙을 기다리는 것과 같다.

앞으로 행복한 미래를 위해 은퇴를 바라보고 대비하는 우리의 시각부터 바뀌어야 한다. 내가 생각하는 것보다 훨씬 오래 살 가능성이 높다는 불편한 진실을 적극 받아들여야 한다. 인생 2막 계획도 다시 세워야 한다.

이 책이 지금 인생 전반전을 열심히 뛰고 있는 사람, 중간휴식 중인 사람, 이제 막 후반전을 뛰려는 사람 모두에게 앞으로의 인생을 어떻게 살아갈지 생각해보는 계기가 되면 좋겠다. 당신의 인생 2막이 1막보다 훨씬 아름답고 멋진 클라이맥스가 되길 바란다.

지성언

| 차례 |

PART 2

은퇴는 또 다른 현역의 시작이다
- Change Your Frame!

PART 3

꿈꾸는 자는 영원히 젊다
- Show Your Passion!

PART 4

건강해야 장수도 의미 있다
- Keep Your Health!

| 20년간 수출입 역군으로, 1세대 중국통이 되다 |

"중국 생활 31년, 인생의 절반을 중국에서 보냈다. 타이베이에서 주재원을 시작으로 홍콩, 베이징을 거쳐 중국 개혁개방의 최전선 광저우로 활동무대를 옮겼다. 이후 본격적인 중국 비즈니스 격전지에서 10년을 생활했다. 지나고 보니 주재원 시절의 호사였음을 깨달을 정도로 상하이 비즈니스 현장은 만만치 않았다."

❙ "선배님, 넥타이부터 푸세요!" ❙

"종합상사 수출입 역군으로 20여 년을 마감하고 패션의 아이콘 상하이에서 새로운 10년을 맞았다. 당시 패션에 문외한이었던 탓에 직장 후배에게 조언을 구했다. 후배는 지금이라도 돌아가라는 말과 함께 '그래도 하려면 그 넥타이부터 푸세요'라는 돌직구를 날렸다. 그 말이 지금의 나를 있게 했다. 직장에서 청바지를 입기 시작하면서 '청바지가 잘 어울리는 남자'라는 닉네임이 붙었다."

企業引進韓國LG集團精品服飾

ZZYS進駐台北SOGO設櫃

霞台北報導）滿心企業LG集團旗下精品服飾ZZYS設櫃忠孝SOGO 6F英倫貴族休閒的消費者有機會跟HAZZYS面對己打造最流行的休閒時日前邀請時尚貴公子丁間時尚概念櫃站台，秀時尚穿搭小撇步。

業者表示，HAZZYS休閒服飾品牌定位在25歲到35歲追求時尚、懂得品味的都會男女族群，更擴及20歲至40歲喜歡英倫貴族休閒風格的台灣消費者。HAZZYS今夏經典的代表穿搭，男裝穿上素面POLO衫和特殊版型的經典窄管褲，展現英倫貴族氣息；女裝則是以亮色POLO衫配上七分繽紛哈倫褲，學院時尚風格嶄露無遺。

今年春夏，HAZZYS品牌以「盛夏學院度假趣」爲題，强化學院風格的穿搭，從上衣、外套到下半身的色彩都很繽紛，主打橘、黃、藍、紅色和綠色等率性又燦爛的春夏色彩；而象牙白、米白、淺灰色和海軍藍等受歡迎的基本色也會繼續在HAZZYS的春夏裝延展下去。

謝、LG大中華區總裁池俊彥、滿心企業詹新長總經理合影。

I 이탈리아 브랜드 'TOMBOLINI' 모델로 데뷔하다! I

"예순이 넘어 모델 활동을 하고 길거리 캐스팅이 된 것이 흐뭇한 이유는 다른 것이 아니다. 넥타이와 양복으로 상징되는 종합상사맨에서 패션맨으로의 변신에 성공했다는 성취감 때문이다. 그동안 꾸준히 자기관리를 해온 것에 대한 보상을 받은 것 같아 뿌듯했다. 중국 상하이 패션 업계에서는 어느덧 꽤 유명한 옷 잘 입는 한국 아저씨로 공인되고 있었다."

| 강의로 소통하고 TV 출연으로 행복을 꿈꾸다 |

"중국에 관심 있는 직장인과 중국 유학을 꿈꾸는 학생들을 상대로 강의를 하며 소통의 폭을 넓혔다. 현장 소통이 가슴을 뛰게 했다. 행복했다. 그리고 〈위클리 차이나우〉와 〈꿀통쇼〉 출연을 통해 젊고 앞날이 창창한 친구들과 만나면서 나도 그들과 전혀 다름없는 앞날을 꿈꾸었다. 누가 뭐래도 나는 나의 꿈을 이루어가는 과정을 즐길 뿐이다. 왜냐고? 내 꿈은 내 마음이니까. 인생 2막에서는 마음 가는 대로 주저 없이 해야 후회하지 않는다."

| 중국어 교육 스타트업 (주)차이나다에서 전문경영인으로 새롭게 출발하다 |

"고민이 많았다. 익숙한 패션분야에서 계속 일하는 것도 좋겠지만, 이 시대 대한민국이 만들어준 1세대 중국통의 한 사람으로서 그동안 체험했던 오랜 중국 경험과 현장에서 갈고닦은 살아 있는 중국어를 후배들에게 나누어주고 싶었다. 어쩌면 나에게 주어진 마지막 임무라는 생각에 주저 없이 새로운 이 길을 선택했다."

차이나다-인민망 업무 협약식
人民网于CHINADA合作协议签约仪式
TAN

놀면서 배우다!
몸으로 배우다!
리얼 중국인에게 배우다!
30년 중국통에게 배우다!
중국어
입열기가
시작되는 곳
당신의 연봉이 2배가 되는,
탄탄한 중국어

I Fashion은 Passion이다 1 - 나를 쳐다보는 주변의 시선을 즐기다 I

"닉 우스터를 좋아하면서부터 나의 패션관이 달라졌다. 용기가 급상승했다. 주위 시선에서도 조금씩 자유로워졌다. 주변의 반응이 좋아지는 걸 느끼면서 오히려 타인의 시선을 의식하고 즐기게 되었다. 패션 감각만 젊어진 게 아니었다. 라이프스타일도 덩달아 젊어졌다. 예쁜 옷을 입기 위해 운동도 열심히 했다. 걷기를 생활화하기 위해 지하철역 두세 정거장은 늘 걸었다. 매사에 자신감이 늘어갔다."

MIXXO

WARMHEARTED

| Fashion은 Passion이다 2 - 나의 패션을 완성시켜주는 패션 아이템 |

"평소에는 손가방이나 클러치 백을 들 때도 있지만, 걸을 땐 주로 백팩을 멘다. 손도 자연스러워지고, 한쪽 어깨가 처지거나 척추가 휘는 것을 방지하기 위해서다. 길고 펑퍼짐한 바지들을 테이퍼드 핏으로 리폼하자 나의 발목 노출도 잦아졌다. 그러다 보니 정강이까지 올라오던 양말들이 하나둘 자취를 감추었다. 양말들도 아이들 크레파스처럼 갖가지 색깔을 띠기 시작했다."

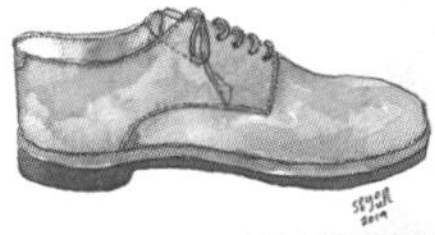

GREAT
GREY

PART 1

오늘은 내 생애 가장 젊은 날이다

- Forget Your Age!

퇴직 통보받고 딱 3초만 슬펐다

평생직장이라는 믿음을 배신당하다

'평생직장'이라는 말이 있었다. 과거에는 학교를 졸업하고 한 회사에 들어가면 특별한 과오가 없는 한, 정년까지 검은 머리 파뿌리 되도록 한 직장과 백년해로했다. 그러나 이제 평생직장이란 말은 세상에서 자취를 감춘 역사 속의 단어가 되었다. 나의 첫 직장은 LG였다. 마지막 직장도 LG일 것으로 철석같이 믿고 일했다. 우리 사이는 그야말로 영원하리라 생각했다. 그런데 말년에 조강지처가 날 버렸다. 퇴직 통보를 받는 순간 잠깐 어리둥절했지만, 곧 이어 웃음이 나왔다. 허탈한 웃음이 아니었다. 신기하게도 진짜로 기뻤다. 드디어 자유의 몸이 되었으니까.

나는 대학 졸업 후 LG그룹에 공채로 합격했다. LG전자, LG화학 등 그룹사로 배치를 받는데, 난 희망한 대로 LG상사(당시는 반도상사)에 배치받았다. 최고였다. 당시 판검사 등을 제치고 일등 신랑감으로 꼽히던 종합상사맨이 된 것이다. 가문의 영광이 따로 없었다. 게다가 그중에서도 가장 선망하는 섬유사업부로 가게 되었다.

그뿐만이 아니었다. 운 좋게도 입사 2년 만에 주재원 발령을 받았다. 출장 명령이 아니었다. 해외 주재원 발령이었다. 그때만 해도 입사하고 3년은 되어야 첫 해외 출장을 보내줄 때였다. 그런데 2년 만에 해외 주재원 발령을 받았으니 정말 대단한 행운이었다. 내가 그룹 오너 집안과 가까운 이른바 로열패밀리라고 소문이 날 정도였다. 물론 난 정면으로 부인하지 않은 채 그 소문을 즐겼다.

그 후 중국이 개방될 조짐을 보이자 홍콩 법인으로, 수교 1년 전에는 베이징으로, 이후에도 광저우, 상하이까지 그야말로 이직을 생각할 겨를도 없이 소위 금수저 붙박이 주재원 생활을 누렸다. 거의 직업이 주재원이라 해도 될 만했다. 내가 너무 오랫동안 해외 지사만 빙빙 돌자 이제는 아무도 나를 로열패밀리로 의심하지 않았다.

어쨌든 나는 대학 졸업 후 LG 한 직장만 다녔고, LG에서 내 인생이 끝날 것을 의심해본 적이 없었다. 오너 집안은 아니지만, 그냥 평생 LG맨으로 지낼 줄 알았다. 내가 사표를 내면 냈지 회사가 내게 그만두라고 할 줄은 꿈에도 몰랐다.

퇴직 통보
3초 후 찾아온 기쁨

어느 날 본사 사장으로부터 직접 전화가 왔다. 뜻밖이었다. 평소에 전화를 자주 하는 사이가 아니었기 때문이다. 전화기 너머로 "내일 본사로 들어오실 수 있으세요?"라는 음성이 조심스레 들렸다. 다른 부연 설명은 없었다. "알겠습니다" 하고 대답은 했지만, 정말 모를 일이었다. 기분이 이상했다. 본사 사장의 어투도 다른 때와는 달리 좀 어색했다.

뭔가 있긴 있다고 생각했지만, 그때까지도 내가 자리에서 물러나는 결정 때문인 것은 몰랐다. 당분간은 나를 대체할 만한 인력이 없다고 믿었기 때문에 교만이 하늘을 찌를 때였다. 낌새가 이상하다고 생각하면서도 설마 하는 마음으로 비행기에 올랐다.

아무리 생각해봐도 지금 하는 일을 나만큼 잘할 수 있는 사람은 없었다. 게다가 여기는 그 유명한 '장사의 신'들이 모여 있고, 국제적인 비즈니스 룰조차 통하지 않는 터프의 '끝판왕' 중국 시장 아닌가? 그것도 중국 내수 시장 공략은 아무나 할 수 있는 게 절대 아니다. 중국어는 기본 중의 기본에 지나지 않는다.

여기까지 생각이 미치자, 걱정은 안 되었다. 무슨 특별한 지시 사항이 있으신가 보다 하고, 좋은 쪽으로 애써 해석하며 급히 귀국길에 올랐다. 그러나 역시 세상에 영원한 것은 아무것도 없었다. 드디어 올 것이 왔다. 나에게도 이런 날이 온 것이다.

"죄송합니다. 어제 이사회에서 중국 지역의 실적 부진을 이유로지 상무님의 임기 연장을 불허했습니다. 그동안 수고하셨습니다."

"아, 네……."

딱히 할 말이 없었다. 딱 3초간 기분이 나빴다. 잠깐 슬펐다. 아주 잠깐. 사장은 본인의 뜻이 아님을 밝히며, 미안하다고 거듭 말했다. 그런데 진짜 딱 3초 슬픈 후에 거짓말처럼 기쁨이 몰려왔다. 그동안 어쩌다 보니 그룹의 대표 중국통이 되어, 중국 개혁개방이라는 큰 흐름에 휩쓸려 이직 한번 제대로 생각해보지 못하고 지금까지 흘러왔다. 그러나 마음 한구석에는 뭔지 모를 아쉬움 같은 게 늘 있었다.

나름 잘나가고 또 때가 되면 승진하며 남부러울 것 없이 금수저 노릇을 해왔지만, 항상 2퍼센트 부족했다. 중이 제 머리 못 깎는다는 말이 딱 맞았다. 오히려 후련했다. 이제는 내가 칼자루를 쥘 수 있겠구나, 드디어 내가 뭔가를 선택하고 설계할 수 있겠구나 싶었다. 슬퍼하기는커녕 미소를 잃지 않는 나를 보고 당황한 것은 오히려 사장 쪽이었다. 어쩌면 속으로 '이 양반 너무 쇼크를 받아서 어떻게 되었나?' 하고 의심했을지도 모른다.

사실 얼마나 짜릿한 일인가? 그룹 공채로 입사한 후, 솔직히 한번도 내 생각대로, 내 계획대로 움직인 적이 없었다. 드디어 나도 자유의 몸이 되었는데 어찌 기쁘지 아니할쏜가.

"저는 솔직히 홀가분합니다. 그런데 무슨 대안은 있으신지요? 이제 막 궤도에 오른 브랜드 내수 사업에는 중국을 잘 아는 인재가 필요할 텐데요."

나는 정색을 하고 회사 걱정부터 했다.

"그리고 저 같은 중국 전문가 하나 양성하는 데 거의 30년 걸리는 거 아시죠?"

무슨 용기가 났는지 이런 말까지 내뱉었다. 오지랖이었다. 상대방이 들으면 훈계를 듣는 느낌일 수 있다는 고려는 없었다. 그냥 앞으로 인재를 너무 쉽게 내치지 않기만을 바랐던 것 같다. 말을 한 내가 오히려 더 미안했다. 〈떠날 때는 말없이〉라는 노래도 있는데 내가 좀 오버했다는 후회가 밀려왔다. 그러나 다시 주워 담을 수는 없었다. 나의 평생직장이나 다름없는 LG그룹에 대한 애정이 남아 있어 걱정 반 훈계 반으로 한 말이었다. 여러 해가 지난 지금도 그때의 일침은 후회하지 않는다.

본격적으로 FA 시장에 나오다

그 자리에서 사장은 나에게 계속해서 고문을 맡아줄 수 없냐는 제의를 해왔다. 당시 일부 임원의 경우 퇴임 후 일정 기간 매달 약간의 지원금(다른 직장에 근무하지 않을 경우 지급)을 주는 규정이 있었다. 나는 이 규정대로라면 거절하겠노라고 했다. 또 한 번의 의외의 반격에 사장은 놀라는 표정이었다. 잘리는 마당에 고문직이라도 감지덕지 받을 줄 알았던 것 같다. 난 후배들에게 뒷모습이 초라한 그런 선배로 보이긴 싫었다. 아무리 방금 백수가 되었어도 비굴 모드는 스스로 용납이 안 되었다. 고문은 수락할 수 있으나 대우 문제는 원점에서 다시 협상하자고 했다.

"그럼 혹시 어느 정도 대우를 생각하고 계십니까?"

"시장 가격으로 해야겠지요."

"그게 얼마나 되죠?"

"저도 아직은 잘 모릅니다만, 최소한 지금보다는 높은 수준일 겁니다."

사실이었다. 자신도 있었다. 어딜 가든 충분히 제 몫을 받을 수 있다고 생각했다. 통쾌했다. 그렇게 해서 2년 반 동안 더 LG를 도와 일했다. 내 후임으로 현지에서 중국인이 채용되었기 때문에 주로 그를 도왔다. 중국인을 법인장으로 앉히는 실험을 도와준 셈이다. 이 기간이 나에게는 더없이 좋은 재충전의 기회였다.

평소에 법인장입네 지사장입네 하며 한국 기업의 법인장들끼리 주로 어울리던 생활 패턴이 변했다. 이제는 그들을 만나는 대신 현지 중국인들과 교류가 많아졌다. 개인 시간이 좀 많아지니 그동안 미뤄두었던 여행도 짬짬이 갈 수 있었다. 현지 로컬들이 많이 다니는 맛집도 찾아다녔다. 크고 비싸고 유명한 집이야 접대를 핑계로 많이 다녔지만, 진짜 맛있고 특색 있는 집은 따로 있었다.

백화점 유통망들과도 기껏해야 총경리(중국에서는 CEO, 사장을 총경리라 부른다)급들과 식사나 하는 게 고작이었는데, 이제는 실무 책임자를 만나는 게 오히려 편해졌다. 상대도 덜 불편해하는 것 같았다. 아이러니하게도 계급장을 떼니 더 많은 중국인과 섞일 수 있었고, 중국도 더 깊이 이해할 수 있게 되었다. 진작부터 이렇게 했으면 하는 후회도 했다.

그러나 중국인을 법인장으로 세우는 실험은 2년으로 끝났다. 다시 한국에서 법인장으로 근무할 임원이 날아왔다. 본사에서는 또다시 새로 부임할 법인장을 1년 정도 도와주었으면 했다. 드디어 이번에는 내 차례였다. 본사에 보란 듯이 통보했다. 새로 부임한 법인장을 6개월만 돕겠다고. 나도 나의 계획이 있고, 또 워낙 유능한 임원이므로 현지 적응은 6개월이면 충분하다는 이유를 댔다. 계속해서 회사의 필요, 그것도 나를 자른 회사의 요구를 들어주긴 싫었다. 아무리 대우가 좋고 시간이 많고 편하다고 이렇게 세월만 죽일 수는 없었다.

경영에 대한 책임은 지지 않으면서 대우는 현역 때와 같이 받고 근무는 더 적게 할 수 있는 이런 고문 자리는 꿈의 자리이긴 했다. 그렇지만 더 이상은 싫었다. 회사에도 큰 도움이 되지 않지만, 나 자신의 미래에도 도움이 안 된다는 판단이 들었다. 어쩌면 또다시 회사로부터 그만두라는 통첩을 받기 싫었던 마음이 더 컸는지도 모른다. 게다가 이곳이 나의 유일한 선택지도 아니었다. 나에게 오라는 곳이 없던 것도 아니었다. 이번에는 내가 회사의 요구를 보기 좋게 거절한 셈이다.

드디어 본격적으로 FA 시장에 나온 프로선수가 되었다. 몇 군데 가고 싶은 곳과 협상을 했다. 이 기회에 나의 시장가격도 알아보고 싶었다. 보란 듯이 협상에 성공하여 인재를 쉽게 버리는 대기업의 행태에도 일침을 가하고, 남아 있는 후배들에게 멋진 모습을 보여주고 싶었다.

최종적으로 미국계 여성복 회사에 꽤 괜찮은 조건으로 옮겼다. 연봉 협상 때 출퇴근용 기사와 차량은 필요 없다고 사양했다. 모처럼 걷기 운동할 기회인데 기사 딸린 차량을 타고 다닌단 말인가. 나는 대중교통을 이용하기로 마음먹고 상하이에 와서 10년 동안 딱 한 번 타본 지하철로 출퇴근을 시작했다. 아내와 딸아이는 이런 나를 응원한다며 멋진 백팩을 선물했다. 지하철에서는 쉽게 만나기 어려운 명품 백팩이었다. 나의 자존심 격인 그 백팩을 메고 매일같이 유동 인구가 많은 상하이 지하철역 계단을 오르내렸다. 몸이 편한 에스컬레이터 쪽은 눈길 한번 주지 않고 계단을 애용했다. 에스컬레이터 이용 거부는 2년 동안 단 한 차례의 예외도 없이 지켰다.

솔직히 평생직장이라고 믿었던 LG를 그만두면 큰일 나는 줄 알았다. 절벽으로 떨어질 줄 알았는데 오히려 새로운 문이 열렸다. 큰 회사에서는 작은 일을, 작은 회사에서는 큰일을 한다는 말을 실감했다. 오히려 실무를 더 세세하게 익힐 수 있었고, 중국 고객들과의 관계도 더 끈끈하게 재정립할 수 있었다.

물론 어느 누구든, 직장에서 밀려나면서 3초만 슬플 수는 없다. 그러나 계속 슬픔에 빠져 있다 보면 패배자가 된다. 나이가 들고 직장을 그만두어야 할 날은 반드시 온다. 지금 있는 직장에서 허송세월하지 말고 미리미리 자기 분야에서 전문가적 소양을 갖추어놓고 마음의 준비를 해둔다면 갑작스러운 해직 통보를 받더라도 단 1초도 슬퍼하지 않을 수 있다. 아니, 자신을 선불리 해고한 회사를 역으로 3년간 슬프게 만들 수도 있다.

은퇴는 끝이 아니라 출발점이다

패를 섞고 다시 돌리는, 중간 휴식

우리 사회는 일정 연령이 되면 누구나 은퇴라는 명목으로 주류 사회에서 퇴출시킨다. 의사나 변호사 등 특수한 자격증을 가지고 활동하는 몇몇 직업군 외에 이 테두리에서 벗어나는 사람은 없다. 여기엔 지위 고하도, 그 어떤 예외도 없다.

은퇴는 한자로 '隱退'라고 쓴다. '隱'은 숨다, 세상을 버리다, 감추다라는 뜻이다. 즉 은퇴라 함은 뒤로 물러나서 세상을 등지고 숨어버린다는 뜻이다. 중국어로는 '退休(퇴휴)'라고 쓰고 '퇴이시우'라고 읽는다. '물러나서 쉰다'는 뜻이다. 세상과 거리를 두게 되는 것은 마찬가지인데, 우리는 '숨어버린다'에, 중국인들은 '쉰다'에 방점을 찍은 게 다르다면 다르다. 쉬든 숨어버리든 100세 시대에는 전혀 어울리지 않는 표현이기는 마찬가지다.

나는 아예 '은퇴'라는 단어를 쓰지 말아야 한다고 본다. 시대 변화에 맞게 표현도 바꿔어야 한다. 요즘 50대는 젊어도 너무 젊다. 예전에는 50대라고 하면 인생의 종착역에 와 있다는 인식이 강했지만, 평균수명이 80세를 넘어서고 90대에도 건강한 노인이 많은 요즘에는 50대가 예전의 30대만큼 젊다. 산술적으로도 50세면 100세의 중간 정도에 와 있는 셈이니 중휴(中休), 즉 중간 휴식 정도가 맞다. 러닝타임이 긴 공연에서 인터미션(intermission)을 두는 것처럼 50대의 은퇴는 인생의 중간 휴식이라고 생각하면 어떨까? 화투나 트럼프 놀이로 치면 패를 섞고 다시 돌리는 새로운 한 판의 시작이다. 흥분되지 않는가? 그야말로 걸기대(乞期待)다.

은퇴(중휴라는 표현은 아직 나 혼자만의 주장이니, 일단은 은퇴라고 쓰자)는 끝이 아니라 새로운 출발을 알리는 신호탄이자 축복이다. 100세 시대의 도래는 꽤 오래전부터 예견되었지만, 정작 100세 시대의 초입에 와 있는 지금, 그에 걸맞은 새로운 사회적 시스템은 보이지 않는다. 준비가 안 된 것은 비단 국가만이 아니다. 개인도 마찬가지다. 50대에 은퇴 후 무엇을 어떻게 하면서 또 다른 30년을 보내야 하는지 막막하기만 하다. 그렇다고 국가가 바로 어떤 획기적이고 유용한 정책을 내놓을 리는 만무하다.

은퇴가 아닌 중휴라고 생각을 바꾸고 새로운 출발을 다시 설계해야 한다. 은퇴 후의 새로운 출발을 두 번째 인생 혹은 인생 2막이라고 해두자. 바보가 아닌 이상 첫 번째 인생에서 후회했던 점을 반복하지는 않을 것이다. 첫 번째 인생처럼 어쩌다 보니 살아왔다는 식의 수동적인 삶은 절대 안 된다. 이제는 나의 의지로 내가 주인이 되는 삶을 설계해야 한다. 지금부터 사는 인생은 결과가 어떻든 지금껏 치열하게 살아온 인생 1막이 있었기에 주어진 두 번째 기회라고 생각해보자. 그러면 아마 1막보다는 훨씬 넉넉한 마음으로 삶을 바라보게 될 것이다.

인생 2막에서 끝은 없다

처음부터 인생 2막의 설계에 완벽함을 추구하려 애쓰지는 마라. 어설퍼도 좋다. 좀 유치하거나 보잘것없어 보이는 '소확행(소소하지만 확실한 행복)'이 목표라면 더욱 좋다. 지금부터라도 한 단계씩 나만의 행복한 인생 2막 마스터플랜을 짜는 것이 중요하다. 계획을 잘 짜려면, 일단 과거에 휘둘리지 말아야 한다. 과거는 과거일 뿐이다. '과거에 내가 어땠는데……', '내가 그래도 한 가닥 했는데……' 제발 이러지들 말자. 과거에 내가 어떤 사람이었는지는 인생 2막에서 전혀 중요하지 않다. 혹시 과거가 신통치 않다고 생각되면 과감하게 지워버려도 좋다. 우린 현재와 미래만 설계하면 된다.

새로운 시도나 접근은 아무래도 자기가 잘하는 일에서 시작하는 것이 편하다. 소통능력, 컨설팅 능력, 노래, 강의 등 자신만의 강점을 살려 전략을 짜면 된다. 어떤 물건이라도 애초 만든 목적에 따라 사용되는 게 마땅하다. 사람도 자기 능력 범위 내에 머물 때 가장 빛난다. 억지로 제자리가 아닌 위치에 있으려고 하면 탈이 난다.

이제 방향이 어느 정도 정해졌다면, 나만의 스타일을 입혀보자. 사람들은 왕왕 남의 스타일로 승부수를 던진다. 다윗은 골리앗을 물리칠 때 갑옷과 창을 쓰지 않았다. 자기가 쓰던 돌팔매와 물맷돌을 무기 삼았다. 세상 어디에도 없는 자신만의 스타일로 골리앗을 쓰러뜨린 것이다. 자신만의 유니크한 스타일이 필요하다. 이게 없으면 멋진 인생 2막은 포기해야 한다. 물론 스타일은 하루아침에 생기지 않는다. 공을 들여야 완성되고, 노력한 만큼 빛이 난다. 우리는 인생 1막에서 이미 많은 시간과 노력으로 단단한 기본기를 갖추어놓았다. 스타일은 기본기 위에서 개발되는 것이지 이미 만들어져 있는 게 아니다. 확실한 내공이야말로 곧 당당함이 될 수 있음을 기억하자.

스타일은 곧 아이덴티티다. 인생 2막에서 아이덴티티가 확실하려면 인생 콘셉트부터 확실해야 한다. 인생 2막은 끝이 정해져 있지 않다. 즉 서든데스(sudden death) 경기와 같다. 그러므로 생의 마지막 눈을 감는 순간에 무엇을 남기고 갈 것인가 미리 생각해두어야 한다. 남은 사람들에게 멋지고 따뜻하게 기억되면 좋지 않겠는가. 품위 있는 인생은 품위 있는 죽음으로 마무리된다. 잘 산다는 것과 잘 죽는다는 것은 다른 이야기가 아니다. 같은 말이다. 죽음에 대한 준비는 일상이 되어야 한다. 잘 살아야 이 세상을 떠날 때 웃을 수 있다. 최후의 승자는 이 세상 떠날 때 웃을 수 있는 사람이다.

사람들이 죽을 때가 되면 공통으로 하는 후회가 있다고 한다. 제일 먼저는 '내가 왜 베풀지 못했을까?' 하는 후회이고, 그다음으로는 남에게 상처준 일을 후회한다고 한다. 또 무미건조했던 삶을 아쉬워한다고 한다. 여유를 갖고 즐겁게 살 수 있었는데 왜 그리 바쁘게만 살았는지 회환을 느낀다고 한다. 이러한 공통된 후회 속에 인생 2막을 어떻게 살아야 하는지에 대한 답이 다 들어 있다. 어차피 인생 2막의 끝은 죽음과 닿아 있다. 그러므로 죽을 때 후회하지 않고 잘 죽는 것이 궁극적인 목표가 되어야 한다.

인생 2막에서 속도는 전혀 중요하지 않다. 방향이 중요하다. 맞는 방향으로 꾸준히 계속 조금씩 가면 된다. 계속 가기 어렵다면 쉬었다 가기를 반복해도 괜찮다. 인생에서의 성공은 최후에 도달하는 어떤 지점이 아니라 여정 속에서 얻어지는 가치다. 인생 2막의 성공은 어떤 특정 목표에 도달하는 게 아니라 방향이 맞느냐 맞지 않느냐가 결정한다. 언제 어느 때 인생 2막이 막을 내리더라도 그 순간 방향이 맞는다면 그게 성공이다. 즉 남은 하루하루 가치 있는 생활을 해 나가는 과정 중에 성공도 있고 끝도 있다.

은퇴란 사회적 인생의 끝이 아니라, 인생 2막의 새로운 출발을 알리는 신호탄이자, 자신만의 성공한 인생을 위한 설계도를 그리는 붓이 자신의 손에 쥐어지는 축복의 순간이다.

인생 2막의
작가, 연출자, 배우는 모두 당신

금수저 직장인의 차이 나는 선택 '차이나다'

나는 연극을 좋아한다. 지금도 기회만 되면 혼자서라도 공연을 보러 가곤 한다. 중국에 있을 때 〈차관(茶館: 찻집이라는 뜻)〉이라는 유명한 연극을 관람한 적이 있다. 〈차관〉은 중국의 현대문학가 '라오서(老舍)'가 1957년 7월에 발표한 작품으로, 대표적인 중국 현대화극이다. 이 작품은 청나라 말기, 중화민국 초기, 항일 전쟁 승리 이후 등 크게 세 가지 시기를 배경으로 하여 조정의 부패함, 제국주의의 침략, 군벌 혼전, 국민당의 부패한 통치와 이로부터 고통받는 백성들의 고통을 그려내고 있다.

나는 중국어를 듣고 이해할 수 있어서 연극을 관람하는 데 불편함은 거의 없다. 중국에서 연극을 보다 보면 뜻밖에 극본의 구성이나 연출 그리고 배우들의 연기까지 나무랄 데 없는 수준작을 만나기도 한다.

중국의 연극 관람 문화는 우리와 좀 다른 면이 있다. 유명 배우가 등장하면 관객들이 배역과 관계없이, 극의 흐름에 관계없이 시도 때도 없이 박수를 보낸다. 대배우에 대한 예우인 셈이다. 관객들의 연령대가 매우 다양하다는 것도 우리와 좀 다르다. 남녀노소 할 것 없이 무대와 호흡을 같이하며 배우들의 일거수일투족에 일희일비하는 관객들의 문화적 깊이에 놀란 적이 많다.

일반적으로 대형 연극은 중간에 휴식 시간을 가진 후 2막을 올린다. 흥미진진한 극의 전개나 반전을 기대하며 다시 막이 오르기를 기다린다(물론 화장실도 간다). 확실히, 예외 없이 2막이 1막보다 재미있다. 반전이나 결말은 결국 2막에 나올 수밖에 없으니 당연한지도 모른다. 우리네 인생도 마찬가지다. 정신없이 보낸 인생 1막보다는 은퇴 후의 경륜이 쌓인 인생 2막이 더 재미있고 아름다울 수 있다.

은퇴는 끝이 아니다. 인생이 연극이라면 이제 겨우 1막이 끝난 것에 지나지 않는다. 오히려 흥미진진한 2막은 아직 시작도 안 했다. 특히 100세 시대의 은퇴는 더욱 그렇다. 55세 전후에 정년퇴직한다면 최소한 20년 정도는 경제활동이나 사회활동을 해야 한다는 말이다. 자그마치 20~30년을 그냥 놀 수만은 없다. 무언가 해야 한다.

나도 나름 잘나가는 직장인이었다. 수저 색깔로 말하면 금수저 직장인일 것이다. 하지만 늘 마음 한구석에는 불안함이 있었다. 이러다가 어느 날 갑자기 하늘의 부름이라도 받으면 후회 안 할 자신이 없다는 생각을 하곤 했다. 게다가 하고 싶은 일이 한둘이 아니었다. 같은 일을 해도 좀 더 의미 있는 일을 하고도 싶었다. 돈이 주된 목적이 아닌, 행위 자체가 의미 있고 또 내가 즐겁게 할 수 있는 일을 하면서 살면 더 좋겠다고 늘 막연하게나마 생각했다.

내가 대기업 임원에서 퇴임한 뒤 중국어 교육 플랫폼 '차이나다'라는 스타트업(start-up)에 기꺼이 합류한 것도 그 이유 때문이다. 그동안 중국에서, 특히 개혁개방의 현장에서 보고 듣고 느낀 생생한 경험을 후배들과 나누기에는 안성맞춤이었다. 처음 합류 제의를 받았을 때 급여의 많고 적음은 하등의 고려 대상이 아니었다. 내심 재능기부라고도 생각했다. 그러다 보니 예상했던 대로 하루하루가 보람되고 재미있고 즐거웠다.

2막은 서든데스 경기, 자기만의 철학과 주제가 필요하다

인생 1막은 대부분 첫 직장을 계기로 휩쓸리듯 시작한다. 시작부터 자신이 가고 싶은 직장에 간 사람은 많지 않다. 당시의 여러 환경과 나의 스펙이 절충해서 만들어준 결과일 뿐이다. '최상'이었다기보다는 '최적'의 선택지였으리라. 이런 인생 1

막은 어지간해서는 축구 경기처럼 끝나는 시간이 대충 정해져 있다.

그러나 인생 2막은 서든데스 경기 방식을 따른다. 연장전에 들어가 어느 한 팀이 먼저 골을 넣는 순간 경기가 끝난다. 진 팀에게는 단 1초의 시간도, 기회도 더 이상 주어지지 않는다. 인생 2막의 하루하루는, 그래서 더욱더 소중하다. 그냥 헛되이 보내면 안 되는 골든 타임인 것이다.

연극으로 비유하면 인생 1막에서의 나는 그저 연기하는 배우다. 그러나 2막부터는 배우 역할은 물론이고 극본도 쓰고 연출까지도 직접 해야 한다. 게다가 결말이 정해져 있지도 않다. 현실 세계에 이런 연극은 존재하지 않는다. 어쨌든 결말이 있고 막은 내린다. 그러나 인생 연극의 2막은 다르다. 직접 대본을 쓰고, 직접 연출하고, 연기까지 하지만 언제 막이 내릴지, 어떻게 결말이 날지 정해진 것은 아무것도 없다. 따라서 언제 막이 끝나더라도 후회 없는 피날레가 되도록 순간순간 최선을 다해야 한다.

이를 위해서는 먼저 극본, 즉 설계를 잘해야 한다. 정확히는 어떻게 늙어가면 좋을지를 미리미리 생각하고 준비해야 한다. 먼저 주제부터 정하자. 무엇을 하면 즐거울까? 무엇을 할 때 행복한가? 무엇을 하면 보람될까? 어떤 게 진정 가치 있는 것일까? 사람마다 다를 것이다. 분명한 것은 지금 우리가 좇는 물질 풍요, 승진, 출세 따위는 절대 아닐 것이다. 각자 연극의 작가이자 연출가이자 주인공으로서 어떤 연극을 무대에 올릴까 고민하자.

그리고 미리미리 준비할 게 있다면 지금부터 당장 준비하라. 준비가 충실한 2막은 어쩌면 많은 사람에게 감동을 줄 만한 멋진 작품도 선사할 수 있을 것이다. 1막을 바꾸기란 쉽지 않다. 그러나 2막은 다르다. 얼마나 재미있고 의미 있으며 멋진 연극을 올리고 연기할지는 모두 자기 자신에게 달려 있다. 인생 2막의 선택권은 오롯이 나에게 있는 것이다.

인생 2막의 주제 정하기에 참고할 만한 친구를 한 명 소개하고 싶다. 오준 전 유엔 대사가 그 주인공이다. 그가 2014년 12월 22일 유엔안전보장이사회 회의장에서 북한 인권 문제에 관해 했던 즉흥 연설은 세계인들의 심금을 울린 명연설로 회자되고 있다. 연설 내용이 담긴 유튜브 영상은 한동안 온라인을 뜨겁게 달구기도 했다.

"남한 사람들에게 북한 주민은 그냥 아무나(Anybodies)가 아닙니다. 대한민국 수백만 명의 이산가족에게는 아직 북쪽에 그들의 가족이 남아 있습니다. 비록 지금 그들이 목소리를 들을 수 없어도 우리는 알고 있습니다. 그들이 겨우 수백 킬로미터 거리에 있다는 것을 말입니다. 우리는 북한의 인권 유린을 고발한 유엔 북한조사위원회의 보고서를 보며 가슴이 찢어지고, 탈북자들의 얘기를 들을 때마다 같은 비극을 겪은 듯 눈물을 흘립니다. 부디 훗날 우리가 오늘을 되돌아볼 때 북한 주민을 위해 옳은 일을 했다고 말할 수 있기를 소망합니다."

그는 외교관으로서가 아닌, 평소 한민족으로서 느끼고 있는 안타까움과 애절함을 있는 그대로 전 세계인에게 전했다. 오준 대사의 진정성 있는 호소는 유엔이 북한 인권 문제를 중요 안건으로 다루게 하는 원동력이 됐다. 그는 유엔 대사를 끝으로 38년간의 외교관 생활을 아름답게 마무리했다. 퇴직 이후 그의 행보는 그를 더욱 빛나게 해주었다. 경희대 국제대학원에 교수로 임용되더니, 곧이어 메이저급 NGO인 세이브더칠드런의 이사장을 비롯한 여러 시민단체와 장애인 단체의 자리를 맡아 인생 2막의 발걸음을 내딛고 있다.

얼마 전 그와 인생 2막에 대해서 이야기를 나눌 기회가 있었다. 그의 주제는 확실했다. '기여'와 '나눔'이었다. 우리 정부나 외국의 연구단체에서 그의 경력을 참작해서 국제기구 진출이나 단체장 초빙을 받았던 일을 이야기하면서, "학교와 시민사회에서 새로운 삶을 시작하기 전에 그런 제의가 있었으면 수락했을지 모르지만, 지금에 와서 과거와 유사한 분야로 다시 돌아가는 것은 나의 인생 2막에 방향성을 없앨 뿐이라는 생각에서 사양했지……" 하고 말했다.

오랜 친구 사이이지만, 나는 오준 대사를 존경하고 또 나의 롤 모델로 삼고 있다. 고교 때 함께 미술반 활동을 했던 그는 외교관 생활을 하는 틈틈이 그림을 그리고 아마추어 밴드에서 드럼도 치는, 그야말로 문무를 겸비한 멋쟁이다. 그런 그가 은퇴 후의 설계도 이상적으로 하는 것 같아 내심 부럽기까지 하다. 오준 대사처럼, 자기만의 확실한 철학과 인생 2막을 관통하는 나름의 주제를 마련하고 인생 후반전을 맞이하자. 그래야 헛걸음을 하지 않고 후회가 덜한 선택을 할 수 있다.

당신이 1막 어디쯤에서 주어진 배역을 연기하고 있든, 1막 연기를 끝내고 2막을 올리려 준비하는 중이든, 인생 2막의 무대는 자신이 하기 나름의 무대임을 잊지 말자. 얼마나 보기 좋고 감동적인 무대일지는 오롯이 자신에게 달려 있다. 내 마음대로 할 수 있는 특권이 주어져 있는 대신 연극의 끝은 신의 영역이다. 내일이 없는 것처럼 열정적으로 연기하며 매 순간이 클라이맥스처럼 인생 2막을 살아가야 할 것이다.

더 이상의 꼰대는 안녕!

꼰대는 쥐도 새도 모르게 온다

인생 2막을 멋지게 연기하고 싶을 때 잊지 말아야 할 게 하나 있다. 바로 꼰대다. 꼰대 연기는 절대 금물이다. 꼰대의 사전적 의미는 첫째, '은어로 늙은이를 이르는 말'이고 둘째는 '학생들의 은어로 선생님을 이르는 말'이다. 사회에서는 일반적으로 자신의 고지식하고 권위주의적인 사고방식을 남에게 강요하는 사람을 비아냥거리는 용도로 쓰인다. 생각이 굳어 있고 자기주장만 하여 말이 잘 안 통하는 나이 든 사람을 통칭하는 말이다. Mnet의 예능 프로그램 〈더 꼰대 라이브〉의 사회자 이경

규는 "생각이 화산재처럼 굳어 있는 사람, 그 생각을 남에게 강요하는 사람이 꼰대"라고 정의 내리기도 했다.

'꼰대'라는 말은 어떻게 생긴 것일까? 흔히 알려진 '꼰대'의 어원 중 하나는 영남 지방에서 번데기를 의미하는 사투리 '꼰데기'에서 왔다는 설이다. 꼰대질하는 사람들은 대개 나이가 많다 보니 얼굴에 번데기처럼 주름이 많다는 의미에서 쓰였다고 전해진다.

또 다른 꼰대 어원설은 일본 강점기의 슬픈 역사와 관련이 있다. 일본 강점기 시절 친일파 세력들은 일제로부터 백작 등의 작위를 받아 권력을 손아귀에 쥐었다. 당시 조선에서 '백작'을 뜻하는 프랑스어 '콩테(comte)'를 일본식으로 부른 것이 '꼰대'가 되었다는 설이다. 특히 얼마 전 드라마 〈미스터 선샤인〉에도 나왔던 매국노 이완용 같은 자는 일제에 적극 협조한 대가로 조선 귀족 백작 작위를 받았는데, 너무 자랑스러웠던 나머지 스스로 "나는 꼰대다"라고 말하고 다녔다고도 한다. 그 후 사람들은 이완용을 비롯한 친일파들의 행태를 비꼬기 시작했고, 이를 계기로 '꼰대'라는 말이 유래했다는 설이다.

어떤 사람이 나이, 성별, 직위와 무관하게 자신의 계급장을 앞세워 대접받고 싶어 한다면 꼰대 기질이 있는 것이다. 꼰대는 필요 이상으로 체면치레와 허례허식을 중시하며, 주류층 대접을 받고 싶어 한다는 공통점이 있다.

이와 관련해서 '꼰대 육하원칙'이라는 우스갯소리가 있다. 혹시 다음과 같은 말을 자주 사용한다면 이미 꼰대일지도 모른다. 육하원칙에 따라 예를 늘어놓고 보니 나 또한 '꼰대' 가능성이 다분히 있어

보여 적잖이 걱정된다.

- **누가**: "내가 이래봬도 어디 어디 출신인데", "임원이었는데", "예전에 내 밑에 있던 친군데"…….
- **언제**: "우리 때는 말이야", "내가 너만 했을 땐", "내가 젊었을 땐"…….
- **어디서**: "군대에서", "전 직장에서", "상사 앞에서", "회식 자리에서"…….
- **무엇을**: "무공훈장을", "엄청난 프로젝트를", "대한민국 수출을 나 혼자서"…….
- **어떻게**: "야근을 밥 먹듯이", "마누라와 약속도 취소하며", "상사의 한마디면"…….
- **왜**: "나라 하나 잘되라고", "회사의 발전을 위해서", "상사가 하라니까", "그런데 너희는 왜?"…….

짜이찌엔 꼰대!

과거에는 배운 지식과 경험만으로 별 어려움 없이 어른 구실을 할 수 있었다. 먼저 배우고 익히고 경험한 것만 가지고도 자라나는 세대에게 두고두고 가르쳐줄 수 있었다. 젊은 세대는 인생 선배를 자연스럽게 스승으로 대접했다. 그러나 지금은 다르다. 세상의 변화가 5G LTE급으로 빠르다. 10년에 강산이 한 번 변하는 게 아니라, 1년에 강산이 열 번 변하는 그런 세상이다. 그러니 어른들이 가진 값진 경험과 연륜 등은 이제 과거의 낡은 유산 취급받기 일쑤다. 후대에 가르쳐주기는커녕 그것을 고집할라치면 오히려 '꼰대'가 되기 십상이다. 꼰대 취급받지 않으려면 거꾸로 새로운 것을 부단히도 받아들이고 배우고 따라가야 한다.

나는 오랜 중국 생활을 끝내고 한국으로 돌아오면서 아들뻘 되는 젊은 친구들이 창업한 '차이나다'에 합류했다. 가족과 주위 사람들이 걱정스러운 마음으로 나의 '무모한 도전'을 지켜봤다. 그때 마음속으로 했던 다짐이 "절대 꼰대는 되지 말자"였다. 다짐이라기보다는 나만의 '생존을 위한 필살기'였다. 가뜩이나 나이 차이가 나는 젊은이들과 일을 같이하려면 소통이 무엇보다 중요한데 창의성이나 속도 면에서는 못 따라갈 게 뻔했으므로 적어도 꼰대 짓은 하지 말자고 다짐했던 것이다. 거의 매일 아침 집을 나서면서 곱씹고 또 곱씹은 다짐이 'not 꼰대'였다. 그래서 그런지는 몰라도 아직까지는 소통 때문에 애를 먹은 적은 없었던 것 같다. 혹시 나만의 생각일지도 모르지만…….

100세 시대를 살아야 하는 인생 후반전 주자들은 이제 옛것을 버리고 새사람이 되어야 한다. 옛것만 고집하며 살다가는 자칫 꼰대 소리만 수십 년 듣다가 끝날 수도 있다. 너도나도 '탈꼰대' 운동에 동참해야 한다. 이건 선택의 문제가 아니라 필수다. 인생 후반전을 젊은 세대가 기피하는 꼰대로 살지 말자.

문제는 꼰대가 되지 말자는 다짐만 가지고 되지 않는다는 것이다. 무늬만 'not 꼰대'가 되면 안 된다. 집을 리모델링하듯 뼈대만 남기고 다 바꿔야 한다. 거의 재건축 수준이 되어야 한다. 가족들마저 낯설어할 정도로 바뀌어야 한다. 외모도 행동도 생각도 모조리 다 바뀌어야 한다. 철저한 변신이 유일한 해결책이다.

변신의 첫걸음은 민감하게 시대 변화에 대처하는 것이다. 시대 변화에 뒤떨어지면 안 된다. 다소 떨어졌다고 생각되면 바로 더 열심히 따라가야 한다. '나중에 필요하면 그때 하면 되지'라는 생각은 금물이다. 한번 뒤처지면 끝이다. 마라톤 레이스에서 앞에 달리는 단 한 사람을 따라잡기가 얼마나 힘든지는 말 안 해도 익히 짐작할 것이다. 인생 후반전은, 비유하자면 마라톤 반환점을 돈 다음의 후반 레이스와 같다. 후반 레이스에서 앞사람을 추월하기는 전반 레이스에서보다 몇 배는 더 힘든 법이다.

인생 후반전을 꼰대 소리 듣지 않고 지내려면 라이프스타일 자체를 바꿔야 한다. 그동안 페이스북이나 인스타그램 등 SNS는 나와 관계없는 젊은이들의 전유물이라 생각했다. 중국에서 막 돌아왔을 때 기껏해야 카톡이나 하면서도 나름대로 소통한다고 생각했었다. 그러나 카톡이 유일한 SNS 소통 창구인 나에 비해 같이 일하는 직원들은 '라인(LINE)'으로 대화를 하고 또 자료들을 퍼 날랐다. 그리고 내가 페이스북을 안 하는 것을 두고 매우 놀랐다. 내가 아무리 중국은 페이스북이 막혀 있어 할 수 없었다고 변명을 해도 나를 시대에 뒤처진 인간으로 보는 눈빛은 여전했다.

100세 시대, 몸은 늙어도 생각은 늙으면 안 된다

온라인 차이나탄 서비스는 물론 오프라인 차이나탄캠프도 모바일 앱을 이용해서 수강 신청을 하고 수업을 함은 물론 각각 페이스북을 통한 마케팅 등 업무의 상당 부분이 SNS를 통해서 이뤄진다. 그러다 보니 이런 것에 익숙지 못한 내가 완전 꼰대로 보였을 것이다.

나는 망설임 없이 '라인'을 깔고 페이스북 계정을 오픈했다. 모바일에 차이나탄 서비스를 깔고 매일 들어가 보면서 숙달하려고 남몰래 노력했다. 물론 모르는 것은 창피한 게 아니라 당연한 것이라고 위로하며 주저 없이 묻고 또 물었다. 그들도 기꺼이 도와주며 나의 늦은 '무한도전'에 재미있어했다. 일단 시작하고 나니 새로운 세상이 열렸다. 새로운 친구들도 만들 수 있었다. 매일매일 엄청난 새로운 정보들을 접할 수 있었다. 대박이었다. 활용만 잘하면 엄청난 기회도 만들어낼 수 있는 요지경이 거기 있었다.

SNS를 통한 엄청난 정보 속에서 내게 필요한 정보만 쏙쏙 골라 뽑는 재미도 있었다. 패션에 관심이 많은 나는 패션 분야에 종사하는 '페친(페이스북 친구)'들이 일거에 많이 생겼다. 또한 나름 미식가인 나는 맛집에 대한 정보도 자주 찾아보고 교류한다. 중국어 교육 플랫폼에 종사하다 보니 중국어를 좋아하는 사람들과 자연스레 교류하면서 진로 상담도 해주고, 또 학습 상담은 기본이다. 독서를 좋아하는 사람 그룹, 영어 회화를 목적으로 만나는 그룹, 영화 감상이 취미인 그룹 그리고 내가 타는 브롬톤(Brompton) 미니벨로 자전거를 사랑하는 사람들 그룹 등 수많은 크고 작은 모임에도 활발히 참여할 수 있게 되었다.

맛집 정보의 경우, 그냥 흘려보내면 아무런 소용이 없다. 그냥 보는 것만으로는 변할 수 없다. 음식도 과거 좋아하던 것만 고집하지 말고 요즘 유행하거나 젊은이들이 좋아하는 음식은 일부러라도 접해보는 것이 좋다. 내 몇몇 친구들은 젊은이들이 가는 이태원의 유명 음식점까지 감히 진출하곤 한다. 이런 친구들은 몸도 마음도 깨어 있는 셈이다. 물론 나도 이쪽에 속한다고 자부한다. 소위 '핫한' 곳에 진출하려면 자연히 옷차림에도 더 신경 쓴다. 꼰대와는 거리가 점점 멀어질 수밖에 없다.

얼마 전에는 젊은이들의 전유물인 인스타그램도 시작했다. 처음에는 내 사진을 인스타에 올려놓고 자랑스레 보여주는 게 어색했지만 지금은 두어 달 만에 거의 2,000명에 가까운 팔로워도 생기고 몇백 명의 인스타를 팔로우하고 있기도 하다. 거기에 올릴 사진을 찍기 위해 그 전날 옷을 고르고 또 거리에서 패션 모델 뺨치는 포즈로 시작하는 하루는 또 다른 즐거움을 가져다준다. 얼굴도 모르는 팔로워들이 보내주는 엄지척에 마치 벌써 무슨 셀럽이라도 된 양 마냥 즐겁다. 연예인이 따로 없다. 철이 한참 덜 든 어린아이 같은 나를 보며 문득문득 놀라기도 한다.

페이스북과 인스타그램 외에도 나는 중국에서 주로 사용하는 중국판 카톡인 위챗도 사용하고 있다. 내가 속한 위챗방 중에 무려 400

여 명이 멤버인 그룹 채팅방이 하나 있다. 한국에 돌아온 지금도 아직 이 그룹 채팅방은 살려놓고 있다. 왜냐하면 이 방에 모인 멤버들이 너무나도 다양한 각계 각층의 인재들이기 때문이다. 이를 통하면 안 되는 일이 없을 정도다. 중국에서의 웬만한 문제들은 이 그룹 채팅방을 통하면 다 해결된다. 그들 자신도 이 방을 '만능방(萬能房)'이라고 부른다. 더 정확한 중국어 표현으론 완능취엔(萬能圈: 만능권)이다. 안 되는 일이 없는 '만능 무리'라는 뜻이다.

바야흐로 100세 시대다. 100세 시대 인생 후반전을 대비하거나 시작하는 우리들은 무조건 달라져야 한다. 삶의 방식과 개념부터 바꾸어야 한다. 축구로 치면 이제 겨우 전반전을 마치고 중간 15분의 휴식 시간이거나 후반전을 막 시작한 셈이다. 은퇴 후 아무것도 안 하고 늙기만을 기다리는 것은 재앙이다. 생각을 바꿔야 한다. 몸은 늙어도 생각은 늙으면 안 된다. 친구도 옛날 친구만 만나면 안 된다. 일부러라도 젊은 친구들을 만들고 만나라. 다만, 그들을 만날 때면 입은 다물고 지갑은 열어야 한다는 사실을 잊지 말자. 옷도 멋지게 젊게 입어라. 찢어진 청바지도 입어보라. 나이 한 살이라도 젊었을 때 입어보자. 우리 남은 인생에서 가장 젊은 오늘, 바로 실행해보자. "난 얼굴 자체가 꼰대다"라고 외친 개그맨도 있었다. 얼굴은 꼰대이지만 옷차림만이라도 패셔니스타가 되어보자. 거기에 대고 꼰대라고 할 사람은 이 세상에 없다. 꼰대는 어디까지나 '애티튜드(attitude)'다. 얼굴 생김새나 깊게 팬 주름으로 판단하는 게 아니다.

끝으로 '꼰대 방지 5계명'을 소개한다. 기억하고 되새김하자.

첫째, 내가 틀렸을지도 모른다.

둘째, 내가 바꿀 수 있는 사람은 없다.

셋째, 그때는 맞고 지금은 틀리다.

넷째, 말하지 말고 들어라, 답하지 말고 물어라.

다섯째, 존경은 권리가 아니라 성취다.

더 이상의 꼰대는 안녕이다.

짜이찌엔(再見: 안녕히 가세요) 꼰대!

남은 인생, 순서도 바꾸고 역할도 바꾸어 살아보자

우리는 지금, 재부팅이 필요하다

세상은 오늘도 진보하고 또 바뀌고 있다. 지구에 사는 아주 작은 생물조차 환경에 맞추어 하루하루 진화하지 않는 한 생존하기 힘들다. 인간 역시 마찬가지다. 세상이 바뀌는 것 못지않게 진보하고 바뀌어야만 생존력과 경쟁력이 유지된다. 세상 변화의 흐름에 올라타야 한다. 안 그러면 영락없이 꼰대로 남을 수밖에 없다.

그렇지만 우리가 유일하게 바꾸지 못하거나 거스르지 못하는 것이 하나 있다. 바로 물리적인 나이, 특히 신체적 퇴행이다. 게다가 특별한 질병이 없는 한, 우리는 퇴행하는 신체를 가지고 100세 가까이까지 살아야 한다. 과거에는 거동이 조금 불편해도 어르신 대접을 받으며 기껏 10여 년 더 살다 가면 되었다. 그러나 지금은 무려 40~50년간 더 살아야 한다. 그래서 진보는 계속하되 동시에 사회적 역할도 재인식해야 하고, 또 육체마저도 컴퓨터를 새롭게 부팅하듯 그야말로 '리셋(re-set)'이 필요하다. 그렇지 않으면 인생 후반전을 '루저'로 살아가게 될 것이다.

육체를 새롭게 부팅하려면 어떻게 해야 할까?

우선 태어나서부터 오늘까지 몇십 년간 굳어온 나의 육체적 행동 패턴을 잘 관찰하고 이를 바탕으로 전반적인 패턴을 리셋하자. 이를 위한 가장 좋은 방법은 '거꾸로 살아보기'를 실천하는 것이다. 생활 속 소소한 나의 행동 패턴을 일부러 순서를 바꾸는 것이다. 이는 메이저리거 왼손 투수 류현진 선수가 동네 야구에서 평소 안 쓰던 오른손으로 던지면서 자라나는 후배들과 호흡을 맞추는 것과 같은 것이다. 창조란 원래 익숙한 것을 생소하게 재편집하는 데서 온다고 했다. 거창하게 창조까지는 아니더라도 변화를 두려워하지 말고 생활 속에서 아주 사소한 습관부터 좌우를 바꾸고, 선후를 바꿔보자. 인생 전반전을 좌완 투수로 살았다면 인생 후반전은 우완 투수로 산다고 생각하자. 이 또한 짜릿한 도전 아닌가? 실제로 우리 몸은 오래된 사용 습관으로 불균형과 비대칭의 복합체다. 그저 편한 쪽으로, 익숙한 쪽으로 사용하면서 살아온 탓이다.

나는 환갑을 맞았을 때 '거꾸로 살아보기'를 실험해보기로 하고 조금씩 실천하기 시작했다. 물론 이 글을 쓰면서 깨달은 것이지만, 아직도 무수히 많은 동작이 나의 '거꾸로 실험'을 기다리고 있다. 나는 유난히도 오른쪽 어깨와 왼쪽 어깨의 너비가 차이 난다. 왼쪽 어깨가 오른쪽에 비해 눈에 띄게 좁다. 아마도 태어날 때는 좌우가 정확히 같은 너비였을 것이다. 그러나 생활 속에서 특별히 오른쪽 어깨를 더 사용하면서 일종의 기형이 왔을 것이다. 중고교 시절에 야구를 즐겨 하면서 투수를 포지션으로 맡아 했는데, 그것도 조금은 원인이었을 것으로 보인다. 이런 논리대로라면 류현진 선수는 양쪽 어깨 너비가 5센티미터는 차이가 나야 할 테지만…….

여러분도 한번 자신을 유심히 관찰해보라. 정말 재미있게도, '나'의 일상적인 몸동작이 상당한 패턴을 가지고 움직이고 있음을 발견할 수 있다. 나도 깜짝깜짝 놀랄 때가 많다. 일단 아침에 잠에서 깨어 일어날 때 일어나는 방향이 정해져 있다. 왼쪽으로 일어나는 사람은 늘 왼쪽으로만 일어난다. 목욕하고 타월로 닦을 때도 순서가 무서우리만치 일정하다. 잘 관찰해보시라. 바지를 입을 때도 왼쪽 발부터 넣는지 오른쪽 발부터 넣는지 살펴보라. 양말도 오른쪽부터 신는지, 윗옷을 입을 때 머리부터 입는지 팔부터 집어넣는지 혹은 오른쪽 팔부터인지 왼쪽 팔부터인지. 방문 손잡이는 거의 오른손잡이인 경우는 오른손으로 열 것이다. 음식 씹을 때도 좌우 중 하나로 치우쳤을 가능성이 크다. 그러면 자신도 모르게 한쪽 턱이 더 발달해서 크기가 다를 수 있다. 손깍지도 늘 끼던 쪽으로만 낀다. 거꾸로 해보면 어색하기 그지없다. 심지어 백팩 멜 때도 순서가 꼭 있다. 핸드폰도 늘

드는 손이 따로 있다. 그러다 보니 갖다 대는 귀도 늘 일정하다. 계단 오를 때 어느 쪽 발이 먼저 올라가나도 재미있는 관찰거리다. 다만 조심하시라. 왼발 먼저인지 오른발 먼저인지 생각하다 스텝이 꼬일지 모르니까.

내가 한창 골프를 잘 칠 때의 일이다. 하루는 한 동반자가 일부러 나에게 "골프 샷을 하는 순간에 숨은 들이쉬나요, 아니면 내쉬나요?" 물어보는 바람에 갑자기 스윙이 망가진 일이 있었다. 우리는 많은 일을 무의식중에 하면서 산다. 그렇기에 일상생활에서 몸에 철저히 밴 습관을 거꾸로 되돌려본다는 발상 자체가 무의식과의 싸움이라서 어려울 수 있다. 그런데 이런 사소한 도전이 주는 재미와 행복이야말로 '소확행'이 아니고 무엇이겠는가? 내가 시도해본 결과, 나만이 깨닫게 되는 아주 재미있는 '소확행'이 무수히 많다. 처음에 나는 샤워하고 나와서 왼발 오른발을 바꿔서 들어 올리다가 중심을 잃고 넘어질 뻔한 적도 있다. 바닥이 미끄러워 자칫 대형사고로 이어질 뻔했다. 방심은 금물이다.

신발을 신을 때도 나는 늘 왼쪽부터 신고 있었다. 무의식중에 왼쪽부터 신다가 갑자기 발을 빼고 오른쪽부터 다시 신는 그런 우스꽝스러운 동작을 하루에도 몇 번씩 한다. 아무도 눈치채지 못하는, 이 세상 아무도 모르는 나만의 '행복한 놀이'다. 그러다 보니 나는 하루에도 몇 번씩 어린아이가 된다. 이게 '놀이' 그 자체라서 재미있다.

불편함으로 만들어가는 완전함

생각해보면 인생 전반전에서 우리는 늘 내가 주인공인 삶을 살아왔다. 지위가 높든 낮든 내가 주인이든 아니든 모든 나날의 주인공은 내가 되어야 했다. 특히 일정 지위에 올라갔다거나 사회적으로 성공을 했던 사람들은 더욱더 그렇다. 하다못해 노래방에 가서도 마이크는 늘 내가 더 많이 차지하고자 노력했다. 노래도 목이 터져라 불러야 주인공이 되는 줄 알았다. 겁 없이 임재범의 〈고백〉이나 소찬휘의 노래를 꺼내 불러야 한 가닥 하는 것으로 보이는 줄만 알았다. 큰돈 내고 간 유럽 여행지에서도 그 멋진 풍경을 내가 다 가리고 서서는 사진 찍기에 급급했다. 아름답고 황홀한 자연 풍광 앞에서도 주인공 자리를 내줄 생각을 하지 못했다. 어디가 되었든, 무엇이 되었든, 늘 내가 주인공이어야만 했다.

그러니 인생 후반전은 내가 풍경이 되는 삶을 살아보면 어떨까? 그것도 내가 주도적으로. 이왕 나의 모든 생활 패턴도 거꾸로 바꾸자는 마당에 실제 사회에서의 역할도 과거 주인공 역할에서 이제는 조연이나 길가는 행인 아니면 아예 배경 역할 정도를 기꺼이 맡아 해보자.

아니, 그래야 한다. 이제는 시대가 바뀌었다. 시대의 주인공은 더 이상 우리가 아니다. 다행인 것은 세상이라는 연극은 주인공 혼자만 하는 1인극이 아니라는 것이다. 주인공 말고도 너무나 많은, 없어서는 안 될 배역이 많다. 명품 조연은 주연보다 빛날 때도 많다. 게다가 멋진 배경도 필요하다.

내가 제안하고 또 나름 실천하고 있는 '거꾸로 살아보기'와 '역할 바꿔서 살기'는 쉽다면 너무 쉽고, 어려운 사람한테는 한없이 어려울 수 있다. 마음먹기에 달렸다. 죽어도 주인공이었던 추억만 붙들고 살겠다는 사람에게는 무척 힘든 일이다. 또 거꾸로 사는 게 너무 불편하고 주위의 이목도 신경 쓰이는 사람에게는 무척 어려운 도전이다. 혹시 왼손으로 숟가락질 하는 게 눈치가 보이면 그건 빼고 해도 좋다. 남이 거의 눈치채지 못하는 거꾸로 프로젝트 대상은 살펴보면 너무나 많다. 하나씩이라도 시작해보라. 재미는 내가 보장한다. 스스로 행복해진다. 혼자서도 웃을 수 있는 일이 하루 동안에도 얼마든지 발생한다.

그리고 거꾸로 살아보기를 꾸준히 실천한다면 몇십 년간 균형을 잃고 한쪽으로만 비정상적으로 발달했던 우리 몸의 구석구석이 시나브로 균형을 잡게 될 것이다. 한마디로 '불편함으로 만들어가는 완전함'이다. 이 어린아이 같은 천진난만한 '거꾸로 놀이'가 이 나이에 몸의 균형까지 잡아준다니, 덤치고는 너무나 큰 덤이다. 축복이다.

인생 후반전의 행복을 위해 지금 당장 '리셋'하라.

100세 시대, 당신 생애 가장 젊은 오늘부터 준비하라

가족애의 대물림이 필요하다

100세 시대에는 부모의 재산이 자식에게 상속되더라도 자식도 나이가 많아 사실상 손자나 손녀가 실질적인 수혜자가 된다고 한다. 그나마 부모가 재산이라도 좀 있는 경우의 이야기다. 나같이 평범한 가정에서 태어나 평생 직장생활로 가족을 부양하고 기껏해야 집 한 채 달랑 남겨진 은퇴자나 은퇴를 앞둔 사람에게는 얼마간의 재물이 있더라도 남겨두어야 한다. 나 자신을 위해서다. 앞으로 별다른 수입 없이 30~40년, 아니 어쩌면 50년을 더 살아야 한다. 그렇기 때문에 자식들에게 상속할 만한 여유가 근본적으로 없다. 조기 상속을 하고 수십 년을 자식들에게 손 벌리고 사느니, 가진 얼마간의 재물이나 혹은 달랑 하나 갖고 있는 집을 담보로 역모기지론 같은 것을 받아서라도 자식들에게 손 안 벌리고 생활비로 충당하는 편이 훨씬 낫다.

우리 집에는 아이들이 고3 때 대학 입시를 앞두면 꼭 해두는 의례가 있다. 일종의 언약식이다. 이름 하여 '대학 등록금 반환에 관한 합의서' 작성! 내용은 이렇다.

고등학교까지는 부모의 의무이자 도리로 부모가 다 책임져주지만 대학 등록금부터는 일종의 대출이다. 부모가 빌려주는 것이니만큼 대학 졸업 후 직장을 갖게 되면 봉급에서 일정 부분씩 떼어서 원금만이라도 갚아라. 혹시 이자까지 포함해서 갚아준다면 반대는 하지 않겠다.

아들 녀석은 내가 "공증이라도 받아둘까?"라고 물었을 때 "아빠, 저를 믿으세요. 꼭 갚겠습니다"라고 해서 부자지간에 공증까지 받는 사태는 막을 수 있었다. 얼마나 다행인가.

아들은 의대 6년을 포함해서 도합 7년 동안 대학을 다녔다. 아직은 대출금 상환을 시작하지 않았지만, 나의 매년 대차대조표상엔 아들의 대출금이 미수금(account receivable)으로 잡혀 있다. 언젠가는 받을 나의 자산으로 계상되어 있다는 뜻이다.

솔직히 아들에게 대학 등록금을 돌려받을 생각은 애초부터 없었다. 다만 자식들에게 대학 학자금을 비롯해 부모님께 되돌려드릴 '사랑'이 있음을 상징적으로나마 보여주고 싶었다. 부모님께 갚아드릴

부채가 있다는 인식을 은연중에 심어주고 싶었던 것이다. 그 덕분에 출가한 자녀들이 지금도 명절 때나 기념일을 빠뜨리지 않고 물질로나 스킨십으로나 되갚아주고 있어서 나는 행복하다. 잘못 키우지는 않은 것 같아서 천만다행이다. 나는 만약 상속을 해줄 수만 있다면 이런 부모 자식 간의 일종의 부채 의식을 상속해주고 싶다. 진정한 상속은 재산의 대물림이 아니라 '가족애의 대물림'이라고 생각하기 때문이다.

'나'를 브랜드화하자

좀 더 실질적인 이야기를 해보자. 겨우 20~30년 벌어서 애들 학교 보내고 또 시집 장가 보내고 50세 전후해서 은퇴를 하면 우리 손에 남은 것이라곤 잘해야 집 한 채와 달랑 몇 푼의 퇴직금이 전부인 경우가 허다하다. 아니 어쩌면 이 정도도 상위 몇 퍼센트쯤에 속하는 경우인지 모른다. 그런데 우리 부모 세대만 하더라도 본인들이 덜 먹고 덜 쓰더라도 집 한 채는 자식들에게 유산으로 남겨주겠노라고 배를 쫄쫄 곯아가며 지질한 내핍 생활을 실천한 분이 많았다.

그러나 지금은 또 다르다. 평균수명이 늘어도 너무 늘었다. 예순 중반의 나는 요즘 친구나 지인의 부모님 부음을 이틀이 멀다 하고 듣는다. 고인이 된 분들은 대부분 90세 전후이거나 그보다 많은 연세들이다. 몇십 년 전 같으면 친구나 지인 혹은 본인의 부음을 듣거나 전하게 될 나이에 그 윗세대 어른들의 장례식에 가기 바쁘다. 따라서 우리 자신이 집 한 채라도 자식에게 남겨주고 싶어도 죽지 못해(?) 남겨줄 수가 없다. 오히려 자식들이 만약 유산으로라도 물려받기를 기다린다면 본인들이 먼저 목 빠져 죽을 판이다. 죽지 않고 살아서 물려받더라도 본인들도 이미 60~70세 넘은 노년이 되었을 시점이다.

그러니 이제는 부가 대물림되더라도 격 대물림이 될 수밖에 없는 세상이 되었다. 그렇다고 살아 있을 때 물려주거나 증여를 하면 당장 갈 곳이 없어질뿐더러 오히려 자식들에게 기대야 하는 상황이 벌어진다. 몇 년 정도야 어찌하면 되겠지만 몇십 년을 그렇게 살 수는 없다. 서로가 불편하다. 차라리 서로 넘보지 않는 게 편하다. 내 사전에 상속이라는 말은 없다고 생각하는 게 좋다.

그리고 노후를 위한 여유 자금도 반드시 준비해야 한다. 은퇴 후 30~40년을 쓸 자금이 필요하다. 미리미리 준비해야 한다. 하지만 지금 받고 있는 급여가 마땅히 저축을 할 여유가 없는 경우도 많을 것이다. 게다가 어느 정도 나이가 되면 정년 퇴임과 자녀 결혼과 노후 준비가 맞물릴 경우가 있는데 이때는 정말 최악이다. 은퇴 전에 노후 자금까지 충분히 마련할 수 있는 사람은 열에 하나둘도 안 된다. 어떻게 해야 할까? 나도 정답을 가지고 있지는 않다. 또 하나의 정답만 있는 것도 아니다. 우리 모두의 문제이자 각자가 풀어야 할 난제 중 난제다.

결국 상속을 안 해주는 것은 물론 100세 시대 수명을 다할 때까지 쓸 여유 자금을 은퇴 전에 마련해두거나 은퇴 후에도 소득이 수반되는 생산적인 일을 계속해야 한다는 말이 된다. 우리는 어쩔 수 없이 평생 현역으로 계속해서 가치를 만들어가는 삶을 살아야 할 운명에 처해 있는 것이다.

돈을 버는 방법도 다양하게 시도할 수 있다. 전통적인 방법인 주식이나 부동산이 아니더라도 책을 내서 인세를 받는다거나 강연을 해서 강연료를 받을 수도 있다. 요즘은 유튜브 등을 활용하는 길도 있다. 제대로 성공해 '파워 유튜버'가 된다면 광고 수입이 꽤 높으므로 윤택한 생활이 가능하다. 직업도 과거의 직업에 너무 목매지 말자. 전통 직업 중 상당수가 몇 년 내지 10~20년 내에 지구상에서 사라진다고 한다. 인공지능이 대체하지 못하는 그런 분야의 직업에 도전하라. 창조적인 감각을 요하는 직업은 영원히 없어지지 않는다. 예를 들자면 작가나 예술가 또는 요리사 같은 직업이다. 작가도 과거에는 시인이나 소설가가 각광을 받았지만 지금은 드라마 작가 같은 직업이 최고다. 요리사는 점점 더 각광받을 전망이다. 100세 시대엔 안티에이징 관련 직업도 날개를 달 것으로 보인다.

이처럼 시대의 변화에 맞는 직업을 공략하는 게 좋다. 아니면 차라리 새 직업을 찾는 것도 한 방법이다. 어차피 4차 산업혁명 시대의 새로운 직업은 지구상에 경험한 사람이 아무도 없는 새로운 직업이다. 도전해봄 직하지 않은가?

평생 현역으로 살기 위해서는 나만의 개인 브랜드를 만드는 것이 최고다. 그래야 프리랜서로 각종 환경에 영향을 받지 않고 오래도록 활동할 수 있다. 지금부터라도 나만의 강점들을 발견하고 결합하여 상품화하도록 하자. 나만의 지식과 경험을 콘텐츠로 가공한다면 얼마든지 상품이 될 수 있다. 새로운 분야라면 현재나 가까운 미래에 수요가 많고 경제적 성과도 많은 그런 분야를 찍어서 도전하자.

가능하면 내 이름으로 된 책을 써보는 것도 좋은 방법이다. 개인 브랜드를 만드는 데 책만큼 효과적인 방법도 없다. 내가 지금 이 책을 쓰는 것도 지성언이라는 개인 브랜드화 작업의 일환이라고 이해하면 좋겠다. 나에 대한 투자, 나의 브랜드화를 위한 투자를 아끼면 안 된다.

이 나이에 무슨 돈을 벌고 또 개인 브랜드를 만드냐고 반문하고 싶을지도 모른다. 그렇게 생각한다면 당장 생각을 바꿔라. 그리고 지금부터라도 하나씩 시도하라. 나중에 후회하지 않으려면 당신 생애에 가장 젊은 오늘 바로 시작하라. 어떤 일이든 시작하기에 늦은 때란 없다. 꼭 기억하라. 당신은 어쩌면 100세보다 더 살지도 모른다.

예전에 인터넷에서 화제가 되었던 〈어느 90세 노인의 일기〉 한 편을 소개하면서 당신을 응원한다. 이 글은 호서대학교 설립자인 강석규 박사의 글이다. 박사는 2015년 향년 103세의 나이로 별세했다.

어느 90세 노인의 일기

나는 젊었을 때 정말 열심히 일했습니다.

그 결과 나는 실력을 인정받았고 존경을 받았습니다.

그 덕에 60세 때 당당하게 은퇴를 할 수 있었죠.

그런 내가 30년 후인 90세 생일 때 얼마나 후회의 눈물을 흘렸는지 모릅니다.

내 60년의 생애는 자랑스럽고 떳떳했지만 이후 30년의 삶은 부끄럽고 후회가 되고 비통한 삶이었습니다.

나는 퇴직 후 "이제 다 살았다. 남은 인생은 그냥 덤이다"라는 생각으로 그저 고통 없이 죽기만을 기다렸습니다.

덧없고 희망이 없는 삶, 그런 삶을 무려 30년이나 살았습니다.

30년의 시간은 지금 내 나이 90으로 보면, 3분의 1에 해당하는 기나긴 시간입니다.

만일 내가 퇴직할 때 앞으로 30년을 더 살 수 있다고 생각했다면 난 정말 그렇게 살지는 않았을 것입니다.

그때 나 스스로가 늙었다고, 뭔가를 시작하기엔 늦었다고 생각했던 것이 큰 잘못이었습니다.

나는 지금 아흔 살이지만 정신이 또렷합니다. 앞으로 10년, 20년을 더 살지 모릅니다.

이제 나는 하고 싶었던 어학 공부를 시작하려고 합니다.

그 이유는 단 한 가지, 10년 후 맞이하게 될 백 번째 생일 때 왜 아흔 살 때 아무것도 시작하지 않았는지 후회하지 않기 위해서입니다.

인생 2막, 소비만 하고 살기엔 너무 길다

조기 은퇴의 모범 답안을 보여준 친구

과거 우리가 꿈꾸던 은퇴 후의 생활은 남은 생을 유유자적 자연을 벗 삼아 좋아하는 친구들과 맛있는 음식도 나누고 취미생활을 같이하면서 함께 늙어가는 그런 그럴싸한 그림 일색이었다. 은퇴 후 기껏해야 10~20년만 살면 될 때는 꽤 그럴듯했다. 길지 않은 세월을 그렇게 비생산적인 소비만 하고 살아도 좋았다. 그런데 지금은 은퇴 후에 무려 40~50년을 더 살아야 한다. 더 정확히는 살아내야 한다. 따라서 인생 후반전의 삶의 패턴도 이제는 바뀌어야 한다. 인생 후반전 50년의 재설계가 필요한 시대의 맨 앞에 우리가 서 있다. 시대의 사명을 띠고…….

학창 시절부터 또래의 우리들보다 시대를 10년은 앞서 살아온 친구가 있다. 나와는 고교 시절 미술반 활동을 같이 하고 서클도 같이 하고, 또 대학도 같이 다니고 심지어 상하이에서도 일하던 기간이 몇 년 겹치는 등 인연이 남달랐다.

그는 대학에서 미술을 전공하고 사회에 나오면서 굴지의 유명 패션 회사에 입사했다. 그러나 그것도 잠시, 바로 회사를 뛰쳐나와 소자본으로 과감하게 창업을 했다. 지금 그는 친구들 사이에서 자수성가로 사업에 성공한 인물로 유명하다. 그것도 남들이 다들 두려워하는 중국에 가서 일찌감치 사업체를 일으켜서 막대한 부를 축적하는데 성공했으니 그의 남다른 도전정신은 우리들에게도 많은 자극이 되었다. 그는 세계적인 명품 여성복을 OEM으로 만들어주는 의류 생산 라인을 갖춘 라인을 운영했는데, 그의 공장은 당시 업계에서 세계 최고 수준의 명품 생산 라인으로 인정받을 정도였다. DKNY, 막스마라(MaxMara) 등 많은 럭셔리 브랜드 옷들이 그의 손을 거쳐 만들어졌다. 워낙 독보적으로 뛰어난 작업 솜씨를 갖추다 보니 사업은 자연히 날개를 달았다. 거침없이 성공가도를 달렸다.

그는 사업가로 돈을 많이 번 것으로도 유명하지만, 40대 중후반에 돌연 자기 사업체를 함께 일하던 동료에게 맡기고 반(半)은퇴를 감행한 것으로 더 유명하다. 그때 우리 또래는 아직도 회사 내 중견간부로서 아등바등 하루하루 살아가기 바쁜 시절이었는데 말이다. 말이 반은퇴지 아예 사업체가 있던 상하이를 떠나 쓰지루춘(四季如

春: 사계절 내내 봄 같다는 뜻)으로 유명한 살기 좋은 운남성 곤명으로 이사를 가버렸다. 동시에 중국의 하와이라는 하이난다오(海南島)섬에도 거처를 마련하여 겨울에는 따뜻한 하이난다오에서 지내고, 나머지 계절은 사계절이 봄 같은 곤명에서 지내는 등 이상적인 은퇴 후의 삶을 일찌감치 실천하기 시작했다. 회사일은 한 달에 한두 번씩 현황 보고를 받는 정도로 경영 일선에서 거의 완전히 손을 뗐다. 나를 비롯한 주위 친구들은 내심 그 친구가 부러워 미칠 지경이었다.

우리는 꿈조차 못 꿀 파격적 행보였다. 그 친구의 주동적 조기 은퇴가 오히려 비현실적으로 느껴졌다. 돌이켜보면 사실 그 친구답기는 했다. 그는 어릴 적부터 늘 우리 또래보다 10년은 앞서서 인생을 살아오곤 했으니까. 그는 몇 년 후 중국 내의 사업체를 완전히 정리하고, 반은퇴마저 끝내고 완전은퇴를 선언했다.

현재 그는 반은퇴를 포함하면 벌써 거의 20여 년째 그야말로 가진 자의 여유로운 인생 2막을 즐기고 있다. 게다가 아무나 못하는 오로지 '소비'만 하는 생활을 하고 있다. 그는 취미로 골프를 하고, 당구도 치고, 요가를 배우고 또 세계 각지를 여행하는 등 그야말로 '꿈의 은퇴자'로 추앙받아도 손색이 없어 보인다. 몇 년 전부턴 세계 10대 은퇴자들의 성지를 순례하며 자신이 정착할 만한 곳을 찾고 있다. 작년엔 일본에도 몇 달 머물면서 더운 여름을 시원하게 보낼 지역으로 적합한지 보고 왔다고 한다. 나중에 들어보니 삿포로 지역에도 여름철 머무를 수 있는 거점(?) 확보를 했단다.

최근엔 태국의 북부 치앙마이 지역에 흠뻑 빠져 아예 터를 잡고

집도 지을 계획을 세우고 있다고 한다. 집도 그냥 자기만 살 집 개념이 아니란다. 치앙마이 지역을 오가는 각국의 은퇴자, 노마드 비즈니스맨, 예술가 등에게 한때 머무르거나 작업할 수 있는 공간, 즉 놀이마당을 제공하고 또 자연스레 그들과 폭넓게 교류하면서 인생도 논하며 치앙마이의 자연처럼 늙어가고 싶다고 한다.

60대 중반을 향하고 있는 그의 지칠 줄 모르는 지적, 예술적 호기심을 채워주고 또 채워지지 않는 '외로움'마저 달래줄 수 있을 거라는 기대도 하고 있단다. 이번에도 역시 그답다. 자신만의 방법으로 그냥 늙어가는 게 아니라 아직도 새로운 도전을 하고 호기심 천국의 꿈을 꾸고 있는 모습이 아름답다. 한 가지 눈에 띄는 것은 그동안 소비만 하던 그의 20여 년의 은퇴생활이 새로운 패턴으로 변화하고 있는 것이다. 그동안 소비 일변도의 지루한 은퇴자의 생활에서 이제는 생산적이고 가치 있는 아웃풋이 기대되는 도전을 시작하고 있는 것이다. 그는 새로운 꿈 앞에서 또다시 가슴이 뛰는 행복감에 젖어 있다고 했다.

이 친구는 아주 특별한 경우이긴 하다. 일단 돈 걱정을 안 해도 된다. 그러므로 자진해서 조기 은퇴를 감행하고 벌써 20여 년째 소비 일변도의 생활을 할 수가 있었다. 막강한 재력을 무기로 또 세계를 무대로 소위 성공한 사람의 은퇴 후 이상적인 삶을 앞서서 실험하면서 살아왔다. 사실 아주 복 받은 드문 케이스다. 그런 그마저도 작전변경 모드에 돌입했다. 내가 그를 눈여겨보는 이유다.

사실 과거처럼 50세 전후에 은퇴해서 10여 년 정도만 더 살다 죽는다면 이 친구처럼 살아도 될지 모른다. 그러나 100세 시대의 첫 주자 격인 우리들은 퇴직 후 40~50년을 더 살아야 한다. 겨우 20~30년 일하고 나머지 일한 시간보다 더 긴 시간을 지금까지의 그처럼 그저 소비만 하고 살아서는 안 된다. 아니, 그렇게 소비 일변도로 그 긴 시간을 보낼 방법이 우리에게는 없다. 소위 총알이 충분하지 않기 때문이다. 설사 총알이 그런 대로 충분한 경우라도 지루함과 무료함 때문에 견디기 어려울 것이다. 대부분의 사람들에게 이 기나긴 시간 동안의 삶은 어쩌면 아주 끔찍한 것이 될 수도 있다.

소비 일변도의 삶은 지루하고 무료하다. 게다가 보람도 없다. 왜냐하면 순전히 자신을 위한 소비이기 때문이다. 내 친구 같은 경우는 충분한 재력을 갖고 있고 나름 여러 가지 취미나 운동 그리고 여행으로 은퇴 이후 소비와 휴식을 위주로 한 인생 후반전의 실험을 아직까지는 성공적으로 하고 있는 것으로 보인다. 누구나 다 부러워할 만한 여유로운 '포스트 은퇴 라이프'의 모델이다.

그러나 그 친구에게도 앞으로 30년 이상을 지금의 패턴으로 계속 더 살아야 한다는 사실은 축복이 아닐 수 있다. 또 하나의 숙제가 될 수도 있다. 비록 부부가 함께 긴 여정을 같이하고 있지만, 워낙 세상 여러 곳을 한가로이 돌아다니며 보내는 여생이기 때문에 다른 친구들이 끼어들 여지는 별로 없어 보인다. 아무리 좋은 음식도 매일 먹으면 힘들 듯이 매일매일 멋진 곳에 가서 맛있는 음식을 먹으며 즐기는 나날도 힘들고 지루해질 수 있다. 그것도 혼자서 혹은 배우자와 둘이서라면 더욱 그렇다. 이처럼 이상적인 은퇴 후 생활 패턴으로 보이는 경우라도 결국은 소비만 하는 삶인 것이다. '소비 only'의 삶은 결국 지루함과 무료함에서 오는 심리적 피로감과 새로이 싸워야 해서 대부분 이를 극복하기 쉽지 않다. 그가 작전을 변경하여 치앙마이에서 새로운 가치를 만들어내는 프로젝트를 계획하는 것도 이 때문이다.

현역은
필수다

100세 시대의 선두에 서 있는 우리는 인생 후반전의 삶의 패턴을 새롭게 다시 설계해야 하는 시대적 사명마저 갖고 태어난 셈이다. 전인미답의 길, 즉 아무도 안 가본 곳을 처음 가야 하는 운명을 지고 있는 것이다.

소비만 하면서 사는 인생 후반전도 최종적 답이 아니라면 우리는 도대체 어떻게 살아가야 할까? 결국은 쓸모 있는 아웃풋을 생산할 수 있는 일도 겸해야 한다. 놀고 즐기기만 하는 식의 소비하는 삶 대신 일도 함께하는 삶을 살아야 한다. 물론 인생 후반전에서의 일의 개념은 인생 전반전에서의 '생존만을 위한 일'과는 궤를 달리해야 한다. 일을 통해서 가치를 만들 수 있어야 한다. 가치를 만드는 삶이란, 자신의 가치를 높여 부가가치를 만들어내는 삶을 말한다. 일을 통해서 돈을 벌 수 있다면 당연히 '땡큐'다. 그렇지 않더라도 어떤 쓸모 있는 아웃풋을 만들어낼 수 있다면 충분히 가치가 있다. 여기서 말하는 아웃풋이란 유형의 아웃풋만을 의미하는 게 아니다. 재능 기부를 한다거나 봉사활동에 적극 참여하는 삶과 같은 무형의 아웃풋을 만들어가는 것도 가치를 만들어내는 삶이다.

이제 우리는 인생 후반전의 삶의 패턴을 재설계해야 한다. 특히 100세 시대를 처음 사는 우리들에게 남겨진 후반전 50년은 너무나 길고 지난하다. 집도 설계가 잘못되면 비가 새고 외풍이 들고 또 태풍에 지붕이 날아갈 수도 있다. 살기 불편하고 위험한 공간이 얼마든지 될 수 있는 것이다. 설계란 이만큼 중요하다.

위에서 예로 든 내 친구의 인생 후반전도 그렇다고 생각한다. 여유롭게 소비하며 보내는 인생 후반전이 부럽기도 하지만, 한편으로는 힘든 점도 있음을 알아야 한다. 소비하고 쉬는 삶도 필요하지만 이것만 하고 산다면 의미도 없을뿐더러 재력이나 건강이 허락하지 않으면 그렇게 살고 싶어도 살 수가 없다. 그렇다고 가치만 만들어내는 삶으로 남은 인생을 보낸다면 그것 또한 아쉬움이 남을 듯하다.

결론은 '둘 다' 갖추어야 한다. 이 둘을 어떻게 조화롭게 매치시키면서 인생 후반전 50년을 설계하냐가 중요하다. 각자의 재정 능력과 가치에 대한 가중치에 따라 그 비율은 달라질 수 있다. 아니, 달라져야 하고 달라질 수밖에 없는 요소다. 여상히 놀고 즐기면서 또 가치를 만드는 삶을 살 수 있을까를 늘 고민하고 또 준비해야 한다. 배분율은 '내 마음이다'. 나는 지금 월, 화, 수, 목 4일은 일하고, 금, 토, 일 3일은 쉼표다. 즉 4 대 3의 비율로 가치를 만드는 삶과 소비하는 삶을 살고 있다. 8 대 2도 좋고 5 대 5도 좋다. 그야말로 자기 마음이다.

그러면 어떻게 무엇을 준비해야 할까? 나도 정확한 답은 모른다. 각자의 상황에 따라 다를 것이다. 분명한 건 가치를 만드는 삶을 오래도록 살려면 지금 이대로는 안 된다는 것이다. 끊임없이 연구하고 노력하면서 자신의 경쟁력을 높여야 한다. 이 나이에 무슨 가치를 어떻게 높이냐고 반문할 수도 있다. 나 자신도 모르기는 마찬가지다. 그러나 자신의 가치를 발견하고 또 자신이 만들어낼 수 있는 가치가 무엇일지를 미리미리 고민하고 연구하는 사람만이 자신의 가치를 높일 수 있다는 사실만큼은 알고 있다. 미리 생각하고 준비하는 사람만이 자신의 경쟁력을 높일 수 있다는 말이다. 인생 후반전 50년을 버텨낼 나만의 경쟁력을 높일 수 있다면 당신의 인생 후반전의 성공은 떼놓은 당상이다. 나이 제한 없는 프리랜서가 되는 것도 좋은 방법 중 하나다. 이러나저러나 행복한 인생후반전을 위해서는 평생 현역은 필수다.

행복한 벼룩이 불행한 코끼리보다 낫다

코끼리의 등에서 얼른 내려와라

인간이 살아가는 궁극의 목적은 행복이다. 유명 연예인의 갑작스러운 자살 사건을 접하거나 과거 높은 지위에 있던 사람이 퇴임 후에 일반인보다 못한 불행한 나날을 보내는 모습을 볼 때면 우리는 "과연 진짜 행복은 무엇인가?"를 되묻게 된다. 결국 돈도 높은 인기도 막강한 권력도 행복의 필요조건은 될지언정 필요충분조건은 절대 아니라는 사실을 명백하게 깨닫는다. 세상에 영원한 것은 아무것도 없다. 있던 돈이 없어지고 지위와 권력의 자리에서 내려오는 순간, 그 커다란 낙차에서 오는 상실감과 사회적 존재감의 부재는 많은 사람들을 매우 견디기 어려운 나락으로 몰고 갈 뿐이다.

사회적 활동을 하는 일반인의 경우도 예외는 아니다. 일정 기간 사회활동을 한 후 50세 전후가 되면 거의 예외 없이 현직에서 물러나야 할 때가 온다. 특히 대기업같이 크고 안정적인 조직에서 나름 잘 나가던 사람들은 대기업이라는 코끼리 등에서 떨어질 때의 아픔이 매우 클 수밖에 없다. 그냥 떨어지는 게 아니고 이제 다시는 그 등에 올라타지 못할 뿐 아니라, 크기나 존재감 면에서 비교조차 할 수 없는 한낱 '벼룩' 같은 존재로 남은 인생을 살아가야 하기 때문이다.

'코끼리와 벼룩'의 비유를 말한 사람은 영국의 경영 사상가 찰스 핸디(Charles Handy)다. 그는 '포트폴리오' 개념을 경영 환경과 인간의 행동분석 연구에 접목하여 자기 경영 시대를 준비할 것을 주장한 학자로 유명하다. 《코끼리와 벼룩》에서 그는 산업의 중심축이 제조업에서 서비스업으로 이동함에 따라 평생직장은 사라지고 대기업은 직장인에게 더 이상 희망이 되지 못하는 현실을 직시한다. 그의 비유에 따르면 20세기 고용 문화의 큰 기둥이었던 대기업 조직은 '코끼리'다. 반면에 대기업에서 퇴직하고 자유롭게 살아가는 프리랜서들은 '벼룩'이다. 이제 새로운 경영 환경에서 코끼리의 등에 업혀 평온한 삶을 살았던 날들은 어제의 이야기가 되었다. 코끼리의 울타리를 벗어난 벼룩들은 혼자 힘으로 살아가야 한다. 벼룩이 된 프리랜서는 무소속의 자유를 누릴 수는 있으나, 정해진 수입 없이 자신만의 포트폴리오로 승부해야 한다. 벼룩들의 이러한 삶이 바로 '포트폴리오 인생'이라고 그는 말한다.

찰스 핸디는 그 자신이 49세가 되던 해에 코끼리 등에서 내려와 벼룩이 되었다. 그리고 그때부터 자신의 포트폴리오 인생을 시작했다. 한때 그는 코끼리의 세계에서 정유 회사의 마케팅 담당 임원, 왕립예술학회 회장 같은 직책을 담당했다. 그러나 벼룩이 되고나서부터는 작가로서 글을 쓰고, 강연을 하고, 방송에도 출연하면서 스스로의 노력으로 자기 일을 개척해나가야 했다. 조직이라는 거대한 보금자리를 떠나 바람 찬 광야에 홀로 섰을 때 그는 외롭고 두려웠다고 고백한다. 그러나 책을 쓰고 방송에 출연해 세상을 향해 진실을 전할 때 프리랜서로서 자긍심이 생겨났으며, 독자나 시청자에게 귀중한 교훈을 얻었고, 미래의 삶에 대해 진지한 영감을 받았다는 호평을 들을 때마다 큰 위로를 받았다. 자신이 택한 새로운 일과 역할에 커다란 보람을 느끼기도 했다.

인생의 전반부가 마무리되어가는 50세 전후에 진입하게 되면 대부분의 사람들은 코끼리 등에서 내려와 벼룩이 된다. 이 시기가 후반부의 포트폴리오 인생의 시작점이라고 할 수 있다. 이런 벼룩들에게는 새로운 게임의 규칙과 행동 양식의 변화에 대한 재빠른 적응이 요구된다. 우선 직장이라는 울타리 안에 있던 커다란 보호막이 사라진다. 더 이상 기대거나 업힐 수 있는 코끼리가 자신의 옆에 없다. 정해진 날짜에 통장에 월급이 들어오지 않으며, 일하던 공간도 사라지고, 자신의 사회적 지위와 정체성을 상징하던 명함도 더 이상 없다.

벼룩이 새로운 게임에 뛰어들 수 있는 유일한 힘은 자신의 지식이나 경험에서 나온다. 이쯤 되면 학위나 졸업장도 무용지물이다. 그 대신 자신의 전문 분야에서 풍부한 감각과 창의력으로 무장한 전문 지식은 자신을 지켜주는 강력한 무기가 된다. 타의 추종을 불허하는 자신만의 브랜드를 구축하기 위해서는 철저히 차별화되어야 한다.

그러기 위해서는 나는 누구이며 나의 가치는 무엇인지 끊임없이 반문하고 새로운 정체성을 확립해야 한다. 새로운 환경에 적응하는데 필요한 강력한 에너지는 자신에 대한 신념에서 나온다. 벼룩은 날개가 없으므로 날 수 없다. 그러나 높게 뛰어오를 수 있는 견고한 뒷다리의 힘이 있다. 물론 코끼리 키만큼 높이 뛰어오를 수 있는 벼룩은 많지 않다. 뛰어야 벼룩이다. 그러므로 자신을 알고 또 자신에 대한 확고부동한 신념으로 스스로를 자극하고 자신에게 동기를 부여하는 일이 반드시 필요하다.

오늘도 행복한 벼룩을 꿈꾼다

포트폴리오 인생을 살아가는 사람들의 모습은 포트폴리오의 원뜻인 '작은 서류가방'에 들어 있는 서류들처럼 참으로 다양하다.

나의 경우도 어떻게 보면 포트폴리오 인생의 작은 단면을 보여주고 있는 셈이다. 대학 졸업 후 입사한 대기업 LG라는 코끼리 등에서

30년간 큰 기복 없이 그 등을 타고 즐기다가 하루아침에 갑자기 벼룩이 되었다. 물론 그동안 코끼리 등에서 놀았던(?) 경험을 살려 미국계 여성복 브랜드의 중국 총괄로 스카우트되면서 나의 벼룩 포트폴리오 인생은 '간 큰 벼룩'으로 전환되었다. 오히려 수입도 늘고 시간도 더 자유스러워지는 등 남부럽지 않은 벼룩으로 거듭났다.

시간이 좀 더 자유스러워지면서 한동안 잊고 지냈던 그림 그리기도 다시 시작할 수 있었다. 운동이라면 골프 외에 걷기 정도가 고작이던 내가 후배들과 당구도 치고 또 헬스로 본격적인 몸만들기에 도전하는 등 나름 꽤 활력 넘치는 벼룩의 생활을 즐기기 시작했다. 몸매를 만들고 옷태가 나다 보니 '길거리 캐스팅'도 되어 TV 광고도 찍었다. 몇몇 남성복 브랜드의 화보 모델로 데뷔하는 영광도 누렸다. 그리고 우연히 인터넷 뉴스 기사를 보고 지금의 (주)차이나다 김선우 대표에게 벼룩의 깡으로 손 편지를 쓴 것이 인연이 되어 지금은 공동대표로 활동하고 있다. 미국계 여성복 브랜드의 중국 총괄 자리를 마다하고 중국어 교육 스타트업 (주)차이나다에 합류할 때는 상당한 '낙차'가 있었음에도 행복했다. 내가 하고 싶었던 가슴 뛰는 일이었기 때문이다. 매일이 행복하다 보니 하고 싶은 일은 점점 더 많아졌다. 조만간 연극배우에도 도전할 예정이고 최근엔 새롭게 각광받고 있는 디지펀아트에도 관심이 많다. 지금 쓰고 있는 이 책의 내용도 나의 인생 2막 포트폴리오 인생 이야기에 다름 아니다.

누가 뭐래도 나는 행복한 벼룩이다. 코끼리가 전혀 부럽지 않다. 비교할 생각도 없다. 그냥 벼룩으로 사는 오늘이 즐겁고 좋다. 물론 누구나 나처럼 행복한 벼룩이 될 수는 없을지도 모른다. 내가 행복한 벼룩인지 아닌지도 지금으로선 확실치 않다. 사실 코끼리 등까지 뛸 수 없다면 모두가 다 뛰어야 벼룩이긴 마찬가지다. 그러나 우리가 벼룩이 되는 순간부터는 코끼리는 잊어야 한다. 왜냐하면 누구나 벼룩이 되는 날은 오기 때문이다.

그러므로 코끼리 등에 올라타고 있을 때부터 미리미리 벼룩으로 살아야 할 시절을 준비해두는 게 좋다. 업종마다 차이는 있겠지만 30대 후반이나 40대가 되면 코끼리로부터 퇴출 압박이 밀려온다. 이때부터 벼룩으로 살아가기 위한 포트폴리오를 쌓아야 한다. 일찍 준비하면 할수록 좋다. 그래야 코끼리와 벼룩 사이의 커다란 낙차를 덜 느낄 수 있다.

나는 운 좋게도 해외 지사에 근무하면서 요즘 핫한 중국어를 배우고 잘 구사할 수 있게 되었고, 중국에서의 경험과 중국어 실력을 잘 활용하고 발휘할 수 있는 환경에서 근무하게 되었다. 덕분에 방송 출연도 하게 되었고, 방송 출연을 계기로 맺은 인연으로 중국 〈인민인보〉의 인터넷판인 '인민망' 한국 지사 고문으로 위촉받기도 했다. 그 외에도 B 바이오벤처 회사의 고문도 맡고 있다. 솔직히 말해서 나는 낙차에서 오는 상실감은커녕 새로운 환경 속에서 나만의 포트폴리오 인생 2막을 열심히 즐겁게 경영하고 있는 중이다. 바쁘다는 즐거운 비명 속에 행복한 벼룩으로 오늘을 살고 있다.

사람들은 죽음을 피할 수 없음에도 죽음에 대해 준비하거나 생각조차 하길 꺼린다. 사후가 두렵기 때문이다. 100세 시대 반환점을 돌

때쯤인 50세 전후에 우리는 어쩔 수 없이 기존 시스템 아래서 '사회적 퇴출'을 당할 수밖에 없다. 그런데 죽음을 생각하지 않듯이 많은 사람이 그 이후에 대한 준비에 소홀하다. 그 이후가 두렵기 때문일까? 이건 심각하다. 죽음 이후는 아무도 모르기 때문에 불가항력일 수 있지만, '사회적 퇴출'은 생애의 절반쯤에 맞이하는 엄연한 현실이기 때문이다. 그리고 별일이 없는 한 그 이후로 30~40년을 더 살아가야 한다. 그럼에도 이를 미리미리 준비하는 사람은 많지 않다. 준비하고 싶어도 어떻게 준비해야 하는지조차 모르는 것도 또 다른 문제다.

한편 다행인 것은 우리가 벼룩이 된다는 현실이다. 더 이상 코끼리라는 울타리에 갇힌 존재가 아니다. 우리들 벼룩의 세계는 코끼리의 세계와는 사뭇 다르다. 사이즈만 다른 게 아니라 가치관, 세계관, 행복관 등등 많은 것이 다르다. 벼룩의 세계에서는 통장에 봉급이 매달 꽂히지 않아도 괜찮다. 매일매일 출근을 할 필요가 없을지도 모른다. 다운시프트(downshift)가 주는 선물이다. 내가 좋아하는 그 무엇을 하기 위해 아내나 남편의 눈치를 볼 필요도 없다. 평생 안 해 본 자선 활동에도 기꺼이 참여해보자. 10배 100배의 큰 은혜로 돌아오는 기쁨을 맛볼 수 있다.

이런 소소한 행복은 코끼리 등에서는 좀처럼 느끼기 힘든 것이다. 코끼리 등은 넓고 평평하고 안전하지만 바쁘다. 일 이외의 다른 것에 눈 돌릴 틈이 없다. 심지어는 가족의 일마저 뒷전으로 미루어야 할 때가 많다. 진짜 바라보아야 할 삶의 본질이나 인생의 가치를 볼 겨를이 없다. 그러나 벼룩이 되면 벼룩의 세계에서만큼은 나의 작은 잠재력이라도 발휘할 새로운 일거리를 얼마든지 찾을 수 있다. 그러므로 코끼리 등에 타고 있을 때 미리미리 자신만의 전문 지식이나 경험을 축적해두어야 한다. 건강 없는 인생 2막은 의미가 없다. 건강도 미리미리 챙겨두어야 한다. 그리고 월급봉투에만 연연하지 말고 의식적으로라도 가족, 친구, 공동체 등과 같은 비재무적 자산을 많이 축적해두어야 한다. 이 비재무적 자산이 당신 벼룩 인생의 또 다른 성공을 상당 부분 보장해준다.

케임브리지 대학교의 곤충 연구팀에 의하면 벼룩은 뒷다리의 힘을 지렛대로 이용해 자신의 키보다 100배나 높이 뛰어오를 수 있다고 한다. 물론 워낙 작은 몸집의 벼룩이므로 아무리 100배 이상이나 뛰어오르더라도 코끼리 등까지 뛰어오를 수는 없다. 그렇지만 벼룩 중에도 행복한 벼룩이 있고, 코끼리 중에도 불행한 코끼리는 얼마든지 있다.

'행복은 강도가 아니라 빈도'라는 말이 있다. 어쩌다 한번 쿵 하고 지각을 뒤흔드는 코끼리의 행복한 발장구보다 하루에도 수천 번씩 뛰어오르는 벼룩의 행복한 뒷다리 신공이 낫다.

특히 인생 후반전에는 로또 같은 단 한 번의 '큰 행복'보다 무수히 많은 작은 행복 '소확행'이 만들어주는 행복이 진정한 '큰 행복'임을 잊지 말자.

주어진 시간을 '소중한 사람들'과 더 많이 공유하라

사람 부자로 살고 싶다

멋진 인생 2막의 작은 실천자라고 자평하는 나 자신도 아직까지 제대로 실천하지 못하는 게 있다. 바로 살아오면서 그동안 나에게 여러모로 도움이 되었던 많은 '소중한 사람'들에 대한 보은이다. 보은이라고 하면 무슨 거창한 이벤트나 물질적인 것이 따라야 하는 것으로 생각할지 모르지만, 나는 무엇보다도 내게 새롭게 주어진 시간을 이용해서 자주 연락하고 서로 살아온 인생 이야기와 앞으로 남겨진 시간들을 어떻게 아름답게 마무리할지를 공유하고 나누는 일이 진정한 보은이라고 생각한다.

비 온 뒤에 땅이 더 굳어진다고 했다. 맞는 말이다. 나도 학창 시절 꽤나 힘든 시기를 보낸 적이 있다. 그때는 너나할 것 없이 힘든 시절이긴 했지만, 그래도 그 시간 덕분인지 제 아무리 커다란 시련이 온다 해도 나는 별로 두렵지 않다. 어릴 적 힘든 시절을 버텼던 시간과 그때 겪었던 고생이 지금의 최강 멘탈을 만들었음이 틀림없다. 그렇다고 악에 받쳐 눈을 부릅뜨고 전투하듯 인생을 살지는 않았다. 지금 와서 생각해보니, 세속적인 출세에 그렇게 목숨 걸고 매달리지 않았다는 사실이 정말 다행이다.

어떻게든 무슨 수를 써서라도 돈을 많이 벌어 부자가 되고 싶어 하지도 않았다. 변명처럼 들려도 좋다. 아무튼 나는 그랬다. 오히려 그 반대였던 것 같다. 사람 부자는 되고 싶었다. 좋은 친구들에 대한 갈망은 많았다. 너무나 다행히, 주위에는 늘 좋은 사람들이 많았던 것 같다. 생각해보면 아직까지 나쁜 사람을 만나본 기억이 없다. 길 가다 깡패 한번, 사기꾼 한번 만난 적이 없다. 누구를 때려본 적도 맞아 본 적도 없다. 사실이다. 주위에 늘 나를 아껴주는 친구들과 지인들이 있었다. 언제 어디서나 나는 혼자가 아니었다. 늘 그들과 함께였다.

나의 통증을 해결해준 효창이와 아버님

나의 어머니는 안타깝게도 내가 고등학교 1학년 때 지병인 위암으로 돌아가셨다. 갑자기 어머니가 돌아가시니까 자연히 집안의 기둥이 통째로 무너졌다. 아직 젊었던 아버지는 아버지대로 여러모로 힘드셨고, 우리 형제들은 형제들대로 질풍노도의 시기를 맞아 방황하면서 각자 알아서 자기 자신을 챙기는 그야말로 각자도생의 길을 걸었다. 나 또한 많이 방황했다. 요즘으로 치면 '신경성 흉통'이라고 진단 내릴 법한 가슴앓이 통증으로 고3 한 해를 다 보냈다. 아파도 티를 내지 못했다. 남들이 보면 완전히 꾀병으로 보일 병이었다. 아무런 병증을 찾아내지 못하고 그저 가슴이 아프기만 했다. 꾀병으로 보일 수밖에 없었다.

공부도 제대로 할 수 없었다. 수업 시간에도 갑자기 가슴이 아파오면 그냥 양호실로 달려갔다. 그 당시 양호실은 공부하기 싫은 꾀병 환자들의 집합소였다. 거의 매일 양호 선생님과 그들의 전쟁터였다. 양호 선생님은 안 된다고 하고 꾀병 환자는 진짜 아프니까 누워 있게 해달라고 실랑이를 벌이기 일쑤였다. 개중에는 예쁜 양호 선생님을 보고 싶어서 자꾸 드나드는 녀석들도 있었다. 진짜 '진상 환자'들이 우글거렸다. 내가 흉통으로 드나들지 않았으면 절대 알 수 없는 요지경 풍경이었다. 나만 예외였다. 양호 선생님이 인정한 '진성 환자'였던 것이다. 진통제를 먹고 한두 시간 누워 있으면 거짓말처럼 괜찮아졌다. 진정이 되면 다시 교실로 돌아오는 일상이 거듭되었다. 성적은 당연히 엉망이었다.

하루는 수업 중에 통증이 너무 심했다. 양호실에도 이미 다녀왔는데 너무 심한 통증이 밀려왔다. 거의 정신을 차리지 못할 지경이었다. 나도 모르게 교실을 나왔다. 우리 교실은 2층에 있었는데, 나는 양호실로 가지 않고 무엇에라도 홀린 듯 3층으로 올라가고 있었다. 발길이 멈추어 선 곳은 다른 반 교실 앞이었다. 노크도 없이 수업 중인 교실의 문을 열었다. 120개의 눈동자가 일제히 나를 쳐다봤다.

난 효창이라는 친구를 손짓으로 불러냈다. 선생님과 학생들 모두 어리둥절한 채 이 영화 같은 장면을 바라보고만 있었다. 나에게는 이것저것 가릴 때가 아니었다. 그 애 아버지가 학교 근처 안국동 쪽에서 개인 종합병원을 하고 계셨다. 그날은 너무 아파 아무래도 병원에 가봐야겠다고 생각했고, 제일 먼저 아버지가 병원을 하고 계신 그 친구가 생각나서 거의 반 혼수상태로 찾아간 것이었다.

영문도 모르고 나에게 끌려(?)나온 친구는 자기 아버지를 소개해 주었고, 나는 그 병원에서 각종 검사를 받았다. 그러나 흉통의 원인은 여전히 찾지 못했다. 엑스레이나 심전도로도 나오지 않았다. 효창이의 아버님이 나에게 혹시 다른 데는 아픈 곳이 없냐고 물으셨을 때까지 난 까맣게 잊고 있었다. 내가 위장병을 앓고 있다는 것을. 위장병쯤은 그저 가족력으로 여기고 별로 신경을 쓰지 않고 지내왔던 터였다. 그보다 가슴앓이 흉통이 몇 배 더 힘들었기에 배 아픈 것쯤은 소화제 정도로 견디고 있었다. 이참에 위장약이라도 받으면 좋겠다는 생각에 식후에 속이 좀 쓰린 증상이 있다고 말씀드렸다.

그런데 효창이 아버님은 진찰을 하시더니 막 화를 내시는 게 아닌가. 위궤양이었다. 그것도 아주 심한 중증이었다. 어떻게 이렇게까지 되도록 병을 키웠냐며 효창이 아버님은 혀를 차셨다. 그러고는 아마 흉통의 원인도 위궤양이었을 텐데 엉뚱하게 가슴만 찍어보고 신경성 흉통으로 진단한 것 같다고 하셨다. 그 후로 위궤양 약을 먹으면서 거짓말처럼 신경성 흉통은 자취를 감추었다. 효창이 아버님은 나의 생명의 은인이시다. 영문도 모르고 교실에서 끌려나왔던 효창이도 마찬가지다.

나의 어려운 시절을 도와준 이들

남들이 대입 시험과 싸울 때 원인 모를 무시무시한 흉통과 무지하게 씨름했던 나는 자연스러운 수순으로 재수를 했다. 나의 사정을 잘 알던 절친 국진이가 자기 집에 와서 같이 지내자고 했다. 국진이는 성북동 주택 단지에 있는 그림 같은 집에 살았다. 대문에서 집까지 한참을 걸어야 닿을 수 있는, 진짜 영화에나 나올 법한 그런 집이었다. 나는 덥석 그의 제안을 받아들였다.

국진이와 반년 넘게 같은 방을 쓰고 같이 생활했다. 나는 생전 처음 TV에나 나올 법한 큰 집에서 재벌 2세처럼 살아볼 수 있었다. 실제로 그 집에서 가끔 영화 촬영을 하기도 했다.

그렇게 해서 식사와 잠은 해결할 수 있었지만, 용돈도 한창 필요한 나이였다. 하루는 국진이가 나에게 혹시 용돈이 필요하지 않냐고 물어왔다. 나는 필요 없으니 신경 쓰지 말라고 대답했다. 그런데 그 다음 날부터 책상 위에 뚜껑이 없는 작은 상자가 하나 놓였다. 거기에는 1만 원짜리 지폐가 빼곡하게 채워져 있었다.

국진이는 나에게 말했다.

"용돈이 필요할 때는 여기서 알아서 꺼내 가. 나도 여기 얼마 있는지 몰라. 부모님이 채워주시는 거야. 나도 여기서 필요한 만큼씩 꺼내 쓸게."

순간 눈물이 쏟아지려는 걸 억지로 참았다.

"나 용돈 별로 필요 없어. 그러니까 신경 쓰지 마. 정 필요하면 꺼내 쓸게."

물론 나는 한 장의 지폐도 꺼내 쓰지 않았다. 국진이의 마음 씀씀이가 너무 고마웠다. 그 애 부모님 또한 너무 고마웠다. 아무리 돈이 많더라도 아들 친구가 마음 다치지 않게 이런 식으로까지 세심하게 배려하는 것은 아무나 할 수 있는 일이 아니었다. 물어보지는 않았지만, 아마도 속 깊은 국진이가 부모님께 그렇게 제안을 한 것 같다.

대학 다닐 때도 학비는 장학금으로 해결했지만 생활은 여전히 힘들었다. 때때로 점심을 거르는 날이 있었다. 당시 과 친구들은 도시락을 싸 가지고 와서 잔디밭에 둘러앉아 먹곤 했는데, 나는 눈에 띄지 않게 좀 떨어진 곳에서 시간을 때우거나 정 배가 고프면 멀지 않은 곳에 있는 외삼촌 댁에 가서 허기를 채우곤 했다. 몇몇 친구들이 내가 점심을 거르는 것을 눈치채고 하루는 반강제로 나를 끌고 갔다. 그러곤 한 친구의 도시락 뚜껑에 십시일반으로 밥을 덜고 반찬을 덜어주어서 오히려 그들보다 많은 양의 풍성한 도시락을 만들어주었다. 그 후론 자연스레 십시일반 도시락 나눔 모임이 결성되었다.

이렇게 도시락을 쪼개서 나눠먹던 친구들과는 지금까지도 가끔 모임을 갖고 있다. 내가 중국에서 돌아와 다시 모임을 만든 것이다. 지금은 내가 한 명이라도 더 오게 하려고 반강제로 참석을 종용하고 있다. 그리고 한 턱이라도 더 내려고 다투는 중이다. 한편, 늘 예고도 없이 주린 배를 채우러 외삼촌 댁에 쳐들어갈 때면 한 번도 찡그리지 않으시고 늘 따뜻한 끼니를 챙겨주신 외숙모님도 잊을 수 없다. 외삼촌 몰래 용돈까지 챙겨주시며 위로해주시던 외숙모의 온화하고 따뜻한 미소는 지금도 세상을 살아가는 내게 큰 힘이 되는 기억으로 남아 있다.

번개로 환갑을 치러준
상하이 동창들

상하이에서 보낸 마지막 2년 동안, 나는 혼자 지냈다. 아내는 내가 LG패션을 그만두고 나서 미국계 여성복 브랜드 회사로 옮겼을 때 먼저 한국으로 돌아갔다. 아내는 내가 오래 못 버틸 것으로 예상했던 것 같다. 그래서 먼저 들어가서 자리를 잡고 있을 테니 언제든지 돌아오고 싶을 때 미련 갖지 말고 돌아오라는 말을 남기고 귀국길에 올랐던 것이다.

상하이에 혼자 남겨진 나는 한국에 있는 식구들이 늘 그립고 보고 싶었다. 특히 혼자 회갑을 맞았던 때는 느낌이 좀 달랐다. 그냥 생일도 아니고 환갑인데 혼자 지낼 걸 생각하니 어딘가 모르게 '센티'해졌다. 요즘 같은 100세 시대에 환갑은 전혀 이름값을 못한다. 그저 평년의 생일과 다를 바 없다. 그런데 정작 환갑 하루 전날 일종의 오기가 생겼다. 상하이교통대학에서 EMBA 석사 과정을 마쳤던 나는 이참에 교통대 중국인 동창들의 축하를 받아보고 싶어졌다. 이번 기회에 교통대 인맥의 끈끈함과 기동성을 테스트해보고 싶은 마음도 들었다.

바로 전날 반장에게 위챗(중국의 카톡 같은 것)을 보냈다.

"내일이 내 환갑인데 나 혼자다. 너희들이 축하해줘야 하지 않겠어?"

장난삼아 한 문장을 날렸다. 바로 하루 전에 그것도 위챗으로 한마디 툭 던지는 무례함은 일단 접어두고 호기심이 앞섰다. 동창이 좋다는 것은 바로 이럴 때 호기를 부릴 수 있는 것 아니겠냐고 셀프 위로를 했다.

결과는 놀라웠다. 10여 명의 동창들이 번개로 모였다. 그러곤 평소 비싸서 먹어보지도 못한 산해진미를 대접받았다. 이게 얼마 만의 행복감인지 눈물까지 났다. 그동안 10년 넘게 상하이에 살고 있었지만, 늘 외국인이라는 것을 의식할 수밖에 없었다. 하지만 그날은 마치 내가 진짜 중국인이라도 된 것처럼 중국인 동창생들과 마음껏 어울려서 어깨동무까지 하며 밤새도록 죽기 직전까지 놀았다. 그들이 베풀어준 환갑잔치는 두고두고 잊지 못할 것이다.

생각해보면 감사할 사람들이 무척이나 많다. 사실 나와 인연을 맺은 모든 사람들에게 감사할 따름이다. 살면서 수많은 도움을 받고 때로는 상처를 주며 살아왔는데 부족하기만 한 나를 사랑해주고 염려해주는 사람이 너무나 많고 상당수는 아직 내 곁에 있다. 30여 년간 해외에 체류한다는 이유만으로 오늘의 나를 만들어주고 또 사랑을 알려준 많은 '고맙고 소중한 인연'들과 제대로 연락도, 만나지도 못하고 살아왔다. 오랜 해외 생활을 하면서 늘 가슴 한켠에 자리 잡고 있던 안타까움 중 하나다.

확언하건대, 이런 정도의 소중한 인연과 고마운 사람들은 누구에게나 있을 것이다. 온전히 자기 혼자만의 힘으로 오늘의 이 자리까지 온 사람이 과연 얼마나 있겠는가?

이제 나 자신이 시간의 주인이 될 수 있는 인생 2막, 게다가 마침 100세 시대다. 우리에게 남겨진 긴긴 세월, 되도록 많은 기회와 시간을 '고맙고 소중한 인연'들과 함께 나누고 공유하자. 그러면 우리의 인생 2막이 좀 더 풍요로워질 것이다.

GREAT
GREY

PART 2

은퇴는
또 다른 현역의
시작이다

- Change Your Frame!

중국의 개혁개방 파도 위에서 서핑을 즐기다

중국통이 되기까지

내가 초등학교, 중학교 시절까지만 해도 '중국'이라 함은 당연히 '타이완'을 가리켰다. 지금의 중국은 중공(中共)이라는 다른 이름을 가지고 있었다. '죽(竹)의 장막(帳幕)'이라는 으스스한 닉네임으로도 불렸다. 중공이라 하면 한국전쟁 때 인해전술로 유명한 중공군과 귀여운 다크서클 판다 외에는 떠오르는 것이 없을 정도로 우리에겐 가깝고도 먼 나라였다. 그러던 중국이 서서히 장막을 걷고 외국인에게 문호를 개방함은 물론 개혁개방을 추진하기 시작했다. 그때까지만 해도 내가 중국 개혁개방의 현장에서 청춘을 다 보낼 줄은 꿈에도 생각지 못했다.

첫 주재원으로 파견되어 중국어를 배우기 시작했던 타이완을 시작으로 홍콩, 베이징, 광저우, 상하이까지 30여 년을 쉼 없이 헤쳐왔다. 돌이켜보면 긴긴 시간 중국의 개혁개방이라는 거친 파도 위에서 서핑을 한 셈이다. 처음에는 바다에 빠지지 않으려고 애쓰는 데 급급했지만, 어느 정도 경험이 쌓이고부터는 어느덧 파도에 자연스레 올라타고 서핑 자체를 즐겼다.

나와 중국의 인연은 입사 3년 차에 타이완에 파견된 것으로부터 시작되었다. 중국어라곤 한마디도 못하던 내가 처음으로 중국어를 배운 곳도 타이완이고, 중국 음식을 본격적으로 접한 곳도 타이완이다. 중국인들과 함께 생활하며 이들을 알아가기 시작한 곳도 타이완이었다. 그때는 그저 중국도 언젠가는 개방이 될 것이라는 막연한 기대를 품고, 중국어만 열심히 배웠던 시절이었다. 이때 4년간 열심히 배운 중국어가 30년 중국통의 밑거름이 된 것은 물론이다.

4년의 타이완 주재를 마치고 본사로 돌아온 지 몇 달이 채 지나지 않아 홍콩 법인으로 나가라는 명을 받았다. 중국이 개방을 시작해서 기업인들을 중심으로 중국을 드나들며 교역을 하기 시작했고, 대부분의 교역이 홍콩을 중심으로 이루어지고 있었기 때문에 홍콩이 중국 진출의 교두보였던 셈이다. 그때는 여권에 중국 비자를 찍지도 않았다. 본토를 출입할 때는 별지로 된 비자를 사용했다. 한국으로 입국할 때 내 여권에서는 중국 출입 기록을 찾을 길이 없었다. 다시 말해, 한국 정부에서는 내가 중국을 다녀온 사실을 알 길이 없었던 것이다.

홍콩에 간 지 2년도 안 되어서 이번엔 베이징으로 올라가라는 명을 받았다. 그룹 최초의 베이징 주재원이 되었다. 한중 수교 1년 전이었다. 그때까지만 해도 중국인들은 우리나라를 남조선(南朝鮮)이라 불렀다. 한국인 신분으로는 제약이 많아 각 그룹들은 미국 국적을 가진 한국인을 선발해서 보내기도 했다. 삼성물산의 경우 카렌 한(Karen Han)이라는 미국 교포 여성이 첫 주재원으로 파견되었던 기억이 난다. 나는 베이징에 조그맣게 투자한 완구 합자공장의 직원으로 신분 세탁(?)을 해서 주재할 수 있었다.

당시는 외국인이 쓰는 화폐가 따로 있었다. 외국인은 인민폐를 쓸 수 없었고, FEC(Foreign Exchange Currency)라는 외화 쿠폰 비슷한 것만 쓸 수 있었다. 외국인을 상대로 하는 여우이쌍띠엔(友誼商店) 백화점은 FEC만 받았다. 내국인들도 거기 있는 상품을 사려면 FEC가 필요했다. 자연히, 인민폐와 FEC를 교환하는 뒷골목 암시장이 성행했다. 나는 합자회사 직원 신분이었기 때문에 한국에서 소나타 자동차를 수입할 수 있었다. 베이징 전체에 소나타 자동차라곤 단 두 대였다. 사람들이 신기해했다. 지나가던 택시 기사들도 일부러 내려서 어디 차냐고 묻기도 했다. 지금은 베이징 택시 중에 상당수가 현대차다.

당시 베이징에는 한국사람보다 북한사람이 훨씬 많았다. 특히 무역업에 종사하는 북측 일꾼들이 많이 나와 있었다. 그중 몇 개 회사와는 처음으로 대북 무역을 성사시키기도 했다. 북한산 금궤 거래도 그때 시작되었다. 그들의 특별 요청으로 주석궁에 필요한 식용 소금을 천진항에서 배로 보내기도 했다. 또 하나 재미있는 일화는 북한의 최고지도자가 필요하다고 해서 한국과 마카오를 뒤져 세계에서 가장 비싼 화투와 트럼프를 보내준 일이었다. 얼마 전 히트를 쳤던 영화 〈공작〉의 대북 공작원 '흑금성'이 따로 없었다. 지금 생각하면, 영화에나 나올 법한 일을 초기 베이징 주재원들은 겁도 없이 수행했던 셈이다.

실적이
곧 인격이다

베이징에서 보낸 첩보 영화 같은 생활은 3년을 못 넘겼다. 덩샤오핑의 난쉰지앙화(南巡講話: 덩샤오핑이 남방을 순회하면서 개혁개방을 촉구한 일련의 연설이라는 뜻)를 기폭제로 해서 광둥성에 경제특구가 설치되었다. 그러자 수출입 업무가 광둥성으로 몰리기 시작했고 이번엔 광저우 지사장으로 발령이 났다. 광저우는 광둥성의 수도로 당시 선전, 주하이, 산토우, 샤먼 네 개의 경제특구 중 세 개가 광둥성에 몰려 있었다. 특히 산토우 경제특구는 소위 밀수무역의 본거지였다. 물론 우리는 정식으로 허가받은 수출입만을 했다. 다만, 중국의 거래처들이 물건을 들여오는 과정에서 밀수 같은 변칙이 통용되던 시절이었다.

무엇이든 지나치면 탈이 난다. 대대적인 산토우 지역 불법 교역 단속이 뒤따랐다. 많은 거래 당사자들이 하루아침에 증발했다. 더러는 법망을 벗어나지 못해서 영어의 몸이 되었다. 더러는 국외로 피신한 경우도 있었다. 심한 경우는 사형도 당했다고 들었는데 확인된 바는 없다. 아무튼 한때 같이 무역거래를 하고 밥도 같이 먹곤 했던 무역상들이 그런 불미스러운 사건들에 연루되어 고초를 겪거나 불행한 일을 당했다고 생각하니 마음이 무거웠다. 이 표현은 어쩔지 모르지만, 그들 덕분에 광저우 지사는 전 세계 수십 개 LG상사 지사 중 실적 1, 2위를 다툴 수 있었다.

해외 지사는 실적이 곧 인격이다. 실적 달성이 지상 최대의 목표다. 실적만 좋으면 모든 게 용서된다. 그런데 실적만 좋았던 게 아니다. 스짜이광저우(食在廣州: 맛있는 것은 광저우에 있다)라고 유명한 광둥 음식의 본고장이 광저우다. 그야말로 천당이 따로 없었다. 실적 걱정도 없고, 산해진미에 혀도 더불어 행복했던 주재원 시절이었다. 거기서 무려 10년을 지냈다.

광저우에서 맛있는 것 먹고 좋은 실적에 호의호식하고 있을 무렵, 상하이가 서서히 부상하기 시작했다. 앞으로 홍콩을 대신할 지역으로 중앙정부가 이곳을 민다고도 했다. 여러 매체에서도 상하이 시대의 도래를 기정사실화했다. 이미 패션을 비롯한 중국 내수 시장의 중심은 상하이라고들 했다. 그동안은 개혁개방의 실험지이자 중국 비즈니스의 중심인 광저우에 있는 것이 자랑스러웠는데, 조금씩 상하이에 뒤처지는 느낌을 받기 시작했다.

그때 마침 패션사업부 쪽에서 콜이 왔다. 우리 브랜드를 중국에 진출시키려고 하는데 내가 적임자라고 했다. 망설임 없이 화답했다.

혹시 임원 승진에서 불이익을 감내해야 될지도 모르는 민감한 시점이긴 했다. 그러나 패션 사업 자체가 좋았다. 평소에 표현은 안 했지만 나는 뼛속부터 패션맨이었다. 내가 하고 싶은 패션 사업을 할 수 있다는 사실 하나만으로도 나의 가슴은 뛰었다. 임원 승진에서 누락되면 어쩌나 하는 걱정스러운 가슴 졸임은 고려 대상도 아니었다.

중국에서 패션 사업을 하려면 어느 지역이 좋겠냐고 물었을 때 물론 상하이라고 답했다. 패션의 중심이 상하이이기도 했지만, 당시 가장 핫하게 떠오르고 있고 세계적인 패션의 도시로 부각되고 있는 상하이로 가고 싶었다. 거기서 제대로 된 패션 내수 비즈니스를 시작해보고 싶었다.

그렇게 시작한 상하이 생활은 무려 12년 동안 지속되었다. 그동안 헤지스(HAZZYS)를 비롯한 TNGT, 모그(MOGG), 모그핑크(MOGG PINK)와 라푸마(LAFUMA)까지 여러 브랜드들이 중국으로 진출했다. 더러는 어려움도 겪었지만 헤지스 같은 경우는 최근 10년간 중국에 진출한 한국 브랜드 중 최고로 성공한 브랜드 사례로 꼽힐 정도로 결과가 좋았다. 게다가 한국에서는 늘 경쟁 브랜드 B보다 실적이나 매장 위치에서 밀렸으나 중국에서만큼은 확실하게 포지션 우위를 차지했다. 후발 주자 브랜드로서는 상당한 쾌거였다.

31년 6개월의 서핑, 놀 만큼 놀았다

상하이에서 10년간 LG패션 법인장을 지내고 LG를 떠났다. 이어서 미국계 여성복 브랜드의 중국 론칭 업무를 맡게 된 것은 또 다른 행운이었다. 의류 브랜드 중국 내수 업무의 전문가라고 인정받은 것도 좋았지만, 무엇보다 큰 조직에 있을 때보다 내수 업무의 A to Z 전 과정을 다시 배울 수 있었고, 유통망들과의 관계도 훨씬 깊고 좋아져서 나의 진정한 중국 내 인맥을 재구축하게 된 것이 가장 큰 수확이었다. 물론 개인적으론 더 재미있는 일들이 줄을 이었다. 환갑도 지난 나이에 길거리 캐스팅이 되어 중국의 TV 광고에 출연하게 된 것이다. 드디어 나의 철저한 패션맨으로의 변신이 중국에서도 공인 인증을 받은 것 같았다. 계속해서 몇몇 이탈리아 남성복 브랜드의 중국 마케팅용 화보 모델로도 활약했다. 어느새 중국 패션 업계에서 조금씩 알아주는 셀럽이 되어가고 있었다. 마치 연예인이라도 된 것마냥 무척 행복했다.

서핑의 묘미는 키보다 높은 파도 위에서 아슬아슬 쓰러질 듯 쓰러지지 않고 중심을 잡는 데 있다. 즉 파도의 흐름을 타는 데 있다. 지나고 보니 나의 30년 중국권 주재원 생활도 서핑과 별반 다르지 않았다. 늘 험한 파도가 거침없이 몰려왔고, 또 크고 작은 많은 어려움에 쓰러질 뻔한 적이 한두 번이 아니었다. 그래도 포기하지 않고 파도의 흐름에 몸을 맡기며 중심을 잡고 살아남은 게 서핑과 많이 닮았다. 오히려 파도타기를 즐겼다고 할 수 있다. 난 늘 파도 앞에서 겁

먹기는커녕 어떻게 멋지게 서핑할지를 먼저 고민하고, 또 과감히 도전해왔던 것이다.

짧지 않은 31년 6개월을 중국권에서 살아오는 동안, 나는 각 지역에서 다양한 역할을 맡으며 열심히 달려왔다고 자부한다. 타이완에서는 중국어라는 무기를 장착했고, 홍콩에서는 대륙을 드나들며 적진을 탐색하는 실미도 요원으로 살았으며, 베이징에서는 침투조의 역할을 죽기 살기로 수행했다. 또 광저우에서는 수출입 전쟁터에서 야전사령관으로 활약했으며, 상하이에 상륙해서는 내수 시장의 개척자로 변신에 변신을 거듭했다. 그동안 무수히 밀려왔던 거친 파도를 지금도 기억한다. 파도에 넘어지거나 빠지지 않고 그에 맞서서 오히려 서핑을 즐겼던 나의 31년 6개월에 박수를 보낸다.

중국어도 중국 음식도 반미치광이처럼 배우다

순간의 선택이 좌우한 30년

"순간의 선택이 10년을 좌우한다"라는 유명한 광고 문구가 있었다. LG냉장고 광고였던 것으로 기억한다. 10년이면 강산도 변한다는데, 그런 길고 긴 10년을 쓸 냉장고이다 보니 선택을 할 때 신중에 신중을 기하라는 말이다. 어쩌면 나에게는 처음 파견 나간 타이베이 지사가 LG냉장고였던 셈이다. 그때 우연과 우여곡절 끝에 타이베이 지사로 나간 것이 10년이 아니라 30년을 좌우했으니까 말이다.

당시 내가 속한 섬유사업부에서는 본사 차원에서 결정된 나의 타이베이 지사 파견 결정을 못마땅하게 여겼다. 심지어 나에게 내정 소식을 알려주지도 않고 깔아뭉개고 있었다. 반면에 함께 선발된 지사장은 나에게 빨리 인수인계 작업을 하고 나갈 준비를 하라고 재촉했다. 기다리다 못해 할 수 없이 사업부 임원분께 내 거취 문제를 알고 계시냐고 물었다. 그분은 한숨을 쉬시더니, 향후 미국 지사로 보내줄 계획도 가지고 있으니 타이베이 지사로는 안 가겠다는 의사를 인사부에 전달하라고 했다. 그때는 아직 중국이 '죽의 장막'이라는 쇄국정책을 고수하며 대외 개방을 하지 않던 시절이었다. 그러나 머지않아 중국 시장이 열릴 것으로 기대하는 분위기가 점점 무르익을 때이기도 했다.

물론 그 당시 미국 지사는 누구나 선망하는 파견 희망 영순위였다. 그러나 언제 갈 수 있을지 불확실한 미래의 이야기이기도 했고, 이왕 도전을 하는 것이라면 미국보다는 중국이 더 끌렸다. 게다가 중국어까지 배울 수 있는 타이완으로 안 나갈 이유가 없었다. 무슨 용기가 나서였는지 아니면 무엇에 끌렸던 것인지 나는 직속 상사와 부서장을 제치고 직접 인사팀에게 타이베이 지사로 가겠노라고 했고, 그것이 나의 중국통 인생의 시발점이 되었다.

나의 다소 관례를 깨는 파격적인 행보에 힘입어 타이베이 지사 파견은 급속도로 진행되었다. 인수인계도 전광석화처럼 이루어졌다. 인계할 만한 내용이 많지도 않았지만, 내가 있던 섬유사업부에서는 마치 내가 부서를 배반하고 나의 영달만을 좇아 도망치는 배신자 취급을 했기 때문에 '갈 놈은 빨리 가라'라는 분위기였던 것 같다. 사실 나는 억울했다. 회사 차원에서 나를 선발했고 내가 순응하는 것뿐인데 도망자나 배신자 취급을 받는 게 어이없었다.

오기도 났다. 두고 봐라. 보란 듯이 성공해서 돌아오겠다고 결심했다. 그때 아내는 임신 중이었다. 예정일도 가까워왔다. 회사에서 출국하라는 날짜도 예정일과 거의 같은 날짜였다. 그런데 아이는 나오기 싫은지 전혀 기별이 없었다. 회사에서는 아이 나올 때까지 무작정 기다렸다가 보고 나가는 것은 용납이 안 되는 분위기였다. 분명히 요 며칠 사이에 나오긴 할 텐데 그 며칠을 기다려주지 못했다. 그래서 배가 남산만 한 아내를 두고 전 모 지사장을 모시고 타이베이로 날아갔다. 그날이 1984년 1월 21일이었다. 나의 아들은 1984년 1월 24일생이다. 딱 3일 차이로 첫 아들이 세상에 나오는 날 함께하지 못했다. 아내의 산고도 무척 심했다는데 곁을 지켜주지 못했다. 난 30년이 지난 오늘까지도 두고두고 그 3일에 대한 원망에서 자유롭지 못하다. 참 못난 남편이자 못난 회사였다. 그것도 신설 지사였는데 그 3일이 뭐라고…….

피 튀기는
중국어 습득 전쟁

우리가 타이베이에 도착한 날은 겨울비가 부슬부슬 내렸다. 영화에서도 이런 날은 꼭 비가 온다. 나중에 알고 보니 타이완은 겨울이 우기였다. 아무튼 비는 오지, 중국말은 한마디도 못하지, 게다가 공항에는 마중 나온 사람도 없었다. 아무도 나오지 않은 게 아니라 나올 사람이 아무도 없었다. 그야말로 슬픈 영화의 한 장면 같은 처량하기 그지없는 타이베이 첫 입성 모습이었다.

지사장은 나와는 비교할 수 없을 정도로 소위 일류로 도배된 고급 스펙의 인재였다. 최고 명문대를 졸업한 것은 물론이고 회사 일도 잘하기로 유명한 분이었다. 거기에 비하면 나는 겉만 번드르르했지 속빈 강정이었다. 특히 학습 욕구, 자기계발 욕구에서는 도저히 그의 상대가 안 되었다. 그나마 나 자신이 기특했던 건 주눅 들기보다는 오히려 경쟁 심리를 발동시켰다는 정도였다.

우리 둘은 부임 첫날부터 경쟁하듯이 습득 모드를 작동했다. 둘만 먼저 나갔기 때문에 가족이 합류해서 집을 얻기 전까지는 호텔에서 묵어야 했다. 당시는 주재원이 먼저 임지로 나가고 가족은 6개월 후에나 내보내주었다. 아마도 먼저 가서 준비도 하고 적응도 해야 하는데 가족이 있으면 회사 일에 방해가 된다는 발상이었던 것 같다. 회사가 별 걱정을 다 했다. 남자 둘이 각자 호텔방 생활을 6개월 동안 해야만 했다.

그런데 뜻밖에 지사장이 조금 큰 방을 얻어 같이 생활하자고 했다. 회사 경비도 아끼고 밤낮없이 얼굴 맞대고 의논도 하자는 선한 취지였음은 물론이다. 문제는 침대가 하나밖에 없는 조금 큰 방을 렌트하면서 발생했다. 할 수 없이 소파침대를 하나 추가해달라고 했다. 낮에는 소파로 쓰고 밤에는 펴서 내가 침대로 쓰려는 요량이었다. 아이디어는 좋았지만 현실은 그리 '아이디얼'하지만은 않았다. 그때나 지금이나 소파침대는 비추다. 소파도 아닌 것이 침대는 더욱 아니다. 남자끼리 같은 방에서 지지고 볶는 것은 더더욱 비추다. 웬만하면 각방을 쓰는 게 좋다. 소파침대는 가족여행 정도 갔을 때 하루나 이틀쯤 방값을 아낄 요량으로 쓰는 게 적당하다. 아무튼 당시 나는 잠자리가 불편해서 뒤척이느라 밤잠을 설치곤 했다. 그때는 왜 그렇게 지사장님이 높아 보이고 어려웠는지 말도 못 하고 물설고 말 안 통하는 낯선 이국땅에서 밤마다 '을(乙)'로 살아가는 불편함과 씨름했던 기억이 난다. 어쩌면 그때, '나도 빨리 지사장이 되고 싶다'는 결심을 오기로 했던 것 같다.

할 수 없이 동거인이 된 우리 둘은 밤낮없이 좌충우돌하며 타이베이 적응을 시작했다. 지사장은 그나마 한두 마디 인사말 정도는 알고 왔지만, 내가 아는 중국어라고는 '니하오마(你好吗)'가 다였다. 그러니 내가 모시고 다녀야 할 판에 그분이 나를 모시는 형편이었다. 불편한 진실은 계속 이어졌다. 알고 보니 타이완에 장기 주재를 하는 워킹비자가 한 사무소에 단 한 명만 나온다는 것이다.

회사는 고육지책으로 나를 대만사범대학 부설 중국어학당에 학생으로 등록시키는 방식으로 비자 문제를 해결하기로 했다. 위장 취학인 셈이었다. 나는 속으로 쾌재를 불렀다. 이게 웬 떡인가……. 졸지에 회사 돈으로 어학을 배우는 어학 연수생이 된 것이다. 매일 아침 출근 전에 한 시간씩 중국어를 배우고 회사에 나갔다. 지사장은 늘 나보다 먼저 출근했다. 특히 자기계발 욕구와 경쟁심이 남다르신 지사장은 벌써 나와 계시는데 지사원인 내가 늦게 출근하고 게다가 중국어까지 공부하고 나오는 게 마냥 예뻐 보이지는 않았을 듯싶다.

사실 불편한 동거를 하는 우리 둘은 진짜 피 튀기는 중국어 습득 경쟁을 했다. 그분도 따로 개인 교습을 통해서 엄청 열심히 공부하셨다. 요즘 표현으로 그는 '공부의 신'이었다. 우리는 회사에 와서는 중국어만 쓴다는 원칙을 세우고 그대로 지키려 노력했다. 초기엔 거의 벙어리 수준이었지만 꾸준히 견뎌준 회사 현지 직원들 덕분에 실력이 늘어갔다. 우리가 하는 엉터리 중국어를 알아듣는 현지 직원들의 '리스닝' 실력도 더불어 늘어갔다. 당일 배운 중국어는 그날 반드시 세 번 이상 써 먹었다. 하루 종일 만나는 사람들이 모두 선생님이었다. 다들 친절하게 발음 교정을 해주기도 했다. 식당에 가서도 우리는 경쟁적으로 한마디라도 더 하려고 싸웠다. 심지어는 클럽에 가볍게 한잔 마시러 가서도 중국어 학습에 목숨을 건 이들처럼 굴었다. 닥치는 대로 아무한테나 말을 걸고 또 즉석에서 발음을 교정받았다. 어쩌다 택시를 타면 완전히 일대일 과외 모드가 되었다. 어쩌다 1 대 2 모드가 되면 서로 한마디라도 더 하려고 피를 튀겼다. 이런 것을 두고 선의의 경쟁이라고 말할 수 있을까? 어찌 되었든 두 사람의 중국어 실력은 이런 피 튀김 속에서 당연히 급성장했다.

그 많던 음식은 누가 다 먹었을까?

초짜 주재원에게는 음식도 큰 문제였다. 특히 중국 음식은 주문하기가 여간 까다롭지 않다. 일단 메뉴가 다 중국어다. 그리고 종류도 우리 한식당처럼 간단하지 않다. 게다가 요리 방법도 수십 가지가 넘는다. 중국을 정복하는 게 중국 음식을 정복하는 것보다 쉬울지 모른다.

초기 신설 지사 요원인 우리는 중국어는 물론이고 중국 음식도 배워놓지 않으면 비즈니스에 어려움이 있을 뿐 아니라 본사나 그룹에서 오는 높은 분들을 모실 때 여간 불편하지 않다. 따라서 중국 음식에 대한 공부는 필수다.

그때 우리는 사실 거의 미쳐 있었다. 뭐든지 빨리 배우겠다는 의욕이 하늘을 찔렀다. 매일 매끼를 새로운 식당에 가서 새로운 음식을 주문했다. 물론 주문이라기보다는 거의 찍기에 가까웠다. 남들 먹는 것 보고 맛있어 보이면 손짓으로라도 저거 달라고 했다. 메뉴의 한자를 보며 좀 비슷하다 싶으면 일단 시켜봤다. 양의 많고 적음도 가늠할 줄 몰랐다. 향의 좋고 나쁨도 직접 찍어 먹어보고 나서야 알았다.

사천 요리 중에 한국인들이 좋아하는 꽁바오지띵(宮保鷄丁)이 있다. 어느 날 꽁바오지띵을 발견하곤 너무 맛있어서 거의 울면서 폭풍 흡입을 했다. 닭고기를 깍두기처럼 썰어 말린 고추와 함께 달고 맵게 볶은 요리인데 그중에서도 말린 고추가 정말 맛있었다. 열심히 먹고 있는 우리를 종업원들이 걱정 어린 눈빛으로 구경했다. 그러고는 주인인 듯한 아주머니가 오더니 뭐라 뭐라 했다. 물론 다 알아듣지는 못했지만, 손짓 발짓으로 미루어보아 고추는 먹지 말라는 것 같았다. 참 이상했다. 고추를 넣어서 음식을 해놓고 먹지 말라니 별일이다 싶었다. 당연히, 주인이 간 뒤에도 우리는 계속해서 고추를 맛있게 먹었다. 나중에 안 사실이지만, 일반적으로 중국인들은 꽁바오지띵에서 닭고기를 위주로 먹고 고추는 맛을 우려내는 용도로만 쓰고 있었다. 먹으면 큰일 나는 게 아니라 너무 매워 우리 뱃속이 큰일날까 걱정이었던 것이다.

어떤 때는 목구멍으로 넘기지 못할 정도로 처음 접하는 이상한 맛도 경험했다. 탕을 시켰는데 뚜껑을 열자마자 덮어버렸던, 값이 엄청났던 음식도 기억난다. 지금 같으면 없어서 못 먹었겠지만……. 당시 우리가 자주 출몰하던 지역의 음식점 종업원들은 아마 우리를 이상하게 보았을 것이다. '저 두 사람은 올 때마다 왜 저렇게 이상한 행동을 할까?' 하면서 말이다. 그만큼 우리는 놀림받아도 싼 행동을 매일매일 하고 다녔다.

그렇다면 이 많은 메뉴를 섭렵할 돈은 다 어디서 났을까? 아마 회사 돈을 그렇게 흥청망청 썼으면 벌써 잘려도 열 번은 잘렸을 것이다. 중국 음식 따라잡기에 미친 우리는 가족이 올 때까지 6개월 동안 현지에서 받은 급여를 거의 한 푼도 남기지 않고 몽땅 뱃속에 저금했다. 가족들은 이 사실을 현지에 온 뒤에야 알았다. 아내가 그간 지급되었던 현지 급여를 찾았을 때 통장 잔고는 이미 뱃속에 들어간 뒤였던 것이다. 가족에게 또 한 번 미안했다.

미친 척하고 살다 보면

그 당시는 집에서 한국 TV를 볼 수가 없었다. 기껏해야 어렵게 비디오테이프를 구해 연속극 정도를 보는 게 다였다. 우리는 작정을 하고 타이완 TV를 시청하기로 했다. 아내도 별다른 대안이 없자 적극 동참했다. 특히 저녁 황금 시간대에는 타이완도 연속극이 유행했다. 〈지뚜시양홍(幾度夕陽紅)〉이라는 연속극이 크게 히트를 칠 때였다. 그 시간에는 길에 사람의 발길이 끊길 정도로 시청률이 고공 행진을 하던 드라마였다. 나와 아내도 늘 저녁을 먹으면서 그 드라마를 시청했다. 솔직히 고백하자면, 그저 화면을 감상하는 데 가까웠다. 제대로 알아들을 수 없으니 줄거리를 놓치지 않으려고 안간힘을 썼다. 못 알아들었으면 서로 묻고 묻기를 반복하며 점점 더 극에 빠져들었다. 나중에는 아내가 나보다 훨씬 더 깊게 이해하고 있는 데 놀랐다. 외국어는 이렇게 배우는 것임을 아내는 몸소 보여주고 있었다.

나는 차를 몰면서 늘 음악을 듣곤 했다. 어느 날인가 아내와 같이 차를 타고 가는데 라디오에서 뉴스가 흘러나왔다. 그런데 그 순간, 마치 거짓말처럼 그 뉴스들이 하나의 끈으로 연결되어 나의 귓구멍으로 마구 밀려들어오는 환상과 함께 너무나 또렷하게 들려왔다. 깜짝 놀랐다. 아내에게 말했다. 지금 이 뉴스가 다 들린다고. 아내도 덩달아 "당신 득도했네" 하며 좋아했다. 그때가 타이베이에 간 지 딱 1년 6개월 되었을 시점이었다. 그 이후로는 더 열심히 뉴스도 듣고 드라마도 보고 했다.

그때부터 나의 중국어는 날개를 달았다. 어떻게 쓰는 줄은 몰라도, 듣는 게 다 내 말이 되었다. 거침이 없었다. 사실 지금의 내 중국어 실력의 대부분은 그때 길러졌다는 게 내 생각이다.

돌이켜 생각해봐도, 타이베이에서 보낸 주재원 생활은 거의 미쳐서 살았던 시절이었다. 30대 초반일 때이니만큼 젊어서 그랬을 수도 있다. 회사일도 미친 듯이 하고, 중국어도 미친 듯이 배우고, 또 중국 음식도 정말 많이 먹고 배웠다. 골프도 그때 처음 배웠는데 배운 지 17일 만에 필드에 나갔다. 그것도 미쳤던 것 중의 하나다. 특히 중국 음식을 배울 때는 가산 탕진까지는 아니어도, 밑천이 꽤나 드는 값비싼(?) 대가를 치렀다. 비자 때문에 들어갔던 위장 취학(?)의 기회를 미친 척하고 내 어학 특기를 다지는 시간으로 활용했다. 술 마시는 클럽도 나에게는 중국어 학습 장소에 지나지 않았다. 만나는 모든 사람들을 다 선생님으로 만든 것도 미치지 않으면 불가능한 꽤나 뻔뻔한 짓이었다.

요즘은 워라밸(Work and Life Balance: 일과 개인의 삶 사이의 균형)이 화두다. 나는 운 좋게도 일찍이 타이베이 시절부터 워라밸을 어느 정도 실천했던 것 같다. 일하면서 즐겼고, 즐기면서 배우는 데 힘썼다. 내 생각에 워라밸은 빠르면 빠를수록 좋다. 나중에 해야지 하는 생각은 나중에도 못한다는 말과 같다.

우리는 살면서 주특기도 개발해야 한다. 특히 워라밸 속에서 자신이 좋아하는 나만의 주특기가 개발되기 쉽다. 꼭 고도의 전문 지식이나 능력을 말하는 것은 아니다. 사소한 능력이라도 남다른 특기가 있다면 그것이 주특기가 된다. 일을 통해 미래를 준비하는 일이야말로 우리가 주안점을 삼아야 할 지점이다.

이때 노는 일을 통해 이 일을 준비할 수 있다면 그야말로 최고다. 나의 주특기는 단연 중국어이지만, 중국 음식 또한 나의 주특기다. 한국 사람 중에서 중국 음식 주문에서만큼은 단연코 내가 손꼽히는 전문가임을 자부할 수 있다. 비싼 음식을 주문하기란 쉽다. 누구나 할 수 있다. 문제는 사람 수와 때와 장소에 맞게, 주문을 할 수 있는가다. 나는 주어진 예산 범위 내에서 육해공 골고루 섞어서 조리 방법도 적절하게 배합해서 맛있는 음식을 시킬 줄 안다. 이 정도는 되어야 주특기라고 할 수 있다.

골프 또한 빼놓을 수 없다. 나는 라이프 베스트 스코어가 72타 정도다. '홀인원(hole in one: 한 번의 스윙으로 홀에 공이 바로 들어가는 것)'도 한 번 했고, 이글은 여덟 번이나 했다. 그중 파 4홀 이글은 두 번 했는데 그것도 5일 만에 두 번을 몰아서 한 기록도 가지고 있다. 가장 무시무시한(?) 기록은 연속해서 80홀을 치는 동안 한 번도 더블 보기 이상을 기록하지 않은 것인데, 이게 얼마나 대단한 기록인지 골프를 치는 사람이라면 알 것이다. 어쩌다 보니 나의 골프실력 자랑이 되었다. 생각해보면 나는 골프를 통해 무수한 사람들을 사귀었고 또 가족, 친구들과 함께 라운딩을 하면서 행복한 시간을 많이 가질 수 있었다. 골프는 때로는 일이었고, 때로는 가족 단합의 시간이었고 또 많은 때는 그저 즐거운 놀이 그 자체였다. 골프 선수한테 골프는 그저 일이지만 골프를 좋아하는 아마추어에게는 일도 될 수도 또 노는 즐거움이 될 수도 있는, 더없이 좋은 다목적 운동이라고 생각한다.

이렇게 미친 척하고 4년을 살다 보니, 타이베이 주재원 임기를 마칠 때쯤에는 중국어하면 가장 먼저 떠오르는 핵심 인력풀에 내가 자연스레 들어갈 수 있었다. 이는 내가 중국어에 미쳤던 결과물이었다. 그리고 더 중요하게는, 내가 미쳤던 그 순간순간들마저도 즐겼기에 남들보다 빨리 얻을 수 있었던 성과물이었다. 중국 음식도, 골프까지도 나의 주특기라고 감히 말할 수 있는 것은 바로 좋아하는 일에 아낌없이 미쳤던 덕분일 것이다. 이것이 반미치광이로 지낸, 초짜 타이베이 시절의 내 모습이었다.

프로토콜을 통해 더욱 다져진 필드형 중국통

피가 마르는 프로토콜의 변수

해외 주재원의 중요한 일 중 하나는 본사나 그룹에서 오는 손님들을 위한 프로토콜(protocol: 국제 외교에서 사용되는 의전을 뜻하나 기업의 오너나 최고경영진들의 의전을 말하기도 한다)이다. 해외 주재원은 프로토콜을 해야 할 때가 자주 있다. 특히 그룹의 관심 지역에 근무할 경우에는 거물급 손님이 많이 오간다. 평소 아무리 일을 잘해도 프로토콜에서 한번 실수하면 끝장이다. 그중에서도 개발도상국가에서의 프로토콜은 변수가 많아서 잘해야 본전일 때가 많다. 중국 진출 초기 베이징 지사 시절 겪었던 일명 '워키토키(walkie-talkie)' 굴욕 사건과 비행기 차터(charter), 즉 비행기 전세 사건은 거의 30년이 다 되어가는 지금까지도 마치 어제 일인 양 기억이 또렷하다. 나 외에는 아무도 모르는 묻힐 뻔한 사건이지만 평생 잊지 못할 추억의 한 장면이다.

90년대 초반, 나는 LG상사 베이징 지사의 지사원이었다. 그룹 회장단이 처음으로 중국을 방문했을 때의 일이다. 회장단 중국 방문 관련 모든 준비는 당시 유일한 그룹의 현지 사무소였던 우리에게 맡겨졌다. 우리 지사에 비상이 걸렸음은 당연했다. 중국 내에서의 이동 경로를 짜랴 비행기 노선을 확정하랴 호텔을 정하랴 난리도 보통 난리가 아니었다. 그때는 도로 사정이 좋지 못해 베이징 시내에서 이동할 때는 경찰 선도차를 선두에 세워서 이동할 수밖에 없었다. 물론 경찰 선도차를 준비하는 것도 우리 몫이었다. 그래도 선도차는 베이징시의 도움으로 큰 문제 없이 준비할 수 있었는데, 우리 요원(?)들끼리 연락을 주고받는 게 문제였다. 그때는 아직 핸드폰이 없을 때였다. 고육지책으로 우리는 무전기인 워키토키를 임대했다. 마치 경찰이나 사설 보디가드처럼 서로 연락을 주고받으며 회장단을 완벽하게 수행하기 위해 노력했다.

경찰차의 에스코트를 받으며 달리는 베이징의 장안로는 넓은데도 불구하고 매우 무질서했다. 차량들이 지시를 잘 따르지 않았다. 특히 앞서가던 버스가 자꾸만 우리 일행을 가로막았다. 선도차에 탑승한 경찰은 마이크로 계속해서 길을 비켜줄 것을 요구했다. 우리 차에 함께 타신 회장님은 마이크 소리가 너무 큰 데다 윽박지르는 듯한 경찰의 목소리가 시민들에게 미안하기도 하고 못마땅하기도 하셨는지 그냥 조용히 가자고 하셨다. 그러나 경찰은 경찰이었다. 막무가내였다. 심지어는 앞에 가던 버스를 가로막고는 기사를 무력으로 끌어내렸다. 회장님은 눈앞의 광경을 보시고 저러지 말라고 안달하시지, 경찰은 경찰대로 우리 말을 안 듣고 '갑질'을 하지, 정말 좌불안석이었다. 회장님과 그냥 한 차 속에 앉아 있는 것만도 긴장이 돼서 어쩔 줄 모를 판인데, 회장님 당부 말씀마저 먹히지 않는 상황이라 담당자인 나는 진짜 미치는 줄 알았다. 안전하게 막히지 않고 시간 맞추어 이동하기 위해 동원한 선도차가 오히려 회장님 심기를 불편하게 할 줄은 몰랐다. 그야말로 죽을 맛이었다.

하루는 회장님 일행이 곧 호텔에 도착한다는 소식을 워키토키로 연락받고 호텔 로비 한쪽에 눈에 띄지 않게 서서 일행을 기다리고 있었다. 그때 나타나야 할 회장님 일행은 안 나타나고 회장님 사모님이 먼저 로비로 걸어 들어오셨다. 게다가 그 옆에는 어디서 많이 본 사람 하나가 사모님 팔짱을 끼고 따라 들어왔다. 다름 아닌 나의 아내였다. 순간 아내와 눈이 마주쳤다. 바로 고개를 돌렸다. 못 본 체하기 위해서였다. 왠지 내가 초라하다는 느낌이 들었다. 그녀는 알 듯 모를 듯한 묘한 미소를 지으며 사모님과 엘리베이터를 함께 타고 룸으로 올라갔다. 나는 이런 모습을 아내에게 들킨 게 창피했다. 이래봬도 집에서는 태산 같은 존재감의 남편이자 당당한 아버지 아니던가. 갑자기 주재원인 내가 왜 이런 경비원 같은 모습으로 여기 서 있나 하는 자괴감마저 들었다.

아내는 그날 회장님과 같이 오신 사모님의 개인 가이드를 맡은 터였다. 회장단 일정과 별도로 사모님이 다른 곳을 다녀오시게 되었던 것이다. 사모님께서 너무 소탈하시고 격의 없게 대해주셔서 어느새 마치 엄마와 딸 같은 친밀한 모습으로 걸어 들어왔을 뿐이었다. 그날 밤 아내는 상처받은 나를 토닥토닥 안아주며 위로해주었다. 그렇지만 그날부터 일명 워키토키 사건은 아내가 나를 놀릴 때마다 꺼내는 단골 메뉴가 되었다.

혼자 북 치고
장구 치다 살아나다

또 한번은 그룹 회장단 일행이 회장단은 베이징 외에도 다른 여러 지역을 방문하기로 되어 있었다. 중국 내에서 이동하는 구간들이 많기도 하고, 당시 중국 국내선들이 워낙 연발착이 많아 할 수 없이 비행기를 임대하기로 했다. 그리고 그 임대 임무가 나에게 주어졌다. 진짜 황당했다. 진짜로 당황했다. 비행기 표를 예매하는 것이 아니라 비행기를 통째로 빌리는 일이었다. 해본 적도 없었지만, 당시는 1991년도였다. 그때의 중국은 지금의 중국과는 달라도 한참이나 달랐다.

천신만고 끝에 항공사 관련 부서와 연락이 닿았다. 베이징에서 출발해서 몇 군데를 들른 후 다시 베이징으로 돌아오는 코스였다. 그런데 코스별 운임을 적은 요금 명세서에 우리가 가지도 않는 내몽고가 들어 있었다. 내가 누구인가? 즉각 전화기를 들었다. 아무리 우리가 외국인이기로서니 이렇게 사기를 치면 어떻게 하냐고 혼낼 참이었다. 그러나 나는 곧바로 꼬리를 내렸다. 임대용 비행기의 주차장 격인 주기장(駐機場)이 내몽고에 있었다. 그러니 내몽고 주기장에서 베이징으로 오는 것과 나중에 끝나고 나서 베이징에서 내몽고까지 가는 모든 비용을 임차인이 지불해야만 한다는 것이었다. 잘못하다간 배보다 배꼽이 더 클 판이었다. 우여곡절 끝에 비행기 임대 계약을 일단 마쳤다.

회장단이 베이징 공항에서 출발하는 날이 왔다. 오후 3시에 떠나기로 되어 있는데, 나는 오전 일찍부터 불안해서 견딜 수가 없었다. 내가 임대를 책임졌기 때문이다. 그때는 전화로도 물어볼 곳이 제대로 없었다. 만약 비행기가 와 있지 않으면 큰일이었다. 비행기는 내몽고가 주기장이라고 했다. 비행장에 도착했을 때 비행기가 아직 내몽고에서 안 떠났다면 나는 그야말로 '박살'이었다. 그날로 주재원이고 뭐고 짐 싸들고 집에 돌아가야 할지도 몰랐다. 점심도 거른 채 지사장께 말씀을 드리고 서너 시간 먼저 공항으로 향했다. 당시 베이징서우두국제공항(北京首都國際空港)은 우리의 어느 지하철 역사만큼도 안 될 정도로 열악한 환경이었다. 그나마 정기 노선은 전광판에 안내가 나오지만 임대 비행기의 스케줄은 전광판에 나오지도 않았다. 도대체 누구한테 어떻게 알아봐야 하나 앞이 깜깜했다.

어떻게든 무슨 수를 써서라도 비행기가 와 있는지부터 확인해야 했다. 직원 사무실로 무조건 쳐들어갔다. 한 남자 직원이 다리를 책상에 올려놓고 낮잠을 자고 있었다. 나는 그를 흔들어 깨웠다. 그리고 다짜고짜 물었다. 우리가 렌트한 비행기가 와 있냐고, 와 있으면 어디에 와 있는지 알 수 있냐고……. 그는 오후 3시 비행기라면 지금쯤 와 있을 거라고 남 일처럼 답하고는 태연하게 다시 잠을 청했다. 그에겐 남 일이 맞긴 맞다. 일순간 불안이 엄습해왔다. 이 정도의 근무 태도라면 비행기가 꼭 와 있으리라는 보장이 전혀 없었다.

그를 다시 한 번 흔들었다. 그러곤 즉흥적으로 주머니에서 당시 외국인들만 쓰던 와이훼이췐(外滙券: 외국인들만 사용하는 쿠폰 같은 것) 몇 장을 잡히는 대로 그의 주머니에 쑤셔 넣었다. 제발 살려달라고 했다. 아니면 나 잘린다고, 꼭 확인해야 한다고 했다. 그제야 직원은 못 이기는 척 자세를 고쳐 앉더니 따라오라고 했다. 직원을 따라 공항 내에서만 운행되는 뚜껑 없는 지프차에 올라탔다. 직원은 공항 활주로 옆에 서 있는 비행기들을 하나하나 육안으로 확인하면서 차를 몰았다. 비행기 주차 위치표 같은 것도 한 장 없었다. 완전한 아날로그였다. 그 사람은 이리저리 차를 몰며 비행기를 살피고 나더니 고개를 갸웃했다. 이상하게 비행기가 안 보인다고 했다.

하늘이 노래졌다. 앞이 깜깜했다. 그가 다시 차를 몰기 시작했다. 국제선 비행기들이 모여 있는 곳도 가보자고 했다. 저 멀리 프로펠러 비행기 두 대가 서 있는 게 보였다. 우리가 렌트한 비행기도 작은 프로펠러 비행기였다. 아마 저 둘 중 하나일 거라고 했다. 국내선에 자리가 없으니까 이쪽에다 임시로 댄 모양이라고 했다. 가까이 가서 보니 그중 한 비행기에서 한창 기내 청소를 하고 있었다. 여승무원인 듯한 사람에게 물었다. 혹시 이 비행기 남조선에서 임대한 것이 맞냐고……. 맞다, 아마도 이렇게 물었을 것이다. 당시만 해도 남조선이라고 불리던 시절이니까.

다행히도 승무원은 맞다고, 그것도 모기만 한 소리로 대답했다. 아무튼 살았다. 이제는 집에 안 가도 된다. 속으로 만세 삼창을 불렀다. 십년감수했다.

회장단 일행은 오후 3시에 무사히 출발했다. 그렇게 무사히 이륙하기까지 무슨 일이 있었는지 회장단 일행은 알 턱이 없었다. 우리 회사의 지사장 이하 다른 직원들도 내가 얼마나 가슴 졸이며 뛰어다녔는지 아무도 몰랐다. 사실 그날 그렇게까지 안 했어도 아무 일도 안 일어났을 것이다. 괜히 나 혼자 몸이 닳아서, 나 혼자만 죽다 살아난 악몽 같은 숨겨진 에피소드다. 이 책에서 처음으로 밝히는, 그동안 나 혼자만 간직했던 웃픈 이야기다.

혀끝으로 친구 사귀고 사투리 몇 마디로 절친 되기

먹는 것에 목숨 거는 중국인

세상에 친구를 사귀는 방법은 수없이 많다. 또 사람마다 각자의 스타일이 있기에 한두 가지 방법으로 이를 정리할 수도, 규정할 수도 없다. '친구를 잘 사귀는 방법 100가지'라는 제목의 책이 나온다 한들 이 비법을 다 담지는 못할 것이다. 하물며 외국에서 외국인 친구를 사귀는 방법이야 오죽할까? 친구를 사귀는 것도 어려울뿐더러 친구의 마음을 사로잡기란 더더욱 어려운 일이다.

이럴 때는 본능에 호소하는 게 답이다. 맛있는 음식을 같이 먹으며 문자 그대로 뱃속 편한(?)

담소를 나누고 또 그 지역 방언 한두 마디 정도는 구사함으로써 상대방 마음의 벽을 허무는 방법을 강력히 추천한다. 이 두 가지는 내가 광둥 요리의 본고장 중국 광저우 주재 시절 '입'으로 체험한 친구 사귀기의 비결이다.

중국에는 '쓰짜이광저우(食在廣州)'라는 말이 있다. 맛있는 것은 광저우에 있다는 뜻인데, 문자 그대로 맛있는 음식을 먹으려면 광저우에 가라는 말이다. 예로부터 광둥 요리는 중국 4대 요리 가운데 하나로 꼽혔다. 중국인들은 워낙 먹는 것을 중히 여기는 민족이다. 자고로 의식주(衣食住)란 입고, 먹고, 자는 것이다. 한 민족의 문화는 실제 입고 먹고 자는 데서 다 형성된다. 문화라는 게 결국 어떻게 입고, 어떻게 먹고, 어떻게 잘 것인가에 대한 고민의 결과인 것이다. 그런데 중국인들은 그 우선순위마저 바꾸어 말한다. '의식주'가 아니라 '식의주'라고 한다. 먹는 것을 그중에서도 으뜸으로 여긴다는 뜻이다.

그런가 하면 야오스통위안(藥食同源: 약과 음식은 같은 뿌리다)이라는 말도 있다. 음식을 병을 고치는 약으로까지 생각했다는 말이다. 이 정도면 그야말로 먹는 것에 목숨까지 걸었다고 해도 과언이 아니다. 중국말로 식사를 판쥐(飯局: 반국)라고도 한다. 그야말로 상대방과 기싸움을 하는, 마치 바둑의 대국 같은 개념으로 식사 자리를 여긴 것이다. 그러다 보니 식사 예절도 잘 지켜야 한다. 그러나 일단 그 기싸움에 통과하거나 상대방으로 하여금 믿을 만한 사람으로 받아들여지면 친구가 되는 것은 식은 죽 먹기다. 말하자면 면접을 통과한 셈이다. 그러나 면접(?) 예절도 여간 까다로운 게 아니어서 세심한 주의가 필요하다. 앉는 자리 하나하나에 다 순서가 있고 임자가 있다. 아무 데나 앉으면 낭패를 보기 일쑤다. 만약 손님으로 초대받아 갔다면 자리를 지정해줄 때까지 서서 기다리는 게 가장 좋다.

"하늘을 나는 것 중에는 비행기만 빼고 다 먹고, 또 땅 위의 네 발 달린 것 중에는 책상만 빼고 다 먹는다"라는 말은 바로 광둥 사람들의 '몬도가네식' 식문화를 꼬집는 말이다. 결국 별의별 것을 다 먹는다는 뜻이다. 도대체 안 먹는 게 없다. 그러니 광둥의 중심 광저우에서 10년을 보낸 나는 바로 이 몬도가네식 식문화에 희생된 제물(?)이다. 아니, 솔직히 최대의 수혜자다. 몸에 좋다는 갖가지 진귀한 음식을 다 먹어볼 수 있었기 때문이다. 그 덕분인지 60 중반을 향해 달려가고 있는 나는 아직 청춘들처럼 팔팔하다.

중국은
희귀 요리 천국

광저우 지사장으로 발령이 나서 내려간 첫날이었다. 인수인계를 해주기 위해 남아 있던 전임 지사장 및 직원들과 함께 회사 근처 광둥식 식당으로 식사를 하러 갔다. 식당은 사방이 수족관 같은 것으로 둘러싸여 있는 곳이었는데, 주문을 하면 곧바로 수족관에서 식재료를 꺼내 요리를 해주었다. 한 가지 특이한 점은 방금 꺼낸 것들을 테이블로 가지고 와 주문한 사람의 최종 확인을 받고 난 뒤에 주방으로 가져가 요리를 하는 방식이었다. 이른바 주문자 실물 '선 확인, 후 요리' 시스템이었다.

그날은 내가 처음 부임한 날이어서 그랬는지, 식재료를 나에게 먼저 보여주라고 했던 모양이었다. 그렇지만 비닐봉지에 담겨 팔딱팔딱 뛰는 생선을 보여준들 내가 할 수 있는 일은 없었다. 사실 중국에서는 생선을 주문할 때 어떤 종류의 생선을 얼마쯤의 무게가 나가는 것으로 어떻게 조리해달라고 하는 게 관례다. 그러니 우선 비닐봉지에 담긴 생선이 맞는지 그리고 크기가 주문한 것과 얼추 맞는지 확인하라는 뜻이었다. 팔딱팔딱 뛰는 정도를 보면 싱싱한 정도도 가늠할 수 있다.

그러나 그날, 주문한 생선이 어떤 종류인지 어떤 크기인지도 모르는 나는 건성으로 고개를 끄덕일 수밖에 없었다. 생선은 그나마 나은 편이었다. 다음에는 검은 비닐봉지에 묵직해 보이는 무언가를 넣어서 왔다. 이윽고 종업원이 손으로 안에 든 것을 끄집어냈는데, 나는 순간 놀라 자빠질 뻔했다. 뱀이었다. 그것도 거의 1미터는 족히 됨직한 커다란 뱀……. 동물원에서나, 그것도 멀찌감치 서서 보던 그런 뱀이었다.

머리를 잡힌 뱀의 꼬리가 내 눈앞에서 흐느적거렸다. 나는 순간적으로 소리를 지르며 도망칠 뻔했다. 내가 가장 싫어하는 동물이 뱀이다. 싫어하는 걸 떠나 무서워한다. 그래도 태연한 척 재빨리 고개를 끄덕였다. 괜찮다는 뜻이 아니라 빨리 치우라는 의미였다. 그러나 뱀을 들고 있던 종업원은 한 술 더 떴다. 눈치도 없이 "어떻게 드실 건가요?" 하며 원하는 요리 방법을 물어봤다. 눈앞에서는 그놈의 뱀 꼬리가 더 심하게 흔들거렸다. 잘못하면 나의 볼을 스칠 것만 같았다. 더 신기한 건 나 빼고는 아무도 긴장한 빛이 전혀 없이 평상심을 유지하고 있다는 점이었다. 나중에는 나도 이력이 났지만, 광둥성에서는 뱀이 꽤 고급 식재료 그 이상도 이하도 아니었다. 큰 슈퍼마켓에 가면 철망으로 만든 케이지 안에 뱀이 산 채로 들어가 있는 것을 쉽게 목격할 수 있다.

'死色' 아닌
'蛇色'이 된 손님

나의 몬도가네식 광둥 음식 탐험은 그 후로도 계속되었다. 광저우에 살던 10년 동안 정말 희귀하고 몸에 좋다는 음식들은 원 없이 먹어본 것 같다. 산 거북이로 만든 요리, 악어 요리, 통째로 구운 비둘기 요리, 뱀 튀김, 물방개 튀김, 들쥐고기, 망고뚠쉬에하(芒果炖雪蛤: 암캐구리의 나팔관과 망고로 만든 요리), 샤스핀 수프 등등.

뱀 고기에 관한 일화가 하나 더 있다. 광저우를 방문한 한국 손님을 모시고 광저우 인근의 뱀 농장(식용 뱀을 키우는 곳)에서 직접 경영한다는 뱀 요리 전문점을 찾아갔다. 그곳의 모든 음식은 뱀과 연관된 것이라고 했다. 즉 뱀을 가지고 튀기고 볶고 찌고 샤부샤부도 하는 곳이었다. 문제는 그날의 제일 중요한 손님이 뱀 고기를 못 먹는다고 한 것이다. 한참을 기다렸다가 나온 샐러드 볶음 요리를 본 손님은 반가움에 한 젓가락 집어서 한 입 크게 넣었다. 그러나 그 음식도 샐러드와 뱀 껍질을 함께 볶은 것이었다. 설명을 해주자 급 실망한 손님은 바로 뱉어내곤 젓가락을 놓았다. 그가 먹을 수 있는 음식은 좀처럼 나오지 않았다. 식사가 거의 끝날 무렵 이번에는 기름에 튀긴 빵이 나왔다. 손님의 얼굴에 일순간 화색이 돌았다. 너 본 지 오래라는 듯 크게 한입 베어 물었다. 그런데 종업원이 다가와서 이 빵은 뱀 기름으로 튀긴 것이라는 친절한(?) 설명을 해주었다. 종업원의 설명이 끝나고 나의 통역이 끝나기도 전에 손님의 입에서는 이미 잘게 씹혔던 빵이 침과 함께 튀어 나왔다. 물론 뱀 기름도 함께였다. 손님의 얼굴은 그야말로 사색이 되었다. '死色'이면서 동시에 '蛇色'이었다.

식사 자리가 친화의 모든 것이다

내가 경험한 다양한 음식들은 거의 모두 중국 거래처나 중국인 친구들과의 식사, 즉 판쥐 자리에서 먹어본 것들이다. 중국 거래처에서 식사 초대를 하면 나는 꼭 조건을 하나 붙였다. 바로 내가 못 먹어본 특색 있는 음식 한두 가지쯤은 꼭 포함시켜 달라는 것이었다. 그렇지 않으면 늘 내가 아는 음식만 주문하는 주문 바보가 되기에 선택한 책략이었다. 나는 염치불구하고 지역 디터우셔(地頭蛇: 본토배기)가 먹고 즐기는 음식을 먹어보고 싶다고 했다. 사실 지금도 한국인 중에서 중국 음식 주문만큼은 내가 손꼽히는 전문가라고 장담할 수 있는 것은 바로 이런 식으로 광저우 10년 동안 나만의 '중국 음식 주문의 기술' 노하우를 쌓았기 때문이다.

우리는 판쥐 자리에서 음식만 논하는 게 아니었다. 때로는 치열하게 상대를 탐색했고 때로는 화기애애한 분위기 속에서 서로를 알아갔다. 음식은 우리를 이어주는 매개 역할을 충실히 해주었다. 인간은 누구나 맛있는 음식을 먹으면 기분이 좋아지고 마음이 평안해진다. 경계심을 스스로 내려놓게 되는 것이다. 서로 기분 좋은 상태에서는 마음도 빨리 열게 된다. 그러면 금방 친해질 수 있다. 소위 나의 꽌시(關係 : 관계, 연줄)들은 거의 다 식사 자리를 통해서 맺어진 인연들이다. 식사를 함께 나누면서 사귄 친구들이다. 다시 말해 '혀끝'으로 사귄 중국인들인 셈이다.

이렇게 꽌시가 맺어지면 일단 '이너 서클(inner circle)'의 일원은 된 것이다. 요즘말로 '인싸'가 되는 것이다. 거기에 나만의 결정적인 한 방만 더해지면 바로 '핵인싸'가 되는 수도 있다. 그것은 다름이 아니라 그 지방 사투리 몇 마디를 배워 써먹는 것이다. 꼭 잘할 필요까지는 없다. 최소한 상대방으로 하여금 내가 자기와 가까워지기 위해 애쓰는구나 하는 생각쯤은 들게 해야 한다. 그들의 심리 기저에 있는 동류 의식만 자극하면 된다.

광둥어는 배우기 매우 어렵다. 특히 발음 성조가 어렵다. 중국 표준어는 4성이지만, 광둥어(Cantonese)는 무려 아홉 개의 성조를 지니고 있다. 광둥에 와서 몇십 년을 산 타 지역 중국인들마저도 정확한 발음은 어렵다고 한다. 나도 잠깐 배우다가 이내 포기했다. 그 대신 몇 마디 유용한 광둥어는 외워두고 적절히 써먹었다. 그들은 아직도 내가 광둥어를 무척 잘하는 줄 안다. 한마디 못해도 "섹텡음색꽁"(들을 줄은 알지만 말은 잘 못한다) 정도라도 하면 한마디도 못하는 것보단 낫다. 이 정도만 되어도 완벽한 비밀 병기다. 써먹어본 내가 보증한다.

지금도 나는 광둥 음식을 생각하면 입에 군침이 돈다. 중국에 가면 어디를 가든지 꼭 한번은 광둥 음식을 시켜 먹는다. 특히 기운이 없거나 속이 허할 때면 '약식동원'을 굳이 떠올릴 필요도 없이 자동적으로 몸에 좋은 광둥 음식을 찾게 된다. 그중에서 탕은 그야말로 일품이다. 거의 탕약 수준이다. 뭐니 뭐니 해도 광둥 음식은 일단 맛있다. 입이 즐겁다. 광둥 음식에 그냥 몸이 반응한다. 마음도 열린다. 친구 사귀기에 더 없이 좋은 조건이 자연히 생성된다. 우리 몸 안팎에 아주 완벽한 보양 음식이다.

순간의 선택이
30년 중국통의 길을 열다

회장실 대신 야전사령관을 택하다

삼성의 미래전략실이나 여타 그룹사의 회장실은 그룹의 최정예 인재들의 집합소다. 그룹 회장을 직접 보좌하고 또 그룹의 전체적인 전략 등을 짜는 두뇌 조직이다 보니 승진도 엄청 빠르다. 여러 계열사의 최고경영자들 이력을 보면 대개 회장실 출신이 많다. 회장실에서 근무하는 것은 출세가 보장된 선택된 극소수의 엘리트 그룹에 속했다는 의미이고, 누가 어떻게 그곳에 배치되는지도 베일에 싸여 있기 일쑤다. 일반 회사원들은 언감생심 꿈도 꾸지 못하는 '꿈의 자리'라고 할 수 있다.

베이징 지사 임기가 거의 끝나갈 무렵, 회장실에 근무하는 지인으로부터 뜻밖의 축하 전화를 받았다. 내용인즉 내가 회장실로 발령이 날 거라는 소식이었다. 회장실에는 이미 기정사실화되어 알려진 모양이었다. 신기했다. 살다 보니 나에게도 이런 날이 오는구나 싶어서 볼을 꼬집어도 봤다. 아무런 배경이나 대단한 학맥도 없는 평범하기 그지없는 나 같은 상사맨이 선택된 인간들만 뽑혀간다는 회장실로 발령이 난다니 도저히 믿기지 않았다. 정말 중국 시장이 중요해지긴 한 모양이라고 생각했다.

그 무렵 또 다른 소문도 돌기 시작했다. 신설되는 중국 주재 사장의 스태프로 내가 갈지도 모른다는 소식이었다. 회장실은 나와는 거의 관계가 없는 자리였지만, 중국 주재 사장의 스태프는 마음만 먹으면 언제든지 갈 수 있는 그런 자리였다. 물론 나만의 건방진 생각이었지만 말이다. 그런데 솔직히, 스태프 자리는 가고 싶지 않았다. 안테나를 세워보았더니 그룹에서도 나를 원하고 또 중국 주재 사장 스태프 후보로도 내가 거론되고 있다고 했다. 그런 상황이다 보니 회장실 발령까지 다시 흔들리고 있는 중이라고 했다.

회장실 축하 전화를 받았을 때 볼까지 꼬집어볼 정도로 신기해하고 또 벼락출세에 대한 김칫국도 잠깐 마셔보았지만, 그때도 내 몸에는 맞지 않는 옷 같은 느낌만은 지울 수 없었다. 그리고 이미 전화로 축하까지 받았는데 최종 결정이 미뤄지고 있는 것을 보니, '그러면 그렇지'라는 일종의 열등감과 함께 몸에 맞지 않는 옷에 대한 미련은 버릴 수밖에 없었다.

문제는 내 마음가짐이었다. 중국 주재 사장의 비서 역할은 내 스펙으로 딱 맞는 자리였지만 체질적으로는 전혀 맞지 않아 하기 싫었다. 내가 비록 중국통으로 인정받아 그룹 최초의 베이징 주재원이 되었지만, 베이징에 근무하는 3년 동안 비즈니스다운 비즈니스는 별로 해보지 못한 터였다. 당시는 아직 양국 간에 비즈니스가 그리 활발하지 않은 때였다. 그러다 보니 오히려 그룹의 높은 분들과 중국 지도자급들의 만남을 주선한다든지, 우리로 치면 최고경영자에 해당하는 중국 수출입회사 총경리들의 한국 방문을 수행하는 등 주로 '민간 외교관'으로서의 역할이 훨씬 더 컸다. 처음으로 그룹 소속 헬기를 타본 것도 그때였다. 중국사조진출구총공사(中國絲稠進出口總公司)의 총경리를 모시고 한국을 방문했을 때 그 헬기를 이용했다. 베이징에 있는 동안 백두산을 두 번 올라 천지를 볼 기회가 있었는데, 두 번 모두 그룹의 회장님 내외분을 모시고 올랐다. 그 밖에도 나중에 중국의 부총리까지 오른 우이(吳義)를 비롯해서, 한보핑(韓伯平) 베이징 부시장 등도 그때 만났던 인물들이다. 또 하나 기억에 남는 인물은 북한의 김달현 부총리인데, 우리 그룹과 민간 차원에서의 교류를 위해 베이징에서 비밀리에 만나 회담을 하는 장소에 합석하기도 했다.

상사맨으로 중국의 수도 베이징 현지에서 중국과의 멋진 비즈니스를 해보겠다는 부푼 꿈을 꾸고 왔던 나는 팔자에도 없는 민간 외교관 역할만 톡톡히 하고 3년 임기가 끝나 본국으로 돌아가야 하는 것이 다소 못마땅하던 차였다. 이럴 때 회장실로 발령이 난다면 가야겠다고 생각했지만, 당시 돌아가는 상황으로 보아 중국 주재 사장의 스태프로 다시 새로운 임기를 시작할 공산이 컸다. 두려움이 몰려왔다. 그래서 먼저 선수(?)를 치기로 했다.

본사의 인사 담당 부서에 감히 면담을 신청했다. 면담할 때 회장실에서 이미 축하 전화를 받았다는 이야기도 털어놓았다. 그 사실은 본사에서도 이미 알고 있는 상황이었다. 그러나 결정된 것은 그때까지 아무것도 없었다. 모든 것이 오리무중이었다. 거꾸로 본사 인사 부서의 책임자가 나에게 세 가지 옵션을 주면서 무엇을 택하고 싶은지 물었다. 세상에 어떤 주재원이 임기를 마칠 때 손에 세 장의 카드를 들고 흔들 수 있을까? 또 한 번 나는 볼을 꼬집었다. 볼은 아팠지만, 행복했다.

세 가지 중 마지막 하나의 옵션이 나를 강하게 끌어당겼다. 한국에 들어오지 말고 중국 내에서 베이징이 아닌 다른 곳 지사장을 맡아 새로운 임기를 시작하는 게 또 하나의 카드였다. 마치 택시의 미터기를 다시 꺾는 것과 같은 기회였다. 새롭게 임기가 시작되는 것이다. 나는 속으로 쾌재를 불렀다. 망설임 없이 세 번째 카드를 골랐다. 드디어 지사장이 될 기회가 왔다. 게다가 광둥성의 경제특구를 중심으로 진짜 중국 비즈니스가 불꽃처럼 타오르기 시작한 시점이었다. 가장 가고 싶은 곳이 광저우 지사라고는 차마 말 못 하고 중국 내에서 지사장으로서 한 번 더 제대로 된 중국 비즈니스를 하고 싶다고 했다. 그때까지는 지사원 신분이었으나 이왕 중국에 나온 이상 지사장 자리에도 도전하고 싶었다. 이와 동시에 회장실에 대한 미련은 거짓말처럼 사라졌다. 애초에 목표하던 방향도 그쪽은 아니었다. 옛날이나 지금이나 나는 그다지 출세 지향적인 인간은 못 된다. 마음속에서는 광저우 지사가 가장 탐났다. 중국 개혁개방의 중심지였기 때문이다. 이왕이면 중국 비즈니스의 주 무대인 그곳에서, 제대로 된 전쟁터에서 싸움을 하고 싶었다. 상사맨이라면 누구나 탐낼 만한 자리였고, 각 그룹사에서도 앞 다투어 에이스들을 포진시키는 곳이었다.

당시 우리 광저우 지사는 내가 좋아하는 선배 한 분이 지사장을 맡고 계셨다. 그래서 광저우의 '광' 자도 꺼내지 않았다. 그런데 결과적으로 그 선배는 다롄(大連) 지사로 발령이 나고 내가 그 자리로 낙점되었다. 마치 내가 선배님을 밀어낸 것처럼 보이는 결정이었으나, 단언컨대 그런 일은 없었다. 순전히 본사의 결정이었다.

중국의 전국구
해결사가 되다

광저우는 광둥성의 성도(省都)다. 우리나라로 치면 도(道)의 도청이 있는 도시다. 중국은 당시 개혁개방을 시험하기 위해 중앙정부에서 네 군데 경제특구를 설치했는데, 그중 세 곳이 광둥성 관내에 있었다. 선전(深圳), 주하이(珠海) 그리고 산터우(汕头) 세 곳이었다. 선전은 홍콩과 맞닿아 있고, 주하이는 마카오와 마주보고, 산터우는 푸젠성(福建省)의 샤먼과 함께 타이완을 겨냥해서 설치했다. 외자(外資)도 최우선으로 이곳들에 유치되었고, 많은 외자 기업들이 이곳에 세워졌다. 세 군데 모두 항구였고, 수출입 물동량도 모두 이곳에 집중되었다. 특히 홍콩이 광둥성과 닿아 있는 관계로 우리는 수시로 홍콩을 오가며 신명나게 비즈니스를 펼쳤다. 푸젠성(福建省)의 샤먼도 광저우지사의 관할이었으므로 결국 초기 중국의 경제특구 네 곳 모두가 나의 관할구역이었다. 비록 수출입의 주요 창구는 경제특구였지만, 실제로 수입상이나 대리상들은 중국 전역에 퍼져 있었다. 우리는 물건의 소재지를 따라, 혹은 대리상이나 수입상의 실제 소재지를 따라 중국 전국 방방곡곡을 누볐다.

그때는 비행기가 제시간에 뜨고 내리는 법이 없었다. 두세 시간의 연발착이나 운항 취소는 다반사였고, 이륙하기 전에는 에어컨을 트는 법도 없었다. 승무원들은 탑승객들에게 손부채를 나누어주곤 했다. 사우나가 따로 없었다. 어떤 때는 기차의 3층 침대칸에 몸을 실어야 했다. 자고 있으면 누군가의 손이 주머니를 뒤지는 게 다반사였다. 냄새나는 장거리 버스를 타고 열 시간 이상 코를 막고 달린 적도 있었다. 중국의 장거리 버스는 비스듬히 누워서 가도록 의자가 설계되어 있다. 상상을 해보라. 장거리 버스에 누워 자다가 눈을 떠보면 바로 코앞에 모르는 사람이 코를 골며 자고 있는 장면을……. 게다가 몸에서 나는 냄새는 코를 마비시킬 정도다. 이런 흘러간 이야기를 요즘 사람들은 상상조차 못할 것이다. 그때 중국의 인프라는 참으로 열악했다.

그러나 어쩐 일인지 전혀 힘든 줄 몰랐다. 젊기도 했지만, 하루

하루 올라가는 수출입 실적에 마치 '뽕'이라도 맞은 것처럼 아픈 줄을 몰랐다. 나는 허리 디스크로 거동이 불편했던 시기에도 아픈 허리를 부여잡고 전국을 누볐다. 눈물 없이는 들을 수 없는 드라마다. 중국판 〈미생〉이 있었다면 나도 주인공 자리에 한자리 낄 만했다.

호사다마는 영원한 진리다. 실적이 많아지는 만큼 수출입 거래 사고도 많아졌다. 여기저기서 문제가 터졌다. '해결사'란 별명이 붙은 때도 이때다. 문제는 일이 밤낮도, 지역도 가리지 않고 발생했다는 것이다. 특히 산간 오지에 있는 수상한(?) 거래처에서 문제가 많이 발생했다. 게다가 그런 곳은 지역 이기주의가 아주 심했다. 그들의 배타성은 거의 종교 수준이었다. 그런 곳에 가서 종교보다 더한 배타성을 깨뜨리며 나의 권리를 주장하거나 찾아온다는 것은 불가능에 가까웠다. 본사의 거래든 홍콩 법인의 거래든 중국 내에서 발생된 문제들은 해결이 곤란해지면 모두 나한테 SOS를 쳤다. 그야말로 중국의 전국구 해결사가 된 것이다.

그럴 때면 난 기꺼이 대승적으로 나 아니면 누가 해결하랴 하며 뛰고 또 뛰었다. 먼 거리는 날아다녔다. 덕분에 해결도 많이 했다. 초급 법원에서 진 판결을 중급 법원에서 뒤집은 적도 있었다. 중국의 경우, 재판에서 이기는 경우는 꽤 있다. 왜냐하면 우리가 먼저 사기를 치거나 거짓말을 하지는 않기 때문에 우리가 이길 이유가 충분했기 때문이다. 물론 모든 싸움(?)에서 다 이기긴 쉽지 않다. 지역 이기주의라는 무서운 종교(?)가 있으니까……. 게다가 이겼다고 다 된 것도 아니다. 이겼으면 돈을 회수하든 물건을 되돌려 받든 해야 한다. 그런데 이기고 나서의 강제집행이 더 문제였다. 중국 특유의 자기들끼리 도와주기, 제 식구 감싸기, 심지어는 국가 이익 우선주의까지 총동원되었다. 지방일수록 더 심했다.

한번은 하도 강제집행이 어려워서 회사 외부의 전문 해결사를 써본 적도 있다. 그런 일만 전문적으로 해주는 합법적인 회사였는데, 이 사실을 상대방이 알게 되어 나뿐만 아니라 우리 가족 전체가 살해 협박을 당한 적도 있다. 중국 법원에서의 재판에서는 한 번도 진 적이 없다. 불패 신화를 썼다. 특히 홍콩법인 동료들은 이긴 케이스가 많던 나를 '동방 불패'라고 추켜세웠다. 그러나 강제집행은 야구로 치면 3할대 타자의 타율을 내기도 쉽지 않았다. 이래저래 중국 비즈니스는 절대 쉽지 않다. 중국 주재원 출신들이 본사에 돌아와서 승승장구를 하는 경우가 많지 않은 것도 이 때문이다. 중국은 주재원, 특히 임원들의 무덤이라는 속설이 어느 정도 일리가 있다.

나는 25년 전 내게 올 뻔했던 회장실 근무라는 소위 고속 출세의 기회에 현혹되지 않은 것을 다행으로 생각한다. 물론 내가 가고 싶다고 해서 그 일이 끝내 이루어졌을지는 모르는 일이다. 그래도 이렇게 현혹되지 않았다고 표현하는 것이 속 편하다. 어떻게 생각하든 내 마음이 중요하니까.

결론적으로 그때 중국의 수출입 최전선으로 나간 일은 잘한 선택이었다. 일생을 통틀어서 가장 신바람 나게 일했고 또 중국의 구석구석으로 출장도 많이 다니고, 문제 해결을 하려다 살해 협박까지 받아가며 비로소 진정한 중국 비즈니스에 눈을 뜨게 되었으니 말이다.

군대에서도 야전사령관을 거쳐야만 진정한 군인으로 인정받는다. 나도 진정한 중국 비즈니스맨 중국통으로서의 자격을 그때서야 비로소 갖추게 된 것 같다. 만약 그때 내가 어떻게든 회장실 입성에 성공했다고 치자. 어쩌면 나는 그룹 계열사의 높은 지위까지 올라갔을 수도 있다. 그런데 모르긴 몰라도 벌써 조기 퇴임했을 가능성이 십중팔구다. 그리고 지금쯤 '내가 그래도 모 회사의 사장이었네……' 하면서 과거의 영화에 빠져 사는 과거형 인간으로 살고 있을 것이다.

거기에 비하면 지금의 나는 아직도 내일을 꿈꾸고 멋지게 액티브하게 인생 2막을 설계하고 살아가고 있는 미래형 인간 아닌가? 인생 100세 시대다. 아직도 나에겐 30년 이상의 긴 시간이 남아 있다. 남보다 좀 더 다른 경험을 주도적으로 함으로써 은퇴 따위는 중간 휴식쯤으로 여기고, 아직도 현역으로 왕성한 활동을 하는 중이다. 나는 죽을 때까지 현역이고 싶다. "인간 만사는 새옹지마"라는 말은 이럴 때 쓰라고 있는 것이다.

광저우 지사장으로 다시 시작된 나의 중국 주재는 기준 임기가 끝나고도 연장에 연장을 거듭해서 무려 10년을 그곳에서 활약했다. 임기 연장에는 나의 해결사로서의 역할이 크게 한몫했음은 물론이다. 대신해서 처리할 만한 인재가 딱히 없었다. 도무지 대체 불가한 스펙이었던 것이다. 그 후로도 패션 부문에서 콜을 받아 바로 상하이로 자리를 옮겨 또다시 10여 년을 보냈으니, 그 시절 세 가지 옵션 중에 선택한 야전사령관 광저우 지사장 카드가 10년이 아니라 20년 이상을 좌우한 셈이 되었다.

대기업 임원에서 스타트업으로 가다

인생 2막, 돈 벌기 위한 일은 싫었다

나는 금수저로 태어나진 않았지만 직장을 갖고부터는 금수저였다. 대기업 직원이었고 오랫동안 주재원이었다. 그러나 언젠가는 꺾일 때가 있는 법, LG 패션 상하이법인장을 끝으로 대기업 금수저 생활을 마감한 나는 상하이 현지에서 미국계 여성복 브랜드 업체에 스카우트되어 또 한 번 금수저로 변신했다. 이번에는 미제 금수저였다. 봉급도 미국 달러로 받았으니까.

그랬는데 나는 상하이에서의 금수저 생활을 끝내고 한국으로 돌아와 차이나다(차이나탄캠프 운영사)라는 작은 스타트업 회사에 들어갔다. 매우 의외의 선택으로 보였던 모양이다. 여러 매체에서도 앞다투어 취재할 정도로 흥미를 보였다. 물론 내게도 굉장한 모험이었다.

나중에 안 사실이지만, 차이나다의 몇몇 투자자는 나의 합류를 머지않아 실패로 끝날 해프닝 정도로 예상했다고 한다. 언제까지 가나 보자며 길어야 6개월을 예상했다고. 그런 내가 2년이 지난 오늘까지도 잘 견뎌내고 있다. 벤처투자의 귀재인 그들이 예측한 나와 차이나다와의 밀월 기간은 보기 좋게 빗나갔다.

어려움이 없지는 않았지만, 큰 무리 없이 지금까지 잘 지내온 것은 훈남 김선우 대표와의 남다른 '케미'(영어 Chemistry를 줄인 말로 합이 잘 맞을 때 사용함)가 무엇보다도 컸다. 상하이에서의 마지막 2년의 미국계 여성복브랜드에서의 경험은 작은 조직에 적응하는 훈련이 되었다. LG 패션에서 곧바로 이직했다면 적응하는 데 어려움이 있었을 것이다. 미국계 회사에서 근무한 2년간 익힌 브랜드경영 노하우는 대기업 조직에서 10년 이상 배운 것보다 디테일 면에서 유용했다. 의사결정 과정도 간단하고 속도가 빨라서 시간을 다투는 브랜드 영업에서 훨씬 경쟁력이 있었다.

그동안 대기업에 있을 때는 유통망이나 지방 대리상 윗선들과의 형식적 꽌시(관계)가 다였다면, 미국계 브랜드에서는 실제로 필드에서 살아 움직이는 실용적 꽌시를 만들 수 있었고 비로소 위아래가 꿰어진 총체적인 꽌시를 모두 내 것으로 만들 수 있었다. 사람 몸으로 비유하면, 이전에는 대동맥 대정맥이 다인 줄 알았다면 이제는 실

핏줄까지도 속속들이 알아갈 좋은 기회였다. 명색이 중국통으로선 나만의 확실하고 유용한 꽌시를 다질 수 있는 절호의 기회였다.

상하이에서 법인장을 하던 시절, 아내는 가끔 나에게 한국에 가면 어떤 일을 할 거냐고 묻곤했다. 아무 생각 없이 손님 접대한다며 먹고 마시고, 주말이면 골프나 죽어라 치고 있는 내가 은근 걱정이 되었던 모양이다. 그때마다 나는 걱정하지 말라고 큰소리쳤다. 사실 막연하게나마 그동안의 중국경험을 살려 대학교의 초빙교수 정도는 할 수 있다고 생각했다. 또 그럴 때를 대비해 상하이 교통대학에서 석사학위도 받아두었다. 내 나름의 인생 2막 준비였다. 여의치 않으면 문화센터 같은 곳에 가서 자원봉사로 중국어라도 가르치면 될 것 아니냐고 항변 아닌 항변을 하곤 했다. 사실 나는 오래전부터 한국으로 돌아가면 더 이상은 돈만 벌기 위한 일은 하고 싶지 않았다.

손 편지에 담은 30년산 경험과 30배의 패기

그러던 어느 날 우연히 인터넷 뉴스를 보다가 눈에 확 들어온 기사가 있었다. 그게 바로 내가 지금 몸담은 차이나다의 투자 유치 성공 관련 기사였다. 그때까지는 들어본 적도 없는 회사였다. 김선우라는 젊은 창업가도 처음 알았다. 김대표가 상하이의 복단대 유학생 출신이라는 사실도 알게 되었다. 모두 기사를 보고 처음 알게 된 내용이었다. 그러나 인연이란 과연 달랐다. 이 기사를 보는 순간 온몸에 전율 같은 것이 느껴졌다. 젊은 중국유학파 친구들의 무한도전이 부러웠다. 또 같은 상하이 유학생 출신이라는 사실 때문인지 그냥 선배로서 응원이라도 해야겠다는 충동을 느꼈다. 그 길로 김 대표에게 손 편지를 썼다. 빛의 속도로 화답이 왔다. 그 후 상하이와 한국을 오가는 몇 번의 만남과 특강 등을 통해 서로의 심상치 않은(?) 케미를 확인하고 약 9개월의 '썸' 타는 기간을 거쳐 차이나다에 합류하게 된 것이다.

나의 합류조건은 간단했다. 대기업 임원출신으로서의 기득권을 먼저 모두 포기했다. 아니 절대 고려하지 말라고 당부했다. 그냥 스타트업의 일원으로서 동등한 조건 속에서 살아남는 나를 보여주고 싶었다. 아니 자신에게 증명하고 싶었다. 도서관과 비슷한 복합공간에서 젊은이들과 함께 일을 보고, 운동도 할 겸 지하철과 버스를 주로 이용했으며 가까운 거리는 무조건 걷는 새로운 생활패턴으로 무장했다. 회사 돈으로 회식하거나 접대를 받는 대신 내가 받는 많지 않은 급여를 털어서 직원들과 후배들에게 밥을 샀다. 나이가 들면 입은 닫고 지갑은 열라는 격언을 몸소 실천했다. 그래도 이건 쉬운 편이었다.

첫 출근을 한 날 임원회의에 처음으로 참석했다. 그런데 뭔가 좀 허전했다. 주위를 둘러본 나는 순간 굳어버렸다. 다들 날렵한 노트북을 펴놓고 바쁜 손가락을 움직이며 회의에 참석하고 있었다. 나는 달랑 조그만 수첩 하나만 지참하고 성공한 남자의 상징 몽블랑 만년필을 자랑스레 수첩 위에 올려놓고 있었던 것이다. 당황스러웠다.

그러나 절대 당황한 모습은 보이기 싫었다. 나는 선수를 쳤다.

"노트북을 지참하는 거였군요. 제가 가서 가지고 올까요?"

김 대표는 예의 그 예의 바른 웃음을 띠며 오늘은 괜찮다며 다음부터 지참하시면 된다고 했다. 회의 내내 난 머릿속이 복잡했다. 그리고 다짐했다. 절대 기죽으면 안 된다고. 앞으로 더 많은 적응 훈련이 필요 할 텐데 정신 똑바로 차리자고.

김 대표의 나에 대한 배려는 예상을 뛰어넘었다. 나는 고문 정도의 위치에서 내가 도울 일만 하면 좋겠다고 했지만, 단번에 부대표의 직함을 부여했다. 스톡옵션도 약속했다. 그리곤 차이나다에서 처음으로 시도하는 오프라인 사업을 통째로 맡겼다. 오프라인 차이나탄캠프의 센터장으로 거의 전권을 받았다. 커리큘럼뿐만 아니라 공간 구성까지도 나의 색깔을 나타낼 수 있도록 믿고 또 밀어주었다. 그래서 탄생한 것이 신개념 중국어 놀이터 차이나탄캠프다.

김 대표와 공동으로 창업한 이 이사가 있다. 그런데 일을 하다 보니 나 때문에 센터장 자리도 양보하고, 또 부대표를 해도 모자랄 판에 이사로 그냥 남아 일만 열심히 했다. 나는 마음이 불편했다. 내가 어떤 지위를 탐해서 들어온 것도 아닌데, 혹시 나 때문에 이 이사가 더 큰 기회를 박탈당하고나 있지 않을까 하는 걱정이 되었다. 나는 솔직한 내 뜻을 김 대표에게 이야기했다. 나 때문에 이 이사 같은 다른 젊은 직원들이 승진 등에서 불이익을 받으면 안 된다고. 이젠 이런 이야기도 할 수 있게 되었구나. 이야기하는 내내 오히려 뿌듯했다. 내려놓음의 인생 2막은 이래서 참 좋다.

지금 나는 투자사 대표들과 친구이자 사업 파트너로 잘 지내고 있다. 그중에는 내가 차이나다에서 얼마 못 갈 것이라고 예언한 사람들도 있다. 그들 대부분 나보다는 한참 어린 젊은 친구들이다. 2년 남짓 자식뻘 젊은이들과 회의를 하고 20, 30대 강의멘토 운영멘토들과 어울리다 보니 이제는 꽤 자연스럽다. 오히려 내 또래와 어울리는 게 더 힘들다. 게다가 별로 스타일에 신경 쓰지 않는 아재들과 함께 어울리는 것은 고통스럽다. 다들 영락없는 동네벤치 위의 노인네들이다. 그들과 함께 있으면 영 긴장감이 없다. 활력도 생동감도 없다. 그래서 재미도 없다. 난 젊은이들과 매일같이 함께 호흡하는 지금의 스타트업 공동대표의 생활을 진정 즐기는 중이다.

중국어 교육 스타트업에 뛰어들어 아이디어로 승부하다

내가 이러려고 귀국했나……

나는 오랜 중국 생활을 접고 한국에 돌아와 차이나탄 온라인 중국어 교육 서비스를 제공하는 '㈜차이나다'에 합류했다. 이곳에서 처음 맡은 임무는 오프라인 중국어 학원 론칭이었다. 그때까지 차이나탄은 온라인 중국어 교육 서비스만을 제공하고 있었다. 나의 영업을 계기로 오프라인까지 서비스 범위를 넓히겠다는 목표였다. 그런데 이를 어쩌나…… 나는 수출입 업무와 패션 업무밖에 해본 적이 없는, 그야말로 문외한이었다. 그런데 나의 합류를 계기로 오프라인 영업을 본격적으로 시작하기로 했다니…… 나더러 오프라인 중국어 학원을 맡아서 진행하라니…… 걱정이 앞섰다.

나는 내심 중국에서 오랫동안 경험하고 배운 중국어와 중국에 관련한 뒷이야기들을 후배들과 나누는 거룩한(?) 일을 하리라 예상하고 왔는데 현실은 그렇지 않았다. 갑자기 물설고 낯선 서울 땅에서 생소한 학원을 설립하고 경영하라니, 맨땅에 헤딩은 바로 이럴 때 쓰는 말이라는 생각이 들었다. 오랜 외국 생활로 서울 지리는커녕 지하철 노선도 잘 모르는 나였다. 모르는 것은 서울의 도로뿐이 아니었다.

학원을 운영해보거나 설립해본 경험은커녕 학원이라는 곳을 다녀본 경험도 거의 없었다. 학원이라고 해봐야, 1970년대 중반에 대학 재수하느라 다녀본 게 다였다. 게다가 젊은 창업자인 김 대표는 나이 많은 내게 상상하는 대로 공간이며 커리큘럼이며 뭐든 마음대로 짜보라고 전권을 주다시피 했다. 나를 믿어도 너무 믿는 것 같았다. 정말 어디서부터 어떻게 시작해야 할지 막막했다. 괜히 왔다는 생각도 잠깐 했다. 잘못하다간 시작도 못하고 쫓겨날 판이었다.

나는 제로 베이스에서 구상에 돌입했다. 김 대표가 전권을 준 만큼 이왕이면 제대로 된 작품을 만들어야 했다. 그나마 이용일 부대표가 모 학원 원장을 지낸 경험이 있어 정규 커리큘럼을 짜고 학원 운영 시스템을 만드는 일은 맡아 잘할 수 있을 것 같았다. 그 밑에 팀을 꾸려 하나 둘씩 준비해나갔다. 문제는 입지 선정이었다. 이건 또 완전히 다른 영역이었다. 특히 1호점을 어디에 내는가는 너무나 중요했다. 향후의 성공과 실패를 가르는 중요한 문제였기 때문이다.

일단 서울의 최고 중심 상권이자 학원가인 강남역 부근에 1호점을 내기로 내부 합의를 보았다.

그때부터는 발바닥에서 불이 나도록 강남 대로를 누볐다. 무조건 걸었다. 매일매일 걸었다. 밤에도 걷고, 낮에도 걷고, 또 새벽에도 걸었다. 시간대별 유동 인구 추세를 보려면 어쩔 수 없었다.

대학 졸업 후 2년간 서울역 서울스퀘어(당시는 대우그룹 빌딩이었다) 옆에 있는 삼주빌딩(지금은 METRO TOWER)에서 첫 근무를 시작한 후 바로 타이베이 지사로 나갔다가 거의 30년 만에 고국(?)으로 돌아온 나였다. 한국에 돌아온 지 채 두 달이 안 된 시점이었다. 그래서 일부러라도 더 걸어 다녔다. 그때가 2016년 여름이었다. 유난히 더웠던 삼복더위 한여름이었다. 걷기의 달인인 나는 걷는 데는 문제가 없었으나, 온몸에 흐르는 땀은 주체할 수가 없었다. 한국 햇볕은 중국보다 훨씬 강한 것 같았다. 중국에서는 기사도 있었기에 이 정도로 심하게 걸을 일은 없었다. 저절로 다이어트가 됐다. 사실은 수분만 빠져나가는 탈수 다이어트(?)였지만, 그것으로라도 위로를 해야 했다. 그렇지 않으면 매우 슬플 것 같았으니까. '내가 이러려고 한국에 돌아왔나' 하는 자괴감이 들지도 모르니까. 그래서 이 기회에 체력 단련을 하는 거라고 바로 맘을 고쳐먹었다. 그랬더니 거짓말처럼 다시 발걸음이 가벼워졌고, 더 많은 곳을 운동 삼아 돌아다녀볼 수 있었다.

그렇게 온몸의 수분을 다 빼고 거의 탈진 상태에서 1호점 격으로 찾아낸 곳이 강남역 우성아파트 사거리에 있는 차이나탄캠프 강남 1호점이다. 물론 매우 성공적인 입지 선정이었다고 자부한다. 커리큘럼도 좋고 멘토들도 훌륭하지만 강남 1호점이 승승장구하고 있는 이유로 입지가 한몫을 단단히 하고 있다는 데 이의를 다는 이는 없다.

흔히 우리가 부동산 성공의 3요소를 꼽으라면, 첫째도 로케이션 둘째도 로케이션 셋째도 로케이션이라고들 한다. 오프라인 학원도 마찬가지다. 무엇보다도 자리 좋은 게 최고다. 로케이션 문제라면 나도 좀 안다. 왜냐하면 패션 브랜드숍의 성공 열쇠도 왕왕 로케이션이 쥐고 있기 때문이다. 같은 백화점 내에서도 몇 층의 어느 자리 어느 브랜드 옆에 입점하는가가 거의 절대적이다. 스트리트숍은 더 말할 것도 없다. 비록 내가 서울 특히 강남 지역의 지리에는 그리 밝지 못하지만, 과거 상하이에서 패션 업무를 할 때 입지 선정하던 눈썰미와 감이 여기서도 작동했다. 강남역 근처 대상이 될 만한 건물과 지역을 하나하나 발로 누비면서 또 눈으로 살펴보면서 찾아낸 자리는 신의 한 수라고까지는 할 수 없어도, 꽤 성공적이라고 평가되고 있다.

학원 같지 않은 학원을 위해

위치도 중요했지만, 사실 더 많이 생각하고 고민했던 것은 어떤 공간을 꾸밀 것인가였다. 처음부터 커리큘럼은 물론이고 공간도 기존의 학원 모델은 철저히 배척했다. 감히 한국 외국어 교육의 오래된 적폐를 청산하겠다고 외쳐댔다. 그러려면 공간부터 바꿔야 했다. 기존 학원들의 공간을 상상해보자. 진정 공부하러 가고 싶은 공간인가, 아니면 마지못해 가는 공간인가? 아마 후자가 더 많은 비율을 차지할 것이다. 상상만 해도 갑갑한 벌집 같은 강의실과 다닥다닥 붙은 책상과 의자들…….

나는 공간 자체만으로도 가고 싶고, 머물고 싶고, 또 가고 싶은 곳을 만들고 싶었다. 요즘 젊은이들이 좋아하는 스타벅스, 특히 '스타벅스 리저브' 같은 곳부터 여기저기 다녀봤다. 참고 서적도 열심히 찾아보았다. 어느 날 김 대표가 일본의 츠타야서점 이야기를 꺼냈다. 나도 관련 기사를 읽어본 적이 있어 바로 하이파이브를 외쳤다. 우리는 통했다. 곧바로 일본으로 날아갔다. 츠타야의 공간 활용과 신개념 책방의 노하우를 배우고 싶었다. 거기서 우리에게 맞는 새로운 아이디어도 얻고 싶었다. 츠타야의 내공은 깊고도 깊었다. 그 후로도 두 번을 더 방문해서 츠타야로부터 영감을 얻기를 바랐다. 츠타야의 공간 활용을 보는 것을 넘어 그곳이 지닌 내실을 느끼고 사람들이 거기 머무는 시간을 어떻게 향유하고 있는지 살피고 또 살폈다.

그러나 츠타야를 그대로 흉내 내서 우리 오프라인 교육 공간에 접목시키는 것에는 한계가 있었다. 그리고 우리에게는 우리만의 차이나탄캠프가 필요했다. 우리는 부단히 우리만의 새로운 개념의 공간을 구상하는 데 몰두했다. 그 외에도 상하이와 타이베이 등 많은 곳을 돌아다니면서 우리만의 것을 만들어내려고 전 임직원이 동분서주했다. 그렇게 해서 만들어낸 첫 작품이 차이나탄캠프 강남 1호점이었다.

우리는 이 공간을 '학원'이라 부르지 않는다. 학원은 일방적인 지식 전달의 장이라는 느낌이 강하다. '강의실'이라는 말도 가두어진 공간 개념이다. 우리는 '쌍방향 교류의 장'을 지향했다. 가두어진 공간이 아니라 열린 공간을 추구했다. 우리는 여러모로 생각한 끝에 '캠프'라고 부르기로 했다. 산악인들이 정상 공략 직전에 머무는 '베이스캠프' 같은 곳이라는 생각에서다. 우리는 강사도 운영 직원들도 모두 '멘토'라고 부른다. 등산으로 비유하면 산을 오르는 이는 '수강생'들이다. 우리는 이들을 '멤버'라고 부른다. 강사나 직원들은 그들의 정상 정복을 위한 산행을 돕는 '세르파' 같은 존재들이다. 산을 오르는 것은 산악인 자신들이다. 세르파들은 등산가들이 안전하고 정확한 루트를 통해 정상에 오를 수 있도록 도와준다. 그 산과 기후에 대해서 잘 알고 있는 이는 물론 세르파들이다. 처음에는 아예 강사들을 세르파라고 부르자는 의견도 있었다. 그러나 대중적인 의미 전달의 어려움 때문에 비교적 이해하기 쉬운 멘토라고 부르기로 결정했다.

차이나탄캠프는 학습 방법도 다양하게 개발하고 시도한다. 눈에 띄는 결과물들도 계속 나오고 있어서 매우 고무적이다. 우리의 실험이 하나하나 증명될 때마다 우리의 학습 방법은 업그레이드되고 있는 것이다. 대표적인 게 '플립 러닝(flipped learning)'의 도입이다. 〈탄탄한 중국어〉라는 이름으로 불리는 정규 과정이 바로 플립 러닝 방식으로 진행된다.

멤버들은 캠프에 오기 전 먼저 컴퓨터나 스마트폰으로 온라인 영상을 학습한다. 그리고 캠프에 와서는 멋진 멘토들과 함께 실전 방식으로 중국어를 활용하고 몸에 익힌다. 플립 러닝 정규 과정인 〈탄탄한 중국어〉를 필두로 〈터지는 중국어〉, 〈야놀자 중국어〉 같은, 이름도 특이한 과정들이 살아 있는 중국어를 익히도록 설계되어 있다. 〈터지는 중국어〉는 아기가 모국어를 습득하듯이 귀와 입이 자연스럽게 열리도록 하는 실전 회화 프로그램이다. 〈야놀자 중국어〉는 중국의 다양한 문화 체험과 중국어를 동시에 배우고 학습자 간 활발한 네트워크 활동이 가능한 소셜 프로그램이다. 이외에도 전문화된 특별 커리큘럼이 다양하다. 승무원 중국어, 판매 면세 중국어, 서바이벌 중국어, 엔터테이너 특별 과정(연예인을 위한 맞춤형 회화 과정), 리얼 차이나 비즈니스 회화, 셰도잉 중국어뿐만 아니라 중국어와 중국을 함께 배우는 중국 브랜디드 과정, CCMBA라는 중국비즈니스전문가 양송 프로그램까지 세상 어디에도 없는 다양한 프로그램들이 지금도 개발되고 시도되고 있다.

나, 아직 쓸 만하다!

차이나탄캠프 시간표에는 이런 문구가 있다.

놀다 보니 쉽다 재밌다 중국어가

웃다 보니 어쩌다 터진다 중국어가

단 두 줄짜리 광고카피다. 그러나 차이나탄캠프에 오면 어떻게 중국어를 배우는지 보여주고 있는 수준급 카피다. 대단한 카피라이터의 작품일 듯싶다. 틀렸다. 바로 내 작품이다.

내친 김에 자랑 하나 더 한다. 이 정도면 '기승전자랑'이다. 차이나탄캠프의 아이덴티티라고 할 수 있는 문구다. 이번에는 딱 세 줄이다.

중국을 탄(談)하다

중국어로 탄(談)하다

중국인들과 탄(談)하다

'차이나탄'의 '탄'은 한자로 談이다. '이야기하다'라는 뜻이다.

우리는 중국어만을 가르치지 않는다. 중국의 역사, 문화, 정치, 비즈니스, 인문 등을 함께 배우고 이야기한다. 물론 중국어로 이야기하고, 궁극적으론 중국인들과의 소통을 목표로 한다.

이 세 줄 카피, 멋지지 않은가? 라임도 제법 맞지 않는가? 스웨그를 넣어가며 랩으로 해도 바로 나올 것 같지 않은가? 중요한 것은 이게 바로 내 머리에서 나왔다는 것이다. 내 나이 육십둘에 나온 아이디어다. 나이가 들면 자꾸 기억력이 감퇴된다. 아이디어도 고갈된다고들 한다. 일부는 맞고 일부는 틀리다. 기억력 감퇴는 어쩔 수 없다. 그러나 아이디어는 젊은이들보다 더 뛰어날 수 있다. 나이 들었다고 창조적이지 말라는 법은 없다. 낡은 관념 때문에 지레 머리 쓰기를 포기해서는 안 된다. 나이 들수록 삶이 더욱 풍요롭고 성숙해지듯이, 우리의 사고 능력도 쇠퇴만 하라는 법은 없다. 사회적 통념이 쇠퇴만을 이야기할 때 우리는 새로운 성장도 할 수 있음을 보여줘야 한다. 낡은 전제들을 떨쳐버리고, 자신의 한계를 확대하며, 창조적으로 사고하고, 남들과 한번 다르게 살아보자. 그리고 큰 소리로 외쳐보자. "나, 아직 쓸 만하다!"라고.

나는 지금 (주)차이나다의 공동대표를 맡고 있다. 물론 나머지 한 사람은 창업자인 김선우 대표다. 1982년생이니까 현재 37세다. 매일 아침 출근하면서 마음속으로 외치는 말도 바로 "나, 아직 쓸 만하다"다. 어쩌면 이런 나의 셀프 최면이 그대로 일과 행동에도 반영되어, 차이나탄캠프 1호점을 오픈한 지 2년이 채 안 된 지금 서울에만 벌써 6호점까지 오픈하고 판교에 7호점을 연달아 개설하는 기적 같은 일이 일어나고 있는지도 모른다. 달리기 경주를 하면 내가 상대가 안 될지 모르지만, 머리로 창조성 경주를 한다면 자식뻘 되는 젊은이들에게도 아직 지지 않을 자신이 있다.

위에 자랑한 두 작품(?) 중 두 줄짜리 카피는 단 5분 만에 만들었고, 세 줄짜리 아이덴티티는 일본 츠타야서점 견학 후 돌아오는 비행기 안에서 만들었다. 이 정도면 전설의 카피라이터 급 아닌가? 절대 주눅 들지 말자. 우리 아직 쓸 만하다.

위워크와 손잡고 날개를 달다

양어장 낚시론으로 던진 승부수

위워크(wework)라는 세계적 공유 오피스 기업이 있다. 이곳에 가보면 멤버(입주자들을 '멤버'라고 부른다)들이 놀고 있는 건지 일하고 있는 건지 헷갈릴 정도다. 커다란 가죽소파에 거의 눕다시피 하고 헤드폰을 끼고 노트북을 노려보고 있는 젊은이도 많다. 언제든 커피와 맥주를 마실 수 있는 '바'도 있고, 개방된 공간을 통해 서로 다른 회사, 다른 일을 가진 사람들끼리 네트워킹이 자연스레 이루어지는 그런 곳이다. 그들은 그곳을 단순 공간 셰어링이 아닌 '혁신 문화 교류의 장'으로 부르길 원한다. 이런 첨단 초일류 공간에 차이나탄캠프가 들어가 있다. 언뜻 보면 전혀 어울릴 것 같지 않은 묘한 조합이다.

그도 그럴 것이 나도 처음 위워크를 알았을 때 우리와는 전혀 관계없는 곳으로 인식했다. 그저 공유 오피스 업계에서 세계를 리드하는, 마냥 부럽기만 한 브랜드로만 받아들였다. 위워크는 2010년 미국 뉴욕에 처음 문을 연 이래 세계 22개국, 75개 도시에 250개 지점을 진출시켰을 만큼 빠르게 성장하고 있다. 창업한 지 겨우 8년 만에 기업 가치를 무려 22조로 끌어올렸다.

특히 소프트뱅크의 회장이자 마이다스의 손으로 유명한 손정의가 44억 달러를 투자하여 일본 위워크 지분의 50퍼센트를 확보했고 또 추가 투자를 검토하고 있다는 소식은 위워크를 또 다른 시각에서 보는 결정적 계기가 되었다. 즉 우리와는 일체 관계없는 그저 잘나가는 회사에서 어쩌면 우리 회사와도 연계될 수 있는 대상으로 느껴진 것이었다. 왜냐하면 (주)차이나다의 가장 큰 외부 투자자가 바로 손정의의 소프트뱅크였기 때문이다. 뭔가 연결 고리가 있을 것 같았다. 어쩌면 위워크 인사와도 만나볼 기회가 올 것 같았다.

머릿속에 벌써부터 위워크와 콜라보할 아이디어들이 마구 샘솟았다. 김칫국을 마셔도 너무 빨리 마시고 있었다. 역시 김 대표는 달랐다. 그는 집요했다. 우리의 투자자 소프트뱅크를 움직여서 결국은 위워크 코리아 대표인 매튜 샴파인(Matthew Shampine)과 약속을 잡은 것이다. 무척 생뚱맞은 위워크와 우리의 첫 만남은 이렇게 이루어졌다.

위워크에서 만난 매튜 샴파인은 의외로 낯설지 않았다. 겉모습만

봐서는 그냥 동네의 아는 동생 같았다. 그가 한국인 입양아 출신이라는 사실도 반가움에 한 몫을 더했다. 왠지 모를 묵직한 감정이 올라왔고, 마치 잃어버린 동생과 상봉한 것 같은 분위기였다. 그는 한국어는 몇 마디밖에 못하지만 김치찌개와 삼겹살을 좋아하는 한국 핏줄이었다. 부임한 이래 그는 한국에 완전히 매료되어 있었다. 이야기는 화기애애한 분위기 속에서 진행되었지만, 내용은 겉돌았다. 맥락이 도무지 통하지 않는 느낌이었다. 공허했다. 그도 그럴 것이 위워크는 세계적인 기업이고 모든 시스템이 글로벌 기준인 반면, 차이나탄캠프는 국내의 토종 중국어 교육 플랫폼이다 보니 서로의 니즈가 맞는다 해도 두 회사의 콜라보는 쉽지 않아 보였다. 게다가 위워크는 입주한 개개인의 비밀 보장이 매우 중요한 데 반해, 우리는 보다 많은 사람이 자유롭게 드나들어야 성공하는 모델이었다.

요점은 이처럼 전혀 다른 맥락의 두 회사가 서로의 교집합을 맞춰야 한다는 것이었다. 결국 서로에게 도움이 될 수 있는 방안을 각자 찾아보기로 하고 첫 번째 상봉(?)을 마쳤다. 중국에서는 상담할 때 거절하기 뭐하지만 그렇다고 딱히 오케이할 수도 없을 때 자주 쓰는 거절의 표현이 있다. 옌지우옌지우(研究研究: 연구연구). 이 말은 연구해보자는 것이지만 실제로는 결렬이나 다름없이 쓰이는 말이다. 딱 이런 경우에 해당하는 말이었다.

그러나 역시 성공한 벤처 창업자는 달랐다. 매튜 샴파인과의 1차 미팅 후 김 대표는 나에게 위워크와의 콜라보를 적극적으로 추진하자고 했다. 겉으로는 표현 못 했지만, 내심 나는 위워크와의 콜라보

절대 찬성론자였다. 김 대표에게 당장은 힘이 들더라도, 성공만 한다면 특히 차이나탄이 세계로 뻗어 나가는 데 아주 유익한 플랫폼이 될 것이라고 힘을 실어주었다. 당장 일본 같은 경우는 소프트뱅크로부터 투자를 받은 이른바 빅 패밀리 중 하나임을 내세워 시장을 개척할 수 있을 거라고 말했다. 그쪽에서 우리와 콜라보를 안 할까 봐 무섭지 만약 세계적 브랜드인 위워크가 하겠다고 하면 일단 차이나탄 브랜드가 몇 단계 업그레이드될 것이라고도 했다.

나는 특히 '양어장 낚시론'을 강력히 주장했다. 강남 1, 2호점이 큰 호수에서 물고기가 많을 법한 곳을 조사해 낚싯대를 드리운 것이라면, 위워크 내에 자리할 차이나탄캠프는 양어장에서 물고기를 훤히 들여다보며 낚시를 하는 격이라고 했다. 일명, 나의 양어장 낚시론의 핵심을 실현할 수 있는 길임을 나는 강력히 주장했다.

김 대표와 내가 배짱을 정한 후 곧바로 두세 번의 미팅을 더 진행했다. 속도를 붙였다. 만나는 횟수가 거듭될수록 우리의 의지 및 위워크가 얻을 수 있는 메리트와 부수 효과 등이 명확해지기 시작했다. 접점이 보이기 시작했다. 우리가 보장할 데스크 수를 늘리기 위해서 본사를 아예 위워크 을지로로 옮기는 비장의 카드까지 꺼냈다. 우리는 구체적인 데스크 수와 카드 관리 방법 및 수강생의 차이나탄캠프 접근법 등 세부 사항을 논의한 후 극적으로 입주 동의를 받아냈다. 김 대표와 나는 또다시 하이파이브를 외쳤다. 위워크 측에서도 파격적인 결정이었다. 위워크에게도 우리에게도 새로운 실험이 시작되었다. (주)차이나다 본사의 이전과 차이나탄캠프 3호점을 위워크 안에 개설하기로 했다. 얼마 전까지 비현실적으로만 느껴졌던 위워크 을지로점 내 차이나탄캠프 개설은 이렇게 눈앞의 현실이 되었다.

들어오면 '우리'가 되는 곳, 네트워킹 파워로 성공한다

차이나탄캠프를 하나 개설하려면 적어도 4, 5개월은 족히 걸린다. 장소를 직접 물색하고 실내 공간을 설계하고 시공하기까지 그 정도 시간은 잡아야 한다. 게다가 건물 임대를 위한 보증금도 몇 억씩 예치해야 한다. 그런데 위워크 내에 개설하면, 별도의 보증금이 필요 없었다. 이 점은 우리 같은 스타트업에게는 엄청난 부담을 덜어주는 장점이었다. 자금 회전에도 매우 유리했다. 목돈이 묶이지 않아도 되기 때문이다. 그 돈으로 마케팅이나 고객 관리에 좀 더 과감한 투자를 할 수 있다. 건물주와 임대차계약서를 쓰지 않아도 되고, 인테리어 공사를 별도로 하지 않아도 더 좋은 환경을 수강생들에게 제공할 수 있다. 시간도 절약되고 자금도 묶이지 않는 그야말로 일석다조(一石多鳥)의 효과를 누릴 수 있다.

이렇게 해서 위워크 을지로와 계약한 지 불과 1개월 남짓 만에 차이나탄캠프 3호점을 그곳에 오픈했다. 그야말로 빛의 속도였다. 수강생들이 몰려들었다. 예상대로 위워크 입주자들의 비율이 절반을 넘었다. 위워크 을지로점 입주사인 세계적인 공유숙박업체 에어비앤비에서는 무려 열서너 명이 한꺼번에 등록을 하기도 했다. 오픈한

지 두 달 만에 손익분기점을 넘기는 기염을 토했다. 대성공이었다. 역시 나의 양어장 낚시론은 틀리지 않았다고 혼자 위로했다.

차이나탄캠프 을지로 위워크센터가 단기간에 많은 수강생을 모으는 데 성공하자, 위워크 측에서 새로 문을 여는 위워크 광화문점과 위워크 여의도점에도 함께 동반 진출할 것을 먼저 제의해왔다. 소위 '갑을'이 바뀐 것이다. 표정 관리를 하며 검토에 들어갔다. 향후 전략적인 파트너십을 강화하고 또 글로벌 진출의 파트너로서의 필요성까지 다각적으로 검토했다. 그리고 그들의 오픈 시기에 맞추어 차이나탄캠프도 문을 열었다. 그것도 거의 한 달에 한 곳씩 오픈하는 초고속 개설이었다.

이것은 우리만의 성공을 의미하는 것이 아니었다. 위워크도 매우 만족해했다. 처음에는 시스템상의 차이점을 맞춰가느라 많은 시행착오를 겪었지만 어차피 한번은 겪어야 할 과정이었다. 우리는 그들의 공실률 걱정을 일부 덜어주었고, 트래픽도 많이 올려주었다.

이제 위워크와 우리는 단순히 공실률 걱정을 덜어주고 트래픽을 올려주는 수준의 단순한 상부상조 관계를 넘어섰다. '차이나 챌린저스 데이(China Challenger's Day)' 같은 행사를 차이나랩(China lab)과 차이나탄 그리고 위워크가 함께 기획하여 알리바바 클라우드(Alibaba Cloud)의 책임자나 씨트립(Ctrip) 대표를 초청해서 강연을 듣는 등 새로운 차원의 콜라보를 시도하고 있다. 위워크는 단순 공유 오피스가 아닌 전 세계 크리에이터를 위한 플랫폼을 추구하고, 차이나탄은 단순 중국어 교육기관이 아닌 전 세계 중국어와 중국에 관심 있는 사람들을 위한 종합 플랫폼을 추구한다는 면에서 어쩌면 사업의 본질이 같다고도 볼 수 있다. 그렇기 때문에 앞으로도 더 많은 창조적인 콜라보가 이루어질 것으로 기대한다.

한편 위워크는 인테리어가 세련되고 멋있는 것으로도 유명하다. 우리 차이나탄캠프도 타 어학원과는 비교조차 할 수 없는 세련된 공간을 지향한다. 처음에 위워크 을지로점에 캠프를 내면서 워낙 기본적인 그들의 인테리어가 훌륭하다 보니 우리만의 차이나탄캠프다운 공간을 구성해도 빛이 안 날 것 같아 고민이 많았다. 공간이 크지 않고 손을 못 대는 곳이 많아 외주를 주기도 쉽지 않았다. 그래서 내가 직접 공간을 구성하기로 했다. 마침 일본의 츠타야서점을 견학할 기회가 다시 생겨서 이번에는 인테리어를 더 눈여겨보았다. 그리고 내가 아끼는 후배이자 내 개인적인 인테리어 조력자인 K모 디자이너에게 염치없지만 무료로 자문을 구했다.

현재 차이나탄캠프 을지로 위워크센터의 차이나탄 라운지 디자인은 이렇게 해서 탄생했다. 4각 테이블과 선인장은 츠타야서점에서 영감을 얻었고, 실내 벤자민 나무 조형은 K모 디자이너의 아이디어를 도용(?)해서 탄생했다. 완성하고 나니 예상외로 반응이 뜨거웠다. 심지어 위워크 측에서도 외부 손님을 모시고 와 우리 차이나탄캠프 라운지를 보여주며 자랑할 정도로 일종의 투어 코스가 되었다. 명강사 김정운 교수는 지금 시대는 에디톨로지, 즉 편집의 시대라고 했다. 디자인에 문외한인 내가 차이나탄 라운지를 명소로 만들 수 있었던 것도 바로 편집의 힘이었다. 나야말로 에디톨로지 시대를 살짝 앞서가고 있는 셈이다.

기회는 누구에게나 온다. 그러나 깨어 있는 자만이 기회를 잡을 수 있다. 위워크라는 희대의 기회가 우리에게 왔을 때 우리는 그 기회를 십분 활용했다. 나는 지금도 차이나다라는 교육 벤처기업에서 젊은 사람들과 함께 일하면서 시시각각으로 도전을 받는다. 그러나 절대 위축되지는 않는다. 모르면 배우면 된다. 배우지 않으려는 게 문제다. 몸은 늙어가도 생각은 늙지 말아야 한다. 늘 새로운 것, 특히 새 시대의 흐름에 촉을 세우고 민감하게 반응해야 한다. 위워크와 차이나탄캠프의 콜라보 모델도 결정적으로 내가 깨어 있었기 때문에 이루어진 것이라고 믿는다.

위워크의 네트워킹 파워는 나 자신한테까지도 증명되고 있다. 평소 위워크 내에서 나를 눈여겨본 '헬로젠틀'의 권정현 대표는 위워크의 또 다른 멤버이자 우리 차이나탄캠프의 회원인 박상진 대표를 통해 나를 소개받았다. 그가 바로 매일 아침 나의 인스타그램에 올릴 사진을 찍어주는 주인공이다. 이런 예는 수없이 많다. 왜냐하면 하루에도 몇 개씩 크고 작은 다양한 모임이 위워크 멤버들 사이에서 자체적으로 생성되고 공유되고 있기 때문이다. 들어올 때는 각자이지만, 들어오면 We, 즉 우리가 되는 곳이 위워크다.

차이나탄캠프도 위워크와의 콜라보를 통한 지금의 성공에 안주하지 않을 것이다. 전 세계 위워크의 막강한 네트워크를 활용해 중국어 교육의 세계적인 신 모델을 만들어낼 날을 기대한다.

GREAT
GREY

PART 3

꿈꾸는 자는 영원히 젊다

- Show Your Passion!

인생을 바꿔준 한마디 "선배님, 넥타이부터 푸세요."

지저스 크라이스트의 슈퍼스타급 충고

내가 LG패션 상하이 지사장으로 출근한 첫날이었다. 그동안 대학 졸업 후 20여 년 수출입 관련 업무만 해온 나로서는 낯선 상하이라는 도시에서 낯선 패션 인생을 새롭게 출발하는 역사적인 날이었다. 패션의 '패' 자도 모르던 나였기에 호기심보다는 두려움이 더 컸다. 그때 생각났던 인물이 몇 년 전 LG상사 섬유사업부를 떠나 상하이에서 자체 브랜드를 론칭해 성공한 직장 후배였다. 나는 지푸라기라도 잡는 심정으로 그 후배와 점심 약속을 해서 만났다. 먼발치서 들어오는 후배의 모습을 보는 순간 낯설음과 이질감이 엄습해왔다.

후배는 마치 '지저스 크라이스트 슈퍼스타'의 주인공처럼 컬이 진 긴 머리를 휘날리며 몸에 딱 붙는 빛바랜 청바지를 입고 나타났다. 물론 나는 예의 상사맨 전용(?) 감색 양복에 눈에 띄는 색깔의 넥타이로만 나름대로 멋을 부린답시고 나온 터였다. 서로 잠깐 동안 간단한 안부 인사를 주고받은 뒤에 느닷없이 후배는 나를 걱정하는 투로 이렇게 말했다.

"선배님, 모르셔서 그런 모양인데, 패션 사업 장난이 아닙니다. 할 수만 있다면 그냥 다시 무역 부문으로 돌아가시는 게 어때요?"

나는 순간 너무 당황해서, "난 죽어도 고(Go)야…… 무역 업무, 이젠 지긋지긋해"라며 그냥 마음에도 없던 말로 되받아쳤다. 그러자 이 선배의 결심이 만만치 않음을 눈치챘는지 다시 한마디를 내뱉었다. 그런데 그 말 한마디가 나의 인생을 송두리째 바꾸어놓을 줄은 꿈에도 몰랐다. 후배는 말했다.

"그렇다면 선배님, 그 넥타이부터 푸세요."

나는 그 자리에서 넥타이를 풀었다. 사실 상사맨에게 넥타이는, 과장 좀 보태서 목숨 같은 존재다. 전쟁터에 나갈 때 꼭 가지고 나가야 하는 총이나 마찬가지다. 그런 넥타이를 나는 조금의 망설임도 없이 풀어 던졌다. 평소의 나답지 않은 행동이었다. 어디서 그런 쇼맨십이 나왔는지 아직도 의문이다. 아무튼 패션 사업을 하고 싶기는 몹시 하고 싶었나 보다. 그 즉시 후배가 여러 가지 패션 내수 사업의 경험과 노하우를 열심히 전수해주었음은 물론이다.

그 순간 이후로 난 특별히 넥타이를 매야 하는 장소가 아니면 넥타이를 다시는 매지 않았으며 그때까지 한 번도 시도해본 적이 없던 청바지 패션을 트레이드마크가 될 정도로 즐겨 입는 등 대 변신을 하게 되었다. 그렇다. 이 '넥타이부터 풀라'는 한마디의 따끔한 충고가 나의 패셔니스타 인생의 출발점이 되었고, 나를 패션인의 길로 빠르게 변신할 수 있도록 한 '신의 한 수'였던 셈이다. 그 후배야말로 나의 진정한 은인이다. 그가 아직도 기억하고 있을지는 모르지만…….

살과 뼈를 깎아 상사맨에서 패션맨으로 거듭나다

캐주얼 착장. 듣기에는 꽤 캐주얼해 보이지만 사실 제대로 캐주얼 착장을 소화하려면 양복 코디보다 훨씬 세련된 노하우와 철저한 준비가 필요하다. 양복 착장이라야 1년에 두세 벌만 준비해놓고 흰색이나 기껏해야 블루 계열 와이셔츠에 몇 개의 넥타이 그리고 구두 두세 켤레면 끝이다. 그러나 캐주얼의 경우는 우선 상하 컬러 매치가 필수다. 그리고 늘 똑같은 티셔츠나 카고팬츠만을 고집하다간 복학생 오빠 패션을 벗어나기 어렵다. 그리고 때에 따라 운동화를 신어야 할지 스니커즈를 신어야 할지, 아니면 감색 구두에 양말을 안 신거나 아예 반대색으로 매치해야 할지 신경 쓸 일이 한두 가지가 아니다.

캐주얼 착장은 또 헤어스타일이나 컬러까지도 고려해야 제대로 입는 것이고 멋이 난다. 그러니 갑자기 전형적인 상사맨에서 캐주얼 착장이나 비즈니스캐주얼 착장이 일상인 패션맨으로 변신한다는 게 여간 힘든 일이 아니었다. 더군다나 허리 36인치를 능가하고 80킬로를 넘나드는 육중한 전형적인 동네 아저씨 타입의 내가 '간지 나는' 패션맨으로 거듭나기 위해서는 그야말로 뼈를 깎는 고통이 수반되는 과정을 거쳐야만 했다.

살을 빼는 것은 오히려 쉬웠다. 갑자기 이 옷 저 옷을 사가지고 들어오고 안 입던 청바지로 멋을 내고 또 운동화를 신고 출근하는 낯선 남편을 바라보는 아내의 걱정 어린 눈빛과 마주하는 것이 더 힘들었다. 그것도 나이 50이 넘어서의 도전이었으니, 주변에서의 시선이 따갑지 않을 수 없었다. 그러나 이미 돌아올 수 없는 다리를 건넌 나는 주위의 걱정 어린 시선보다는 패션 업계 사람들로부터 받는 격려와 기대의 시선을 더 즐기기로 했고, 결과적으로는 청년 시절의 몸매 근처까지 오는 데 성공하고 결국 캐주얼 착장을 멋지게 소화할 수 있는 '옷걸이(?)'를 확보할 수 있었다.

지금 나의 옷장에는 찢어진 청바지를 포함해서 족히 30벌은 넘는 청바지가 돌돌 말려 정리되어 있다. 청바지는 돌돌 말아서 마치 벽돌 쌓듯이 보관하는 게 좋다. 아래위가 같은 정장 양복은 단 한 벌 밖에 없다. 한국에 돌아오니 특히 장례식장에 갈 기회가 많은데 그때마다 매우 난감하다. 대신 소위 콤비라고 부르는 슈트 재킷은 매우 다양하게 갖추고 있다. 때와 장소에 따라, 바지를 무엇을 입냐에 따라 그때그때 코디를 해서 입고 나간다. 양말도 정장 양복과 마찬가지로 검은색 양말은 단 한 켤레밖에 없다. 그것도 한국에 와서 장례식장용으로 구입한 것이다. 내 양말 서랍에는 수십 켤레의 형형색색 양말이 간택받을 날만 기다리며 누워 있다. 아무래도 슈트 재킷나 바지 등으로는 다양성 확보가 어려우므로 난 곧잘 양말로 포인트를 준다. 구두나 스니커즈도 내 아내의 구두 켤레 수보다 많다고 늘 구박을 받는다.

소위 패셔니스타라고 주위에 알려지고 나면서부터 불편한 점이 하나 생겼다. 하루라도 섣불리 대충 차려입고 집을 나서지 못한다는 것이다. 혹시 이 옷 저 옷 망설이다가 양말의 컬러까지는 맞추지 못하고 출근하는 날에는 남들은 눈치채지 못할지라도 나 스스로는 누군가에게 들킬까 봐 안절부절하지 못한다. 물론 나만의 비법이 있기는 하다. 그런 날은 과감하게 양말을 벗고, 맨발 패션을 뽐내는 것이다. 평소에 맨발 패션을 하는 날은 당연히 발에 덧신을 신지만, 이런 날엔 어쩔 수 없지 않은가? 남들이 나의 구두 속까지 들여다볼 것은 아니니까, 그럴 땐 과감하게 맨발 투혼을 감행한다. 몇 번 해보았는데, 반응이 오히려 좋다.

"세 사람만 모여도 그중에 스승이 있다"는 말처럼 우리 주위에는 항상 삶의 귀중한 계기나 금과옥조 같은 이야기를 해주는 스승이 있게 마련이다. 그런 스승 중 하나가 나에게 넥타이부터 풀라는 그 후배였다. 나는 이 자리를 빌려 그 후배에게 다시 한 번 고마움을 전하고 싶다.

당신에게도 혹시 인생을 바꿔준 누군가의 임팩트 있는 한마디가 있는가? 그 누군가가 꼭 스승일 필요는 없다. 친구일 수도 있고 또 가족일 수도 있고 아니면 나처럼 후배일 수도 있다. 아직 나타나지 않았다면 어쩌면 내일이라도 당신 주위의 누군가가 스치듯 지나치는 한마디로 당신을 송두리째 바꾸어놓을지 모른다. 물론 당신이 그 한마디를 부여잡고 인생의 소중한 기회로 삼겠다는 의지가 우선되어야 할 테지만…….

최소한 누구나 다 나의 소중한 인생의 스승이 될 수 있다고 마음먹는다면 지금부터 당신의 인간관계는 또 다른 의미를 더할 수 있을 것이고 더욱 풍성해질 것이다. 명심하자. 스승은 가까운 곳에 있다. 그리고 그가 당신의 인생을 바꾸어 놓을 '지저스 크라이스트 슈퍼스타'의 주인공일지도 모른다.

어릴 적 꿈,
연예인을 다시 꿈꾸다

내 안에서 깨어나는 끼를 느끼다

아주 어릴 적 나의 꿈은 대통령이나 장군이 아닌 배우나 탤런트가 되는 거였다. 그러다가 중고교 시절엔 그림에 소질을 보여 화가가 되어볼까도 생각했다. 연극에도 꽤 관심이 많았다. 미술반 활동을 열심히 하면서도 연극반 주위를 기웃거린 게 한두 번이 아니다. 악보는 볼 줄도 모르고 배워본 적도 없었지만 라디오에서 나오는 유행가는 몇 번 들으면 가수 못지않게 맛깔나게 부를 수 있었다. 그런가 하면 교내 백일장에서도 큰 상은 못 받았지만 '가작' 같은 꽤 괜찮은 상도 받곤 했다. 언젠가는 조회 시간에 백일장과 미술대회 상장을 주는 순서에 나 혼자서 두 가지 상을 다 받은 적도 있었다. 그림 잘 그리지, 글 잘 쓰지, 노래까지 잘하지, 어린 시절 나는 타고난 다재다능한 아이였고 학생이었던 것 같다. 남들 눈에, 조금은 재수 없는 재주꾼이었던 셈이다.

나는 명문인 K고를 다녔다. 수재들만 모이는 K고에 다니면 당연히 법대나 의대를 가야 한다는 불문율 아닌 불문율까지 있을 정도였다. 나도 마음속 깊은 곳에서는 연극영화과나 아니면 미술대학에 진학하고 싶은 바람이 있었지만, 한 번도 제 목소리를 내보지 못한 채 사회적인 압박(?)에 굴복해서 일반 대학 상경계에 진학을 했다. 그리고 졸업과 동시에 순조롭게 대그룹에 공채로 입사하여 지금의 중국통 인생을 살아온 것이다. 겉으로 보면 나무랄 데 없는, 그것도 꽤나 운이 좋은 주재원 인생으로 보일 것이다. 하긴 나마저도 그렇게 생각해왔다. 나무랄 데 없는 인생이라고.

그런데 언제부터인가 어릴 적 꿈, 어릴 적 좋아했던 것들에 대한 작은 미련들이 내면 깊숙한 곳으로부터 스멀스멀 기어 나오는 것 같았다. 혼자 중국에 떨어져 있을 때, 한국에서 손주들 사진이라도 보내오면 나는 신이 나서 작은 스케치북에 시간 나는 대로 연필 데생을 했다. 그렇게 보내주는 나의 데생을 아이들은 아주 좋아했다. 그러나 정말로 좋아하고 행복해한 것은 스케치를 하는 그 순간의 나였음을 깨달았다. 그 후로는 갤럭시노트에 있는 기능을 이용해 사진에 내 나름의 생각과 아이디어를 덧입혀 새로운 작품(?)을 만드는 재미에 홀딱 빠지기도 했다. 진짜 행복했다. 내가 그려줄 대상들이 있어서 행복했다. 행복해할 사람들을 위해 궁리하고 또 그리는 시간 자체가 정말로 행복했다.

이 충만한 행복감은 도대체 어디서 오는 것일까 궁금했다. 물론 할아버지가 손주들을 생각하는 것 자체가 행복이긴 하다. 그러나 그 느낌은 그 이상의 것임에 틀림없었다. 그리고 그것을 깨닫는 데는 그리 오래 걸리지 않았다. 바로 나의 내면 깊숙이 잠자고 있던 '끼'였다. 무언가 그리고 또 표현해내고 하는 예술적(?) 끼. 그 '끼'가 깨어나고 있었던 것이다.

연예계 물을 마시다

내가 패션 부문으로부터 콜을 받았을 때, 승진이고 뭐고 다 때려치우고 기꺼이 옮긴 것도 같은 맥락이었다. 선천적으로 나는 옷을 좋아했고 미술이나 음악 같은 예능 쪽을 즐겼다. 그쪽의 끼를 타고 태어난 게 확실했다. 그렇기 때문에 패션 쪽 일도 자석에 끌리듯 선뜻 하겠다고 나섰던 것이었다.

실제로 패션 브랜드 사업을 하면서 정말 신명나게 일했다. 매일 매일 패션을 논하고 또 패션 피플, 소위 '패피'들과 교류하는 생활이 재미있었다. 드디어 나이 50에 내게 잘 맞는 직군을 찾았다는 생각이 들었다. LG패션을 그만두고 또다시 미국계 여성복 브랜드로 갔을 때는 더 기뻤다. 왜냐하면 거기서는 내가 거의 전권을 쥐고 브랜드를 총괄할 수 있었기 때문이다. 나의 주체할 수 없는 끼를 마음껏 발산할 수 있는 무대라는 생각에 매우 신났다. 그러니 상하이 커피숍에서 우연히 캐스팅되어 TV 광고를 찍게 되었을 때의 희열은 얼마나 컸겠는가!

그동안 패션 일을 하면서 느꼈던 신명과는 비교도 할 수 없었다. 아주 작은 이벤트성에 지나지 않는 사건이었지만 내가 느낀 행복감은 또 달랐다. 마치 연예인이라도 된 듯한 착각에 빠졌다. 나이 60이 넘어 찾아온 우연한 기회였지만 나는 마치 까마득하게 잊고 있던 어릴 적 연예인의 꿈에 조금 가까이 다가선 것만 같아 마냥 행복해했다.

다시 찾은 나의 꿈이 반가웠다. 그런데 오래지 않아 어렵사리 찾은 어릴 적 꿈이 중단될 위기에 놓이게 되었다. 안타깝고 서운했다. 어떻게 찾은 꿈인데……. 중단의 위기는, 내가 귀국행을 결정한 것 때문에 일어났다.

"나도 모델로 써줄 거죠?"

하지만 기회는 오래지 않아 다시 찾아왔다. '중화TV'에서 하는 〈위클리차이나우〉라는 중국 관련 프로그램에 패널로 출연할 수 있는 기회가 생겼다. 물론 내가 싫다면 안 해도 되는 일이었으나 제안을 받는 순간 바로 오케이했다. 특히 인생 2막에서는 주도적인 삶을 살기로 나 자신과 약속했기 때문이다. 마음이 가는 대로 주저 없이 해야 후회도 하지 않는다. 그렇게 해서 몇 차례 〈위클리차이나우〉 프로그램에 출연할 수 있었다. 그 프로그램을 통해서 이름만 들어도 알 수 있는 김일중 아나운서를 비롯해 아이돌그룹 걸스데이의 유라, 개그우먼 신보라, 강유미, 이탈리아 훈남 알베르토 등과 만날 수 있었고, 또 교류할 수 있게 되었다. 그야말로 소위 연예계 물을 조금은 먹게 된 것이다. 맛있었다. 꿀물이었다. 물론 내가 만난 그들은 다들 젊고 앞날이 창창한 친구들이다. 나만 60대였다. 그러나 나도 그들과 전혀 다름없는 앞날(?)을 꿈꾸고 있다. 이 나이에 무슨 허황된 꿈이냐고 질책해도 좋다. 누가 뭐래도 나는 나의 꿈을 이루어가는 과정을 즐길 뿐이다. 왜냐고? 내 꿈은 내 마음이니까.

차이나탄은 과거 개그맨 정준하와 래퍼 산이 그리고 탤런트 채수빈이 주요 모델로 활동했다. 유명 연예인을 내세워 브랜드 지명도를 높이기 위한 전략이었다. 그 덕분에 빠른 시간 내에 많은 사람에게 차이나탄이라는 브랜드가 알려졌다. 회사 내부적으로 차기 모델로 누가 적합할지에 대한 설왕설래가 있었다. 그때 유명인보다는 회사 내부에서 모델을 선발해 찍는 게 어떻겠냐는 의견이 나왔다. 수강생들에게 좀 더 친근함을 주고 신뢰감도 줄 수 있으리라는 게 그 이유였다. 나는 그 의견에 적극 찬성했다. 쌍수를 들고 대환영했다. 끼가 또다시 꿈틀거렸다. "나도 모델로 써줄 거죠?"라고 먼저 선수를 쳤다.

예전 같으면 어림도 없는 오지랖이었다. 주동적으로 살기로 한 인생 2막 삶의 태도란 바로 이런 것이다. 진짜 나의 인생 2막은 달랐다. 내가 완전히 바뀌었다. 생각을 바꾸면 세상도 바뀐다. 세상이 바뀐다는 것을 하루하루 실감하게 된다. 드디어 나와 김 대표를 비롯한 몇몇 운영 멘토와 강의 멘토를 중심으로 중국 상하이 현지에 가서 각자의 역할에 맞춰 광고 촬영을 했다. 드라마 〈도깨비〉를 촬영했던 팀이 우리와 동행했다. 메이크업 아티스트들도 여러 명 붙었다. 진짜 모델이 되어 촬영을 진행한 것이다. 둥팡밍주타(東方明珠塔: 상하이 푸동을 상징하는 타워)를 배경으로 촬영할 때는 수많은 인파들이 우리를 보려고 몰려들었다. 진짜 연예인이 따로 없었다. 나는 예의 그 상황 자체를 즐겼다. 전혀 창피하거나 울렁증은 없었다. 실로 값진 경험이자 인생의 멋진 한순간이었다.

'Great Grey'의 출발

광고를 찍고 나서 얼마 후 고등학교 때부터 절친인 홍정표 경희대학교 치의대 교수가 갑자기 전화를 걸어왔다. 다짜고짜 다음에 만날 때는 사인 한 장 부탁한다고 했다. 나는 무슨 뚱딴지같은 소리냐고 응수했다. 사인을 받아야 한다면 TV에도 자주 나오는 너한테 받아야 한다고 맞받았다. 정표는 아마 을지로입구 지하철역에 붙어 있던 차이나탄캠프의 광고판에서 나를 본 모양이었다. 사실 그때까지 정작 나는 내가 모델로 선 광고판을 보지 못하고 있었다. 핑계 김에 오래된 친구와 만나 밥도 사고 정담을 나누었다. 나의 꿈에 조금씩 다가가고 있음을 재삼 확인함과 동시에 친구 앞에서 괜히 어깨가 으쓱거려졌다. 사실 정표가 TV 프로그램에 등장할 때마다 내심 꽤나 부러워하던 나 아니던가…….

결은 좀 다르지만 얼마 전에는 중국 〈인민인보〉의 인터넷판인 '인민망' 특집 동영상에도 출연했다. 중국의 개혁개방 40주년을 기념하기 위해서 한국인 중에 중국과 특별한 인연이 있는 각계의 인물들을 '나와 중국 이야기'라는 제목으로 인터뷰해서 동영상으로 제작 배포하는 기획이었는데, 나는 영광스럽게도 40인 중 한 명으로 선발되었고, 내가 첫 번째 주자로 등장하는 영광을 얻었다. 게다가 '나와 중국 이야기' 프로그램은 중국에서 반응이 좋았던 모양이었다. 이번에는 범위를 넓혀 전 세계에서 40인의 인사를 선발해서 촬영하기로 했고, 나는 또다시 40인에 뽑혀서 녹화를 막 끝냈다. 지난번은 중국어로 인터뷰를 진행했으나, 이번에는 각기 다른 나라의 사람들이 출연하므로 모국어로 '나와 중국의 스토리'를 이야기하고 자막으로 처리할 예정이라고 한다. 중국의 관영 매체에 동영상으로 등장하는 것이라 국내에는 잘 알려질 기회가 없지만 나로서는 나름 매우 의미 있는 출연이다. 중국에서 거의 30년 동안 청춘을 다 바치다시피 한 나에게 중국 정부가 주는 인증 영상 내지는 훈장 같다는 생각이 들었다. 또 다른 의미에서 이 또한 나의 꿈이 실현되어가는 과정 중의 하나라는 생각도 들었다.

경사는 늘 겹쳐서 일어난다고 했던가? 얼마 후 '인민망'에서 팟캐스트 방송에 고정 패널로 출연해달라는 제의를 해왔다. 매주 한 번씩 중국어로 한국의 이슈를 토크쇼 형식으로 전하는 동영상을 제작

하는데 그곳의 패널을 맡아달라는 제안이었다. 기쁜 마음으로 흔쾌히 수락했고 이 동영상 촬영은 지금도 진행 중이다. 그러고 보니 꿈을 향한 나의 도전은 한국뿐만 아니라 중국에서도 동시에 투 트랙으로 진행 중이다. 기대하시라!

꿈은 이루어진다고 했다. 내가 어렸을 때 꿈꾸었던 배우나 탤런트는 평생 될 수 없을지 모른다. 그러나 요즘 배우나 탤런트보다 영향력 있고 매력 있는 것이 '셀럽'이다. 그래서 나는 지금 어렸을 때 꾸었던 꿈인 '배우나 탤런트가 되고 싶다'를 '선한 영향력을 미칠 수 있는 셀럽이 되고 싶다'로 상향 조정했다. 이건 절대로 꿈의 포기가 아니다. 꿈의 현대적, 발전적 재해석이다. 시대적 재정의라고 해도 좋다. 이를 이루기 위한 나의 행보는 앞으로도 계속될 것이다. 이 시대의 셀럽이 가져야 할 기초 소양도 하루 빨리 갖출 것이다. 페이스북, 인스타그램, Tik Tok 등의 SNS 활동을 그저 젊은 세대의 소통 수단으로 치부하지 않을 것이다. 'Great Grey' 인스타그램을 시작한 것도 바로 나의 셀럽 꿈을 이루기 위한 작은 발걸음 중 하나다.

100세 시대, 이제 겨우 반이 지났다. 앞으로 40~50년이나 남았다. 우리 모두 다시 한 번 꿈을 꾸자. 어릴 적 못 다한 꿈을 다시 꾸어보자. 희망을 버리는 건 나 자신에게 부끄러운 짓이다. 아니 분명한 죄다. 꿈을 버린 '꿈포자(꿈을 포기한 사람)'로 살지, 아니면 꿈을 이룬 '꿈이자(꿈을 이룬사람)'로 살지는 당신의 결심에 달려 있다.

패션은 명함이자 이모티콘

나는 한국의 '국민 아저씨'

퓰리처상 수상자이자 미국 〈뉴욕타임즈〉의 유명한 칼럼니스트인 윌리엄 새파이어(William Saphire)는 자신의 칼럼에서 '루키즘(Lookism)'이라는 단어를 처음 사용했다. 이를 우리말로 표현하자면 '외모 지상주의'나 '외모 차별주의'쯤 된다. 이 칼럼니스트는 미국 젊은이들의 가치관 속에는 '외모도 중요한 사회적인 능력이다'라는 인식이 분명히 자리 잡고 있다고 지적하면서, 외모에 가치를 두는 정도가 자꾸 커지고 있는 현실에 우려를 표했다. 우리나라는 미국보다 더 심각한 수준이다. 모 신문사와 화장품 회사가 15세에서 49세까지의 남녀 800명을 대상으로 '외모에 관한 한국인의 의식과 행동'을 면접 조사한 결과에 따르면, '외모가 경쟁력이다'라고 생각하는 비율은 85퍼센트에 달하며, 55퍼센트가 넘는 사람들이 '성형을 할 생각이 있다'고 답한 것으로 나타났다. 그리고 '내 남자친구나 여자 친구가 성형을 한다면 기꺼이 찬성한다'라는 항목에는 65퍼센트가 찬성하는 것으로 나타났다. 이 연구 결과는 '대한민국은 성형 공화국'이라는 말을 숫자로 입증하는 것이기도 하다.

나는 얼마전 JTBC에서 방영한 드라마 〈내 아이디는 강남미인〉을 재미있게 보았다. 외모에 콤플렉스를 갖고 있던 여학생이 성형을 하고 나서 겪는 일화를 젊은이들의 시각으로 풀어낸 재기발랄한 스토리였는데, 내적 성장이 필요한 대학 새내기들의 위험천만한 캠퍼스 라이프가 유쾌하게 펼쳐져 매우 흥미진진했다. 극중 나의 눈길을 끄는 것은 단연 도경석을 연기하는 조각 미남 차은우였다. 여주인공 강미래를 연기하는 임수향보다 오히려 더 '신스틸러'였다. 워낙 뛰어난 마스크의 소유자이기도 하지만 무심한 듯 걸친 셔츠와 롱다리를 더 돋보이게 하는 스키니진 하나만으로도 충분히 '비주얼 깡패'가 되고도 남았다. 장담컨대, 장동건, 강동원의 계보를 잇는 대형 스타의 탄생을 나는 감히 예언하는 바다.

이 드라마 외에도 tvN의 〈렛미인〉, 온스타일의 〈겟잇뷰티 2018〉 같은 프로그램을 통해서도 꾸준히 외모 지상주의 또는 외모는 경쟁력인가에 대한 많은 논의가 있어 왔다. 이런 논쟁들 자체가 역설적으로 외모의 중요성이 점점 더 커져가고 있음을 방증하지만, 다행스럽게도 〈렛미인〉 같은 프로그램은 참여한 거의 모든 참가자들이 성형수술 후에 외적인 변신뿐만 아니라 심리적, 사회적 관계 등 내적인 변화도 함께 따라옴을 보여주어 단순한 외모 지상주의의 콘셉트를 뛰어넘는 면모를 과시하기도 했다.

사람의 외모를 구성하는 요소 중 으뜸은 아무래도 얼굴이다. 하지만 그 외에도 몸매와 옷차림 그리고 구두, 핸드백, 가방 등 액세서리도 무시할 수 없는 구성 요소가 된다. 성형과 미용 그리고 화장 기술까지 나날이 발전하는 요즘 점점 비슷해져가는(?) 얼굴 외의 다른 구성 요소들이 결국은 승패를 좌우한다고 해도 과언이 아니다. "부모님 날 낳으시고 원장님 날 빚으셨다"는 우스갯소리가 있을 정도로 정말 아름다운 얼굴의 소유자는 넘쳐난다. 그러다 보니 얼굴이 완벽해도 패션이 꽝이면 눈에 제대로 띄지 않지만, 옷 잘 입고 스타일 '쩌는' 얼굴 꽝은 오히려 눈에 잘 띄는 게 현실이다. 얼굴이 조금 평범해도 옷을 잘 입으면 용서가 되지만, 얼굴만 잘나고 옷을 못 입으면 용서가 안 되는 게 요즘이다.

내가 중국 상하이에서 패션 사업을 맡아 시작한 때는 이미 50줄에 들어선 때였다. 패션 사업을 하기엔 그것도 20, 30대 젊은이들이 판치는 중국 패션 업계에 등장하기엔 꽤나 늦은 나이였다. 그야말로 디오에이(D. O. A, Dead on Arrival: 도착했을 때는 이미 사망한 상태)에 다름없었다. 그쪽 업계에서는 이미 도태되고도 남을 나이였다. 그러나 내가 거기에서 살아남고 또 나름 셀럽으로 자리매김 하기까지에는 패션에 대한 나의 열정이 크게 한몫을 했다고 생각한다.

나이답지 않게 젊게 생활하고 찢어진 청바지도 입고 나타났기에 젊은 친구들도 크게 거부감 없이 나를 대했고, 자기들의 대화에 끼워주었다. 자주 나에 대한 뒷담화를 하긴 했지만, 거의 전부 멋있게 늙어가는 '패피(패션피플)'라는 칭찬이었다. 영광스럽게 나에게 '한궈궈민따수(韓國國民大叔: 한국 국민 아저씨)'라는 닉네임도 붙여주었다. 여기저기 패션쇼에도 단골로 초대받았다. 그리고 만나면 격의 없이 패션을 논했다. 젊은 중국 패션계의 셀럽들도 나를 좋아하고 또 인정해주었다. 나를 그들만의 리그에 끼워주었다. 그러다 보니 우리의 패션 비즈니스도 덩달아 응원군단 덕분에 잘 풀렸다. 나의 나잇값 못하는 패션 피플로의 변신 덕분에 나도 회사도 살아남을 수 있었던 것이다.

악수보다 드레스 코드 먼저

우리 사회는 아직도 사람을 처음 만났을 때 악수를 하고 또 자신의 명함을 건네는 것이 일반적이다. 그러나 대부분의 경우 명함은 받자마자 바로 명함 지갑에 들어가거나 식사 자리라면 이름과 직책을 대조하려는 일종의 커닝 페이퍼 용도로 테이블 위에 놓이기 마련이다. 나는 이름을 잘 기억하지 못하는 편이다. 처음 만남의 현장에서 자세히 명함을 들여다보는 것도 여간 어색한 것이 아니다. 나중에 연락처를 핸드폰에 기록할 필요가 있을 때 꺼내 보는 정도가 전부다. 반면 '패피'들이 부쩍 많아진 요즘, 먼발치서 부터 우리는 상대방을 스캔한다. 걸음걸이나 표정 또는 액세서리를 보고 먼저 상대방을 파악한다. 아직 악수도 하기 전이고 통성명도 안 한 상태에서 상대에 대한 상당한 정보를 나누게 된다는 말이다. 과거 천편일률적인 감색 양복에 검은 구두나 회사원 특유의 튀지 않는 복장을 하던 시절과는 다르다. 개성 있는 옷차림, 나의 아이덴티티를 한눈에 보여주는 드레스 코드가 악수보다 먼저인 세상이다.

지금 시대에도 과연 형식적 악수를 나누며 무의미하게 건네지는 명함이 더 중요한지 아니면 한눈에 스캔하고 스캔당하게 되는 옷차림이 더 중요한지 생각해볼 때다. 내 손에는 당신을 해칠 무기가 없다는 표시로 시작되었다는 악수나 내가 이런 사람입네 알려줄 다른 수단이 없던 시절의 산물인 종이 명함은 점점 더 의미가 퇴색하고 있고 곧 멸종될지도 모른다는 게 내 생각이다.

나도 습관적으로 사람들을 만날 때마다 예외 없이 일단 스캔부터 한다. 스캔과 동시에 내 기억 속 '저장' 버튼을 누른다. 이름이 뭔지 어떤 사람인지 알기 전에 이미지부터 저장하고 보는 것이다. 그의 옷차림과 패션 센스 그리고 풍어져 나오는 아우라 등으로 상대방을 먼저 인지하는 것이다. 그러다 보니 만났던 사람에 대한 느낌이나 입었던 옷, 들었던 가방 등은 거의 정확히 기억하면서도 정작 이름이나 직책, 특히 나이 같은 것은 제대로 모르는 때가 많다.

외모 지상주의자가 아니더라도 사람은 되도록이면 외모에 신경을 써야 한다. 깨끗하고 단정하면 더할 나위 없다. 컬러 매치도 무시할 수 없다. 이왕이면 다홍치마라고 하지 않았던가? 어차피 입어야 하는 옷이라면 잘 차려입는 것이 좋다. 형편에 어울리지 않게 비싸고 화려한 옷을 입어서는 안 되지만, 될 수 있으면 좋은 옷을 입도록 신경 써야 한다. 놀랍게도 아주 많은 사람이 당신이 차려입은 옷맵시로 당신을 먼저 판단한다. 주로 당신의 겉모습을 보고 판단하며, 또 당신도 어쩌면 상대를 겉모습으로만 판단하는 경우가 많을지도 모른다. 만나는 100명의 사람들 중에 오직 한두 사람만이 당신의 본모습을 알 뿐이다. 자신의 옷차림에 무관심하고 단정치 못한 사람이라면, 다른 일도 대충대충 처리하거나 혹은 아예 무관심할지 모른다는 억울한 오해를 받을 수도 있다.

피할 수 없다면 즐기라고 했다. 그동안 외모에 별로 신경을 안 썼다면 이제부터라도 외모를 꾸미는 데 힘쓰자. 차츰 변해가는 본인의 외모를 즐겨보라. 당신의 변모에 주위의 시선도 몰라보게 달라질 것이다. 지나가는 사람들이 힐끗거리며 보는 시기 어린 눈길에서 행복함도 느낄 것이다. 그건 내가 해봐서 아는데, 진짜다. 보증한다.

영국의 철학자 프랜시스 베이컨(Francis Bacon)은 "호감을 주는 외모는 영원히 써먹을 수 있는 추천장"이라고 말했다. 자세나 몸가짐은 모든 이들에게 중요한 것이며, 어떤 이들에게는 가장 중요한 것일 때가 많다. 또 영국 정치가 체스터필드 경(Lord Chesterfield)도 "재능과 지식만으로 마음을 얻을 수는 없다. 복장과 분위기 그리고 몸가짐으로 눈길을 끌고, 우아하고 조화로운 말씨로 귀를 즐겁게 해주면, 분명 사람들의 마음을 사로잡을 수 있다"라고 외모의 중요성을 일찌감치 강조한 바 있다.

이 세상은 하나의 무대다. 우리는 모두 배우이며 누구나 이 연극의 성공은 배우들의 연기에 달려 있다는 것을 잘 알고 있다. 만약 외모와 관련된 것들을 대수롭지 않게 생각한다면, 배우가 자신의 배역에 충실하지 못한 것과 같다. 연기력만 믿고 아무 옷이나 걸치고 무대에 오르는 불성실한 배우와 다름없다. 자신의 배역과 잘 어울리는 의상과 분장을 하고 펼치는 연기라야 관객들의 마음을 사로잡을 수 있다.

그렇다고 훌륭한 외모가 가장 중요하고 유일하게 나를 나타내주는 수단이라고 말하는 것은 아니다. 그러나 멋진 옷차림과 패션 센스 그리고 자신감 충만한 얼굴, 당당한 걸음걸이 등이 가져다주는 혜택은 매우 크고 놀랍다. 우선 옷차림에 따라 기분이 달라진다. 걸음걸이뿐 아니라 생활 태도 자체가 달라진다. 넥타이를 한 날과 노타이로 출근한 날의 차이를 느껴봐라. 양복을 입은 날하고 반바지를 입은 날의 차이를 생각해보라. 미니스커트에 하이힐을 신은 날하고 청바지에 터셔츠를 입고 운동화를 신은 날을 생각해보라. 실로 엄청난 차이가 있을 것이다. 내가 새로 산 예쁜 옷을 입고 누군가를 만날 때와 어제 입던 옷을 또 입고 나간 날의 마음 상태는 달라도 너무 다르다. 나만 다른 게 아니다. 나와 상대하는 사람들도 똑같이 달라진 나를 느낄 수밖에 없다. 이래도 외모가 중요하지 않다고 할 텐가? 오늘 옷차림이 나의 외적인 모습뿐만 아니라 오늘 나의 심리 상태까지 지배한다는 사실을 절대 무시하면 안 된다.

나는 단언한다. 머지않아 명함이 지구상에서 없어질 날이 올 것이다. 이미 많은 사람이 명함 대신 스마트폰을 이용해서 연락처 파일을 보내준다든가 아니면 아예 SNS를 활용한 네트워킹으로 서로의 존재와 관계를 만들어가는 시대다. 그럴수록 외모는 그 중요성이 더해갈 것이다. 스마트폰 시대인 오늘날에는 긴 문장 대신 아주 짧게 줄인 말을 사용하거나 아예 이모티콘으로 자신이 하고 싶은 말이나 느낌을 간단하게 그러나 꽤 정확하게 표현하지 않는가. 이 시대를 살아가는 우리에게는 우리들의 외모, 즉 패션 자체가 나를 가장 직접적이고 잘 표현하는 이모티콘이다. 지금은 '이왕이면 다홍치마'가 아니라 '다홍치마가 먼저'인 시대다.

닉 우스터, 게 섰거라

작은 패션 천재, 닉 우스터의 마력

닉 우스터(Nick Wooster)라는 사람이 있다. 사실 그의 이름은 무척 생소할지 모른다. 그가 이탈리아 사람인지 미국 사람인지 아는 사람이 잘 없다. 그가 유명 브랜드 캘빈 클라인과 랄프로렌의 패션 디렉터였다는 사실은 더더욱 모를 수 있다. 다만, 세계에서 가장 옷을 잘 입는 남자라는 것과 독특한 몇 가지 사진 이미지만큼은 바로 떠오르는 사람이 많을 것이다. 어떤 이들은 그를 168센티미터의 작은 키에 포마드를 바른 독특한 헤어스타일과 섹시한 수염 그리고 컬러풀한 타투로 기억할지 모른다. 게다가 형형색색의 과감한 착장들은 옷을 좋아하는 남성이라면 도무지 모를 수 없는 인물로 그를 단숨에 부각시킨다. 바로 그가 나의 패션 스승이자 롤 모델인 닉 우스터다. 물론 닉 우스터에게는 비밀이다. 그가 알면 귀찮게 형님 삼자고 할지 모르니까. 실제 그는 1960년생으로 나보다 어리다. 지금 그는 패션의 도시 뉴욕 소호에서 '남성 편집숍'의 대표로 활동하고 있다.

"나이는 숫자에 불과하다."
"중년의 나이에도 충분히 멋있을 수 있다."
"작은 키에 두꺼운 하체임에도 완전히 그걸 무시하고, 아니 뛰어넘어 고정관념의 틀을 깬 주인공이다."

닉 우스터하면 떠오르는 문장들이다. 한마디로 자기 관리의 중요성을 몸으로 보여준 대표적인 사람이다. 그를 보면서 나도 나이 들어서 저렇게 늙고 싶다는 생각을 많이 한다. 그가 하는 것이라면 뭐든 배우고 흉내 내고 싶다. 딱 한 가지만 빼고. 타투. 특히 여름 패션 종결자로 닉 우스터가 유명한 이유는 그의 패션과 양쪽 팔과 한쪽 다리에 있는 타투가 어우러져 더욱더 빛을 발하기 때문이다. 딱 봐도 남성답고 멋지다. 그러나 나는 타투가 싫다. 이건 완전히 개인의 기호 차이이다. 지금은 우리나라도 타투를 즐겨하는 마니아가 꽤 많다. 내가 좋아하는 한국 패션계의 대부이자 닉스 청바지 신화의 주인공 선표 형(umbro 총괄디렉터)은 60대 중반의 최근까지도 어깨와 종아리

쪽에 타투를 해서 페이스북에 사진을 올리는 쾌거(?)를 보여주고 있다. 하긴 지금도 매일 하루를 1킬로미터 수영으로 시작하고 아직도 식스팩을 자랑삼아 페이스북에 노출시키는 영원한 오빠이니 자연스러운 행보일지 모른다.

나는 선표 형이 부럽다. 지금도 잃지 않는 패션에 대한 그의 열정이 멋지다. 그 나이에도 타투의 고통을 참고 패션의 완성을 위해 노력하는 철두철미한 그 자세가 무척 존경스럽다. 우리 두 사람은 친한 선후배 사이이자 선의의 경쟁자다. 내 주변에 있는 또 하나의 롤모델이다.

10여 년 전 패션 부문으로 옮겨오면서 처음으로 닉 우스터를 알았을 때 나는 충격이 컸다. 그는 조인성 정도의 마스크도 키도 아니었다. 170센티도 안 되는 작은 키의 소유자였다. 그 키라면 동양인이라도 작다는 소리를 들을 정도였다. 키 작은 사람을 비하하는 것은 절대 아니지만, 적어도 패셔니스타로서는 치명적인 결격 사유로 보였다. 얼굴도 조각 미남과는 거리가 멀어도 한참 멀었다. 내가 놀란 건 그의 알록달록한 문신들이었다. 나중에 안 사실이지만 그에게는 타투마저도 패션을 완성해주는 일부였다. 물론 남성미 하나는 진짜 요즘 말로 '쩐다'. 남자가 봐도 섹시한 매력은, 솔직히 인정을 안 하려야 안 할 수가 없다.

그는 옷도 허투루 입지 않는다. 평범한 옷은 아예 거들떠보지도 않는 것 같다. 절묘한 컬러의 조합과 믹스앤드매치(mix and match)가 놀랍다. 그의 패션에서는 슈트와 넥타이 그리고 시계가 늘 예술적으로 어우러진다. 그의 트레이드마크가 된, 위쪽은 여유 있고 아래쪽은 갈수록 폭이 좁아지는 스타일인 테이퍼드 핏(tapered fit) 바지는 신의 한 수다. 짧은 다리를 롱다리로 보이게 하는 마술을 보여준다.

또 그는 위대한 웅변가다. 나는 그가 무슨 말을 했다는 기사나 동영상은 본 적이 별로 없다. 그러나 그가 패션으로 보여준 수많은 소리 없는 언어를 생생하게 기억한다. 그리고 오늘날까지도 나에게 어떤 교과서도 능가하는 가르침으로 남아 있다. 한 번도 '나를 따르라'고 하지는 않았지만, 전 세계 옷 좀 입는다는 남성들은 오늘도 그를 추종하고 있다. 나도 그중 한 사람이다.

한국의 닉 우스터를 꿈꾸며

나는 어려서부터 나름 옷 입는 것에 신경을 쓰는 편이었다. 그러나 늘 입을 옷이 부족했다. 어떤 옷을 입을까를 고민할 만한 그런 환경이 아니었다. 다 가난했던 시절 부끄러움을 가릴 정도면 되었지 무슨 멋씩이나 부릴 생각은 할 수 없었다. 그러나 같은 교복을 입어도 나는 팔이 조금 길거나 목둘레가 안 맞으면 마냥 불편했다. 그리고 비록 교복이 햇볕에 바래 희끄무레해졌어도 늘 자주 빨아 입는 것으로 당시 SK에서 나온 스마트 원단으로 만든 윤기나고 번쩍번쩍한 교복에 당당하게 맞섰다. 나중에는 내 친구 규형이가 네 교복은 희끗희끗이 아니라 거뭇거뭇하다고 놀릴 정도였다. 그래도 크게 부끄럽지 않았다. 가끔 여학생들을 만날 때면 조금 민망하기는 했지만 최소한 내 교복이 다른 애들보다 깨끗하고 단정하다는 데 스스로 점수를 주었다. 그러고 보니 최근 유행하는 빛바랜 청바지나 구멍 뚫린 바지 패션을 나는 일찍부터 의도치 않게 시도했던 것이다. 이 정도면 시대를 앞서도 너무 앞서 산 것이 아닌가? 나의 패션 세포는 어쩌면 그때부터 몸속 깊은 곳에서 썩지 않고 발효해왔는지도 모른다.

다시 나의 스승(?) 닉 우스터 이야기다. 내가 그를 주목했던 이유는 그가 옷을 잘 입어서가 아니다. 아이러니컬하게도 그의 키가 작았기 때문이다. 패셔니스타가 되기에는 열악한 조건을 그가 갖고 있었기 때문이다. 그럼에도 당당하게 최고의 패셔니스타가 된 것에 나는 매료되었다. 그의 용기와 변신에 반했다. 그렇다면 나도 해볼 수 있을 것 같다는 자신감도 들었다. 게다가 나는 178센티미터라는 우월한 키의 소유자가 아닌가! '패션의 완성은 얼굴'이라는데 그것도 꿀리기는커녕 내가 더 낫다는 근거 없는 자신감마저 보태져서 그가 오히려 사랑스러워졌다. 자연스레 닉 우스터 아저씨는 나의 패셔니스타로의 변신에 벤치마킹 대상이 되었다. 아저씨도 한참 아저씨로 보이지만 그는 나보다 다섯 살이나 어린 동생이다.

내가 그를 좋아하면서부터 나의 패션도 달라지기 시작했다. 정확히는 나의 패션관이 달라졌다고 해야 옳다. 용기가 급상승했다. 주위 시선에서도 조금씩 자유로워졌다. 조금은 과감한 패션을 시도해도 덜 어색하게 느껴졌다. 물론 주변의 반응이 덩달아 점점 좋아지는 걸 느끼면서 조금씩 패션 아이콘이 되어가는 기쁨도 누리게 되었다. 어느덧 오히려 주위의 시선을 의식하고 또 즐기는 단계까지 되고 말았다. 중국 상하이 패션 업계에서는 차츰 꽤 유명한 옷 잘 입는 한국 아저씨로 공인되고 있었다.

패션 감각만 젊어진 게 아니었다. 라이프스타일도 덩달아 젊어졌다. 예쁜 옷을 입기 위해 운동도 열심히 했다. 걷기를 생활화하기 위해 지하철역 두세 정거장은 늘 걸었다. 매사에 자신감도 늘어갔다. 옷 입는 것에도 좀 더 과감한 시도를 하게 되었다. 길고 펑퍼짐한 바지들을 테이퍼드 핏으로 리폼했다. 나의 발목은 더욱더 자주 노출되었다. 그러다 보니 정강이까지 올라오던 양말들이 하나둘 자취를 감추었다. 양말들도 아이들 크레파스처럼 갖가지 색깔을 띠기 시작했다. 언젠가 갑자기 중국 친구 어머니 장례식장을 가려다 보니 검은색 양말이 없어 당황한 적도 있었다.

내 패션은 차츰 여러 사람들에게 회자되기 시작했다. 심지어는 나의 착장을 찍어 여기저기에 퍼 나르는 패션 블로거들도 생겨났다. 또 길거리 캐스팅이 되어 TV 광고를 찍는 행운으로까지 이어졌다. 화보 모델로도 데뷔했다. 무엇보다도 나 자신이 패셔니스타로서의 생활을 즐기고 있다는 게 좋았다. 행복했다. 그리고 감히 다짐했다. 한국의 닉 우스터가 되고야 말겠다고.

이는 2년 전 오랜 중국 생활을 마치고 한국으로 완전히 귀국하면서 품었던 꿈이기도 했다. 사실 너무 오래 한국을 떠나 있었기 때문에 한국인들이 어떻게 옷을 입는지 잘 몰랐다. 특히 젊은이들이 다

모델 빰치는 몸매의 멋쟁이들인지 전혀 몰랐다. 갑자기 위축이 되었다. 나는 우물 안 개구리였구나. 내가 감히 겁도 없이 무슨 한국의 닉 우스터가 되겠다고……. 한국에서는 어림 반 푼어치도 없다는 자괴감이 몰려왔다. 그냥 한때 중국에서 먹혔었다고 스스로 위안하며 꿈을 접으려고 했다.

오랜만에 귀국을 했으니 일부러라도 자주 이런저런 친구들 모임에 나갔다. 그런데 거기서 새로운 가능성을 보았다. 하나같이 개성 없는 '아재' 패션을 하고 있는 모습을 보고, 또 그들이 나 나름대로 멋을 낸 패션을 보고 놀라는 반응을 보면서 다시 용기를 얻게 되었다. 우리나라 40~50대 이상의 중장년층들은 자신을 꾸미는 데 별로 신경을 안 쓰는 듯했다. 나는 그저 늘 상하이 패셔니스타 시절 입던 대로 나갔을 뿐인데, 의외로 길거리에서마저 사람들이 힐끗힐끗 쳐다보는 눈길을 느낄 수 있었다. 반응이 좋았다. 지하철에서 몰래 사진을 찍히기도 했다. 신기한 경험이었다. 주위를 다시 둘러봤다. 경쟁 대상으로 떠오르는 인물이 별로 없었다. 천만다행이었다. 찬스라는 생각이 들었다. 그러곤 다시 한 번 한국의 닉 우스터가 되겠다는 꿈을 부여잡게 되었다.

나는 지금도 거의 매일 아침 출근 전에 젊은 벤처 창업자 권 대표를 만나 사진을 찍고 있다. 회사 근처를 돌아다니며 권 대표의 아이폰으로 그날의 착장을 찍는다. 그리고 인스타그램에 올려 반응을 살피고 답글을 달면서 하루하루 늘어가는 팔로워에 일희일비한다. 나의 한국 닉 우스터 꿈은 현재 진행형이다.

환갑 지난 나이에 길거리 캐스팅?

조국은 몰라주어도 나 자신은 국가대표 모델

요즘 젊은이, 특히 어린 친구들에게는 길거리 캐스팅 자체가 지상 최고의 꿈이다. 특히 YG나 JYP, SM 같은 메이저 기획사에 캐스팅된다면 아이돌 스타의 꿈도 현실이 될지 모르기 때문이다. 예전 같으면 부모들이 보따리 싸가지고 다니며 말렸을 테지만, 시대가 바뀐 지금은 가문의 영광이 따로 없다. 물론 아이돌을 꿈꾸는 어린 친구들과 부모들의 허영심을 노린 사기꾼과 그 피해자들의 이야기도 심심치 않게 뉴스를 타곤 한다. 노파심에서 하는 말이지만 길거리 캐스팅이 되었다고 섣불리 흥분하면 절대 안 된다.

한국 사람 중에 나이 60이 넘어서 길거리 캐스팅 된 이가 있다. 그것도 한국이 아닌 중국 상하이에서! 캐스팅 제의를 받으면 흥분하는 것은 어른, 아이가 따로 없나 보다. 그도 제안을 받자마자 조금도 망설임 없이 "하오더(好的: 좋아요)" 하고 응답했다고 한다. 참 철없는 양반이다. 진짜 겁도 없고, 대책도 없는 노인네다. 진짜 더 큰 문제는 그 캐스팅 스토리의 주인공이 바로 나라는 점이다.

어느 날 나는 유명 잡지의 포토그래퍼 출신 '간지남' 이동일 작가가 중국인 부인과 함께 운영하는 상하이의 커피숍에 갔다. 그곳은 영화에나 나올 법한 멋진 장소로, 상하이에서도 몇 안 되는 명소였다. 실제로 많은 중국 영화나 드라마의 촬영 장소로 유명했다. 평소 커피에 관심이 많았던 나는 마침 핸드드립 커피를 배우는 강좌가 그곳에서 열린다고 해서 방문한 터였다. 이 작가는 그날 나도 모르는 사이에 핸드드립을 배우고 있는 모습을 사진에 담았다. 그러고는 커피숍 벽에 그 사진을 걸어놓았던 모양이다. 며칠 지나지 않아 이 사장으로부터 전화가 왔다. 지금 커피숍에 어떤 영화감독이라는 사람이 와 있는데, 벽에 걸린 내 사진을 보고 광고 모델로 쓰고 싶다고 했단다. 영화감독이라는 사람이 이 사장에게 내 연락처를 물어왔고, 그래서 이 사장이 나에게 전화를 한 것이었다. 이 사장은 자기도 처음 본 사람이라며, 혹시 사기꾼일지도 모르니 조심하라는 뉘앙스로 말을 전해왔다.

그러나 나는 말이 끝나기가 무섭게 "why not, 빨리 내 전화번호를 건네줘"라고 했다. 그가 사기꾼인지 아닌지 따질 겨를도 없었다. 내가 중국에서 몇 년을 살았는데 사기꾼 하나 구별을 못 하고 당하겠는가 하는 근거 없는 자신감도 있었다. 솔직히 사기를 당할지 모른다는 걱정보다도 진짜 연예인이 될 수 있을지 모른다는 기대가 더 컸다. 그 감독이 어떤 사람인지도 모르면서, 사진 한 장 보고 한눈에 나를 알아본 눈썰미가 대단하다고 생각하는 마음마저 들었다. 바로 전화가 왔다. 본인 소개를 간단히 하는데 영화감독을 하다가 지금은 주로 광고감독을 한다고 했다. 얼마 전에는 중국에서 현대자동차 광고도 찍었다며, 의심하는 눈초리로 이것저것 물어보는 나를 안심시켰다. 그 커피숍에도 광고 촬영 장소를 섭외하러 갔었노라고 했다.

"내 눈은 정확하다. 성공한 CEO, 의사, 교수 같은 전문직으로 딱 어울리는 마스크다. 중국인에게서는 잘 나오지 않는 한국인 특유의 고급스러운 느낌이다. 나를 믿어달라."

왕 감독의 이 한마디에 나는 그의 팬이 되었고, 얼떨결에 진짜 광고 모델이 되었다. 물론 카메라 테스트부터 받았다. 카메라 테스트를 한다는 스튜디오에서 전화 통화만 했던 왕 감독을 처음 만났다. 가죽 잠바를 입고 덩치가 산만 한 그야말로 상남자 자체였다. 문을 열고 들어가던 나를 한눈에 알아본 왕 감독은 테스트는 해보나 마나라고 하며 나에게 걱정 말라고 했다. 자기 눈은 틀림없다나 뭐라나…….

카메라 테스트에서 나는 감독의 말대로 통과했다. 촬영은 상하이의 옛날 창고를 개조한 음침한 건물에서 진행되었다. 나와 프랑스

전문 모델 그리고 중국인 광고 모델 세 명이 성형외과 의사 역할로 나온다고 했다. 나를 제외한 두 남자 모두 전문 모델이었다. 그런데도 나를 세 사람 중 가운데 서라고 주문했다. 프랑스 모델은 그렇다 치고 상하이의 젊은 모델은 나도 TV에서 자주 보던 친구였다. 괜히 우쭐했다. 한국의 초짜 아마추어 모델이 프랑스와 중국의 직업 모델을 누르고 원탑이 된 것이었다. 국가대표로 해외에서 국위 선양마저 한 느낌이었다. 비록 조국에서는 아무도 모르고 있었지만.

사실 광고 속 메인 모델은 따로 있었다. 내가 광고 촬영을 위한 화장을 하고 있을 때 반대쪽에서 모델로 보이는 키 큰 여성이 다가왔다. 아우라가 장난이 아니었다. 그런데 갑자기 "니쓰 한궈 모털마(你是韓國模特嗎: 당신은 한국 모델이세요)?"라며 말을 걸어왔다. 내가 전문 모델인 줄 알다니 순간 우쭐했다. 역시 중국에선 통하는 마스크라는 자부심이 솟구쳤다. 연예인이 바로 이런 기분이겠구나 생각했다. 내가 건성으로 "부쓰(不是: 아니다)"라고 짧게 대꾸했더니, 뻘쭘해하며 다시 돌아나갔다. 그럴 의도는 없었는데, 괜히 미안했다. 낯을 좀 많이 가릴 뿐이었는데, 그리고 그 낯가림이 아름다운 여성 앞에서는 특히 심해질 뿐이었는데…….

그녀가 나가자마자 촬영용 메이크업을 해주던 분이 의아한 눈빛으로 저 모델이 누군지 아냐고 물었다. 내가 모른다고 하자 어이가 없다는 표정이었다. 어떻게 모를 수 있냐는 의미였다. 그녀는 홍콩의 4대 천왕 중 한 명인 배우 곽부성의 여자 친구로 유명하고, 또 중국의 〈러닝맨〉에도 출연한 대표적 성형미인 슝다이린(熊黛林)이었다.

이번에는 내가 뻘쭘해졌음은 물론이다. 내가 평소에는 범접할 수도 없는 핫한 여배우의 친절한(?) 물음에 퉁명스럽게 대답을 해서 분위기를 싸늘하게 만든 것이었다. 요즘 말로 '갑분싸'였다. 그러다 보니 그녀와 인증샷도 한 장 남기지 못했다. 지금 생각해도 몹시 아쉬운 순간이다.

광고 촬영 현장에는 족히 100명은 됨직한 스태프들이 포진했다. 왕 감독은 광고 총괄 감독이고 실제 촬영 감독은 베테랑 영국인이었다. 여성 감독이었는데 카리스마가 장난이 아니었다. 어쩌다 보니 내가 캐스팅이 되긴 했는데, 수준은 만만치 않았다. 일류 모델들에 일류 촬영팀이 찍는 꽤 비중 있는 광고였다. 덕분에 난 첫 모델 데뷔치곤 꽤 두둑한 모델료를 챙길 수 있었다.

스크린에 서는
그날까지

중국은 성형외과 광고를 메인 시간대에 많이 튼다. 전국적인 체인을 가진 대형 성형외과 그룹인 경우는 특히 더하다. 내가 출연한 곳은 '메이라이 성형외과'라는 곳인데, TV 노출이 꽤 많았다. 그것도 중국의 여러 지역에서 동시 다발로 광고가 방영되다 보니, 먼 곳에 있는 우리 패션 브랜드의 대리상을 하는 친구나 지인들로부터 전화가 여러 통 걸려왔을 정도다. 우연히 광고를 봤는데 거기 나오는 의사가 내가 맞는지 확인하는 전화였다. 나는 평소에 안경을 쓰는데, 촬영 당일 감독이 안경을 벗어보라고 하더니 벗고 찍자고 해서 광고에는 맨 얼굴로 나온다. 그러니까 긴가 민가 했을 수도 있다. 사실은 워낙 짧은 광고 시간에 메인 모델 숑다이린 장면을 빼고는 찰나에 불과해 안경을 썼더라도 나인지 아닌지 분간하기가 쉽지는 않았을 것이다. 아무튼 누가 뭐래도 난 중국에서 TV 광고를 찍은 것이 맞고, 또 전국적으로도 방영된 것도 맞다. 나는, 데뷔한 전문 모델이 맞다.

젊은이들의 전유물로만 여겨졌던 길거리 캐스팅, 정확히는 커피숍 캐스팅의 기회가 나에게 왔었다는 것은 정말 행운 중의 행운이었다. 물론 어쩌다 온 기회를 덥석 낚아챈 나의 무모함도 한몫을 하긴 했다. 기회는 누구에게나 오거나 스쳐 지나가지만 그것을 자신의 것으로 만드는가 아닌가는 전적으로 나의 의지에 달려 있다. 의지만 있다고 되는 것은 물론 아니다. 미리 준비가 되어 있어야 의지도 제대로 작동하는 것이다. 나는 2004년 무역 부문에서 패션 부문으로 옮기면서 80킬로그램을 넘나들던 체중을 10킬로그램 가까이 뺐다. 몸무게만 줄인 게 아니다. 꾸준한 웨이트트레이닝과 빨리 걷기 그리고 계단 오르내리기 등을 생활화한 덕에 폭풍 간지까지는 아니더라도 옷맵시가 제법 나는 몸매를 가질 수 있었다. 한마디로 옷발이 나는 체형으로 바뀐 것이다.

그런 나의 모습이 사진 속에도 투영되었을 것이고, 매의 눈 왕 감독에게 발견된 것이라고 생각한다. 그리고 그가 내게서 풍긴다고 한 '어떤 교수나 의사 같은 전문가다운 느낌'은 아마도 내가 인생의 거의 대부분을 중국통이라는 전문 인력으로 잘 살아온 세월의 흔적이 아니었을까?

한 가지 아쉬운 것은 왕 감독이 나를 꼭 중국 영화에 캐스팅해주겠다고 약속한 바 있는데, 내가 예상보다 일찍 한국으로 거처를 옮기는 바람에 중국에서 배우로까지 데뷔하는 꿈은 잠시 접어야 했던 것이다. 그러나 내가 한국에 돌아와 채 두 달이 안 되었을 때 왕 감독이 연락을 해와 모스크바에 가서 3개월을 찍는 영화에 캐스팅하고 싶은데 갈 수 있냐고 물어왔던 걸 보면, 나에 대한 왕 감독의 믿음은 여전하고 언젠가는 꿈이 현실이 될 날도 있을 것 같다.

나의 중국에서의 광고 모델 경험이 차이나탄캠프의 광고 모델로 이어졌듯이, 앞으로 한국에서 영화나 드라마에도 도전해보고 다시 중국에서의 배우 데뷔로도 이어가고 싶다. 아직 꿈을 완전히 접기에 나는 너무나 젊기에…….

나이 들수록 외모가 경쟁력이다

젊게 살다 젊게 죽자

100세 시대를 살면서 50세 전후에 은퇴를 하게 되면, 그때부터 대부분의 사람은 외모에 투자하거나 관심을 가지지 않게 된다. 이제 겨우 반을 살았을 뿐인데 나머지 인생의 반은 외모를 포기한 채 사는 것이다. 그것은 죽는 것을 기다리며 퇴보만 하는 삶이나 다름없다. 나는 철저하게 이런 패턴을 거부한다. 외모 가꾸기를 포기한다는 것은 나머지 절반의 인생을 포기하는 것이라고까지 생각한다. 나의 인생 후반전 모토는 나이 들수록 젊게 사는 것 그리고 최대한 오래 살다가 젊게 죽는 것이다.

나이가 들면서 사람들은 두 종류로 갈라진다. 나이 들수록 추해지는 사람과 나이 들수록 매력적인 사람. 세계적으로 유명한 여배우 두 사람이 이 둘의 차이를 극명하게 보여주었다. 맥 라이언은 현대 의료기술의 도움을 받아 가까스로 외형을 유지하다가 얼마 전 과도한 성형 부작용으로 완전히 망가진 모습을 보여주어 사람들의 안타까움을 샀다. 반면 오드리 헵번은 머리를 질끈 틀어 올리고 티셔츠 한 장 걸친 채 유니세프 친선 대사로 아프리카 오지에서 봉사활동을 하다가 생을 마쳤다. 나이 들어도 얼마든지 매력적일 수 있다는 것을 몸소 보여준 세기의 여인으로 남은 셈이다.

오늘날은 특히 겉모습이 무엇보다 중요한 세상이다. 어느 나라고, 외모 지상주의가 판을 치고 있다. 그래도 젊었을 때는 외모 말고 학벌이나 각종 스펙들이 한 사람의 경쟁력을 함께 좌우하는 요소가 된다. 그러나 딱히 내밀 만한 명함이나 일터가 없어지는 은퇴 후의 삶에서는 '외모'의 중요성이 더욱 커진다. 더 정확히 말하면, 종합적인 그 사람만의 '외모가 주는 느낌'이 그 사람의 경쟁력을 결정한다. 즉 나이 들수록 외모가 바로 경쟁력이다.

외모는 비단 얼굴이나 옷맵시에만 국한되지 않는다. 얼굴, 옷맵시 외에도 그 사람의 청결한 정도, 건강 그리고 풍겨나오는 아우라나 기운까지 모두 외모의 범주에 들어간다. 중국에서는 '치즈(氣質: 기질)'라는 말을 쓰는데, 우리말로는 딱히 적당한 표현을 찾지 못하겠다. 아마도 '품격'이나 '기품' 정도로 해석하는 게 가장 비슷할 것 같다. 나이 들수록 외모가 중요하다는 것은 바로 그 사람이 잘생겼거나 예쁘거나 옷을 잘 입었거나를 이야기하는 게 아니고, 바로 전체적으로 느껴지는 품격이 중요하다는 말이다.

미국의 에이브러햄 링컨(Abraham Lincoln) 대통령은 사람이 마흔이 넘으면 자기 얼굴에 책임을 져야 한다고 했다. 항상 잘 웃는 사람은 웃는 모양으로 깊게 파인 아름다운 주름을 가지고 있다. 늘 찡그리는 사람은 험상궂은 인상의 주름을 소유한다. 입가의 주름도 마찬가지다. 늘 미소 짓는 사람의 주름은 무엇보다 아름답다. 한 사람의 눈, 코, 입, 귀, 눈썹이 잘 조화되어 있는지는 태어날 때 대충 결정된다. 즉 생물학적으로 잘생겼는지 아닌지는 거의 조물주의 영역이다. 그러나 나이가 들어 좋은 얼굴을 가졌는지 아닌지는 우리 자신이 어떻게 살아왔는지가 결정한다. 사람은 세월 따라 늙어간다. 머리카락도 빠지고 또 흰머리도 늘어간다. 자연 현상이다. 주름도 깊게 패어 얼굴 곳곳에 낙서라도 해놓은 것 같다. 눈꺼풀은 중력을 못 이겨서 내려앉기 일쑤다. 볼살도 아래로 아래로만 처지려고 한다. 그러나 다행히 현대 의학이 발달하여 상당 부분은 세월을 잘라내거나 도려낼 수 있게 되었다. 굳이 말하자면 나는 성형수술 찬성론자 쪽에 가깝다.

누구나 외모 콤플렉스를 가지고 있다. 자신의 콤플렉스를 평생 가지고 사는 것은 슬픈 일이다. 옳지 않다. 과하지만 않다면 의사(요즘은 하느님에 빗대 '의느님'이라고 부르기도 한다)의 손길을 빌려도 좋다고 생각한다. 특히 사회생활을 위한 경쟁력 제고 목적이라면 하라고 권하고 싶다. 만약 머리가 빠져서 흉하다면 가발을 쓴들 어떠랴. 요즘 가발은 진짜인지 아닌지 구별하기도 어렵다. 패션을 위해서 일부러 쓰는 사람도 많다. 나는 개인적으로 하얀 눈이 내린 것 같은 흰머리 예찬론자이지만 그게 싫으면 검게 염색을 하면 된다. 눈꺼풀이 처져서 속눈썹이 눈동자를 찌르거나 하면 상안검 수술을 하면 좋다. 눈 밑 지방이 너무 두꺼워 보기 싫다면 하안검 수술도 하자. 찡그려서 생긴 주름이 볼썽사납다면 보톡스나 필러로 펴주면 인상이 확 바뀔 것이다. 자신의 얼굴 경쟁력을 높이려면 이 정도의 투자는 해볼 만하다. 절대 밑지는 장사가 아니다.

외모의 완성은
좋은 기운이다

아무리 좋은 옷을 입어도 멋진 몸매가 받쳐주지 않으면 옷이 살지 않는다. 배불뚝이가 옷 잘 입으면 기껏해야 멋쟁이 오뚝이다. 너무 마른 몸에 옷을 걸치면 가을 논에 허수아비 꼴 난다. 살이 많이 찌거나 너무 마르면 건강에도 안 좋다. 좋은 몸매는 건강한 몸이라야만 가능하다. 좋은 몸매라야 포장을 해도 아름답다. 선천적으로 키가 작은 것은 용서가 된다. 닉 우스터 같은 세계적인 패셔니스타도 170센티미터가 안 된다. 키가 크면 좋지만 좋은 몸매의 필요충분조건은 아니다. 훌륭한 외모를 원한다면 안쪽에 감추어진 몸매부터 가꿔야 한다. 건강해야 좋은 몸매를 가질 수 있고, 좋은 몸매라야 무엇을 입어도 멋지게 소화가 된다. 그래야 비로소 외모 경쟁력도 생긴다.

비싼 옷을 입어야 옷맵시가 좋은 게 아니고, 옷맵시가 나면 비싸 보인다. 유명 브랜드가 꼭 정답은 아니다. 자기 몸에 맞는 사이즈의 옷을 입어라. 대체로 좀 크게 입는 사람이 많은데 바보다. 물론 오버핏 디자인은 예외다. 아이들이라면 모를까 더 클 것도 아닌데 왜 자기 몸 사이즈보다 한두 사이즈 큰 것을 입는지 이해가 안 간다. 남자들의 경우 바지도 제발 질질 끌리게 입지 마라. 복숭아뼈는 감추어 놓으라고 있는 게 아니다.

소매도 손등을 덮을 정도로 길게 입지 말자. 남자들 목둘레가 헐렁한 셔츠는 정말 꼴불견이다. 물론 목에 핏줄이 설 정도로 꽉 맞는 목둘레 셔츠도 금물이긴 마찬가지다. 그리고 양말도 무시하지 말자. 양말은 일반적으로 바지의 컬러와 매칭하는 게 좋다. 그러나 구두의 색상에 맞춰도 나쁘지 않다. 요즘 진짜 멋쟁이는 아주 튀는 컬러를 매칭하기도 한다. 사시사철 검은색 양말을 신는 당신은 매일매일이 장례식 참석 모드다. 가끔 색동 컬러의 양말이나 덧버선 같은 양말도 시도해보라. 검은색 구두는 깊숙이 넣어두라. 구두는 브라운 컬러가 정석이다. 회색이나 감색 양복에도 브라운 컬러의 구두가 제격이다. 검은색 구두는 장례식 참석할 때나 꺼내 신으면 된다. 안경도 이제는 액세서리다. 눈이 나빠 할 수 없이 끼는 게 아니라 패션의 완성을 위한 중요한 소품으로 더 각광받고 있다. 안경에 투자하라. 투자 대비 효과 만점이다. 연예인 중엔 아예 알이 없는 안경으로 멋을 부리는 경우도 많다. 하하나 이상민이 대표적이다.

아직은 한국 남자들이 어색해하는 팔찌도 시도해봄 직하다. 나는 시계도 좋아하지만 핸드폰을 늘 들고 다니다 보니 시계를 별로 차지 않는다. 요즘 내 팔뚝은 시계 대신 팔찌에 양보했다. 팔찌도 의외로 잘만 하면 남성미를 물씬 풍길 수 있다. 목걸이도 나쁘지 않다. 남성들이여, 팔찌나 목걸이를 시도해보라. 건강 팔찌, 황금 목걸이 말고. 이런 액세서리들은 남자들 멋의 완성을 위한 필수 아이템이 된 지 오래다.

겨울철에는 비니도 시도해보자. 당신의 맵시가 몰라보게 달라질 것이다. 20년은 더 젊어 보일 수 있다. 거울 속의 당신 외모가 스스로도 몰라보게 달라질 것이다. 길거리 풍경 속의 멋진 당신을 보기 위해 길가다 뒤돌아보는 사람들도 생길지 모른다.

그런데 아무리 좋은 옷도 더러우면 꽝이다. 자주 빨아 입고, 다려 입어야 한다. 청결이 그 어느 요소보다 최우선이자 최고로 중요하다. 깨끗한 거지 옷은 봐줄 수 있어도, 어깨에 비듬 떨어진 명품은 최악이다. 가뜩이나 많지 않은 머리숱, 무스까지는 아니라도 정돈은 필수다. 나이 들면 몸에서 특유의 불유쾌한 냄새가 날 수 있다. 나이 들수록 더 자주 씻어야 한다. 혹시 암내나 땀이 많이 난다면 데오드란트를 사용하는 것도 좋다. 비싸지도 않다. 커피 몇 잔 안 마시면 살 수 있다. 내 경험으로는 괜찮은 데오드란트 브랜드라면 향수 대용으로도 쓸 만하다.

썩은 생선은 아무리 좋은 보자기에 싸도 겉으로 악취가 묻어 나온다. 또한 아무리 좋은 물건도 낡아빠진 보자기에 싼다면 역시 볼품이 없다. 제아무리 좋은 물건도 제대로 된 보자기에 싸야만 빛이 난다. 그래서 사람의 피부는 정말 중요하다. 피부는 건강의 바로미터다. 건강을 싸고 있는 보자기다. 그러므로 세상에 건강하지 않은 '피부 짱'은 없다. '꿀피부' 없는 '얼굴 짱'은 더더욱 없다.

최종적으로 외모를 결정짓는 건 뭐니 뭐니 해도 그 사람에게서 풍기는 기운이다. 한 사람의 품격이 외모라는 형식을 통해 나타나는 것이다. 모든 사람에게는 보이는 면보다 보이지 않는 면으로부터 발산되는 어떤 에너지가 있다. 같은 값이면 긍정적 에너지를 발산해야 한다. 예쁘고 잘생기고 깨끗한 얼굴 자체도 중요하지만 자연스레 우러나는 표정이 더 중요하다. 이웃과 나눔을 실천하는 마음이 넉넉한 삶을 사는 사람들은 표정부터 다르다. 그냥 아름답다. 그런 사람들에게서 나오는 밝은 기운이야말로 그들의 외모를 한결 아름답게 해준다. 옆에만 가도 활력이 그냥 느껴진다. 자꾸만 같이 있고 싶어지는 그런 사람이 된다.

"나이 들수록 외모가 경쟁력이다"라는 이 말은 뒤집어보면 "나이가 들면 외모는 경쟁력이 없어진다"는 말과 같은 말이다. 슬프다. 결국은 생물학적 늙음과 퇴보는 어쩔 수 없다. 세상적 외모 경쟁력은 차츰 떨어질 수밖에 없다. 그러므로 때로는 생물학적 늙음마저도 커버해줄 수 있는 뼈를 깎는 각고의 노력과 투자와 인내가 필요하다. 때로는 진짜 뼈를 깎기까지 한다. 현대 의료기술에 의지하면 겉모습일지언정 어느 정도 젊게 보이게 할 수 있다. 정말 다행스러운 일이다. 그러나 생물학적 젊은이들에서 느껴지는 활기, 역동성, 에너지 등은 아무리 좋은 현대 의료기술로도 어림없다. 스스로 내면을 바꾸려는 노력과 오랜 기간에 걸친 훈련이 없으면 절대 따라갈 수 없다.

그러므로 당신의 외모 경쟁력을 키우기 위해선 당신의 내적 충실함부터 갖추기를 당부한다. 내적 충실함이 당신의 밖으로 보이는 것들을 뚫고 자연스레 나타나야 진정한 경쟁력 있는 외모를 갖게 된다.

나는 죽기 전까지 절대로 좋은 외모 갖기를 포기하지 않을 것이다. 지금 이 순간이 내가 앞으로 살아갈 날 중 가장 젊은 날이다. 동시에 그저께보다는 어제가, 어제보다는 오늘이 내 인생에서 가장 성숙한 날이다. 내 인생에서 가장 젊고 가장 성숙한 날이다. 바로 오늘, 빛나지 말아야 할 이유는 하나도 없다. 마음껏 내 모습, 내 외모 그대로를 자신 있게 뽐내며 살고 싶다.

개인 브랜드 시대,
오늘도 셀럽을 꿈꾼다

브랜드가 되는 셀럽의 시대

셀러브리티(Celebrity)는 유명 인사를 뜻하는 영어 단어다. '셀럽'은 바로 이 셀러브리티의 준말이다. '셀럽' 단어는 2010년대 들어서면서 일반인들을 대상으로 했던 각종 리얼리티 방송 프로그램이나 오디션 프로그램들이 인기를 끌면서 유행했다. 셀럽이란 대중들이 볼 때 누구나 따라 하고 싶을 만한 유명 인사나, 가수나 배우와 같은 연예인은 아니지만 큰 인지도를 자산으로 살아가는 유명인을 말하며, 또 다른 의미로는 현재 유행을 이끄는 트렌드 등을 의미하기도 한다. 높은 인지도 덕에 이들이 어디에서 누굴 만나 무얼 먹었는지 하는 시시콜콜한 일상은 SNS나 인터넷에서 이야깃거리로 소비된다. 미국의 저널리스트 밥 그린(Bob Greene)이 정의한 것처럼 "뭔가를 해서 유명해지기보다는 존재 자체로 유명해진 사람들"이다. 예를 들자면, 요즘의 시대에선 패리스 힐튼(Paris Hilton)이나 케이트 미들턴(Kate Middleton) 정도를 말할 수 있을 것 같다.

우리가 일반적으로 말하는 셀럽은 주로 연예인이다. '셀럽'이란 말은 원래는 패션 잡지에서 주로 언급되었는데 요즘에는 꼭 연예인이 아니더라도 정치인이나 스포츠 선수 등 사회적으로 인기가 있고 핫한 인물들을 이 말로 부르는 게 대유행이다. 특히 SNS나 페이스북, 개인 방송 등이 발달한 지금은 일반인 중에서도 셀럽이 많이 탄생하고 있다. 일반인 셀럽 중에는 웬만한 연예인 능가하는 인기와 영향력을 누리는 경우도 많다.

농구 선수를 은퇴하고 방송인으로 전업하여 성공한 서장훈이야말로 대표적인 셀럽이라고 부를 수 있을 것 같다. 그는 방송인으로 MBC 〈황금어장—라디오스타〉에 처음 출연했을 때 호칭을 두고 MC들과 설전을 벌였다. 그 당시 그의 호칭을 두고 농구인, 방송인 등 다양하게 논쟁을 하다가 윤종신이 나서서 '서장훈'과 '셀러브리티'를 합쳐서 '서셀럽'이라는 새로운 호칭을 만들어내기도 했다. 서장훈도 나중에는 '서셀럽'이란 호칭을 마음에 들어 했다.

나의 인생 2막 주제는 코칭과 나눔이다. 오랜 중국 생활을 마감하고 한국으로 돌아와 중국어 교육 플랫폼 (주)차이나다에 합류하여 나

늠과 코칭의 생활을 시작했다. 한국에서의 인생 2막을 내가 원하는 방향대로 나름 성공적으로 시작하고 있는 중이다. 그러나 나에게는 어릴 적부터 품어 온 소중한 꿈이 하나 더 있다. 바로 배우나 탤런트가 되는 꿈이었다. 한 번뿐인 인생, 나는 이제 가슴 뛰는 일을 하면서 나이 들고 싶다. 인생을 누구를 위해서 살기보다는 나 자신을 위해서 살고 싶다. 어릴 적 나의 꿈을 다시 끄집어낸 것도 다 그 이유다.

물론 세상은 변했다. 과거에는 배우나 탤런트가 가장 멋있고 영향력 있어 보였고 또 많은 사람들의 로망이었다. 내 친구 김인수는 훌륭한 사업가이자 연극배우다. 나는 그가 늘 부러웠다. 그래서 더 늦기 전에 용기를 냈다. 인수에게 기회가 된다면 나도 연극무대에 꼭 한번 서고 싶다고 은근한 압력을 넣었다. 그도 나에게 맞는 좋은 배역이 나오면 기회를 만들어보겠다며 내 꿈을 존중해주었다. 물론 지금은 하겠다는 사람이 많아서 오디션이라는 관문을 통과해야만 한단다.

'직진 순재'로 유명한 탤런트 이순재처럼 젊었을 때부터 연기를 해오지 않고는 현실적으로 60이 훌쩍 넘은 나이에 전문 배우나 탤런트가 되는 것이 쉬운 일은 아니다. 어쩌면, 현실성이 거의 없는 꿈일지도 모른다. 그런데 때마침 개인 브랜드 시대가 오고 있다. 이제는 굳이 연예인이 아니더라도 일반인 셀럽들이 각광을 받는 시대가 되었다. 영향력 면에서도 전혀 꿀리지 않는다. 오히려 연예인보다 더 자주 SNS나 인터넷을 통해 노출되고 사랑받고 사람들과 소통하는 게 일반인 셀럽이다.

선한 영향력을 미치는 '지셀럽'이 되고 싶다

셀럽은 나에게도 아주 낯설지만은 않다. 상하이에 있을 때 나는 TV 광고에도 출연하고 몇몇 남성복 브랜드의 화보 모델로도 활약한 바 있다. 특히 상하이의 패션 파워블로거와 함께 나의 일상 패션과 상하이 속 한국 문화를 소개하는 위챗 공중계정을 운영하기도 했다. 이래봬도 한국에 알려지지 않아서 그렇지 중국 현지에서는 나름 꽤 알려진 셀럽이었던 것이다. 얼마 전에는 중국 선양(沈阳)에서 연락이 와 광고 촬영 차 중국을 다녀오기도 한 전문 모델이다.

그러나 한국에서는 아무도 모르는 셀럽이라는 게 나의 문제라면 문제였다. 그러던 중 '중화TV'에서 하는 〈위클리차이나우〉에 패널로 출연할 기회가 왔다. 중국 상하이에서 막 시작했던 셀럽의 꿈을 한국에서까지 이어갈 수 있는 가능성이 보이기 시작했다. 그때부터 시작이었다. 크고 작은 특강의 기회가 많아지기 시작했다. 물론 차이나탄캠프에서 주최하는 중국 관련 특강이 주 무대였다. 점점 더 많은 수강생들이나 중국에 관심 있는 직장인과 중국 유학을 꿈꾸는 대학생들을 상대로 특강을 하며 사람들과 소통의 폭을 넓혔다.

현장 소통이 나의 가슴을 뛰게 했다. 행복했다. 네이버와 중앙일보가 함께 운영하는 차이나랩에 중국 관련 글을 기고하여 여러 차례 실린 적도 있다. 또 차이나탄캠프의 자사 모델로도 데뷔해서, 지하철 역사와 지하보도에 대문짝만 한 광고 사진이 걸리기도 했다. 이처럼 시작은 미미했지만 어느새 몇 가지 직업을 더 가지게 되었다. 과거에는 이력서 직업란에 고작 LG그룹의 주재원, 중국주재 법인장 정도밖에 쓸 수 없었다면 지금은 (주)차이나다 공동대표 직함 외에도 광고 모델, TV 프로그램 패널, 기고가, 강사 등 여러 직업을 쓸 수 있게 되었다. 이 책이 출간되고 나면 작가라는 타이틀을 하나 더 달게 된다. 이왕이면 베스트셀러 작가라는 타이틀을 달 수 있으면 좋겠다.

100세 시대다. 50세 전후에 은퇴를 하게 된다면, 그야말로 25년 내지 30년 일하고, 무려 30년 내지 40년을 직업 없이 살아야 할 운명에 놓이게 된다. 강 건너 불이나 남의 나라 문제나 남의 문제가 아니다. 바로 우리 자신의 문제다. 코앞에 닥친 현실이다. 그러나 이 현실에 대한 해결책이나 마스터플랜, 중장기 플랜들은 어디에도 보이지 않는다. 이 문제에 대해서는 국가도 마찬가지고 개인도 마찬가지다. 어쩌면 우리 대다수는 어떻게 해야 할지도 모른 채, 그냥 멘붕 상태로 처음 맞는 장수 시대의 재앙을 속수무책으로 맞이하고 있는지도 모른다. 나만 그런 게 아니라고 묻어가려 해서는 안 된다. 다 같이 죽자 같은 심정으로 자포자기하기에는 남은 세월이 너무 길다. 그리고 은퇴 후에 아무것도 하지 않고 늙어가기에는 우린 아직 너무 젊다. 정부가 무슨 뾰족한 대책을 단시일 내에 내놓을 리도 없다.

앞으로의 시대는 개인 브랜드 시대다. 한 사람 한 사람이 브랜드가 되는 시대가 온다. 그런 시대를 처음으로 살아야 하는 우리에게, 바로 뉴 패러다임이 다가오고 있다. 자신의 개인 브랜드가 지닌 영향력이 커진다면 그게 바로 셀럽이다. 우리 모두 셀럽이 되도록 노력해야 하는 것이다. 연예인이나 스포츠맨 같은 인기인이 아니더라도 누구나가 도전할 수 있는 시대가 왔다. 머지않아 우리들 중에 연예인 셀럽들보다 오히려 더 사회에 영향력을 끼치는 명실상부한 일반인 셀럽이 많이 탄생할 것이다.

우리의 목표는 아주 유명한 셀럽이 되는 게 아니다. 내 주변, 내가 속한 공동체, 내 가족, 친지들에게 선한 영향력을 미칠 수 있는 새로운 형태의 일반인 셀럽이 될 수 있다면 그것만도 성공이다. 내가 가진 경험을 같이 나누는 것도 좋다. 아니면 내가 좋아하는 새로운 일을 찾아 시도해보는 것도 매우 짜릿한 일이 될 것이다.

4차 산업혁명 시대에는 직업에 대한 개념이 완전히 바뀐다고 한다. 과거 가능했던 평생직장은 사라지고 전문가라는 타이틀도 하나만 가지고서는 살아갈 수 없는 세상이 온다고 한다. 이제 어쩌면 몇 개의 직업을 한꺼번에 가지고 살거나, 직업을 계속해서 바꿔가면서 일생을 살아야 할지도 모른다. 4차 산업혁명은 이미 시작되었다. 우리가 원하지 않는다고 해도 우리는 이 변화를 맞이할 것이다. 남이 사는 세상일이 아니다. 우리 후손들이 살아가야 할 세상만도 아니다. 바로 우리가 앞으로 30년 내지 40년을 살아내야 할 세상이다. 그러니 지레 포기하면 안 된다. 지금부터라도 준비하자. 우리 모두 셀럽이 되어 경쟁력을 유지하고 키워나가자.

나도 비록 늦은 나이이지만 셀럽이 되겠다는 목표를 가지고 인생 2막을 시작하고 있다. 마침 중국 상하이에서 셀럽을 향한 조그마한 경험을 먼저 했다는 게 여러분들과 다른 점일 뿐이다. 그러고 보니 나는 시대를 조금 앞서서 살고 있는 셈이긴 하다.

셀럽은 한마디로 현대판 신 연예인이다. 현대에는 누구나 셀럽이 될 수 있다. 개인 브랜드 시대이기 때문에 가능한 일이다. 나도 이왕이면 핫한 셀럽이 되고 싶다. 그 선한 영향력이 탐난다. 그래서 환갑을 훌쩍 넘긴 이 나이에도 셀럽을 꿈꾸는 것이다. 서장훈이 '서셀럽'이면 나는 '지셀럽'이다.

심장이 뛰는 일을 자꾸 하라

심장 뛰는 일을 찾아라

나는 영화배우 손예진을 좋아한다. 언젠가 백화점에 갔다가 그녀와 같은 엘리베이터에 타게 되었다. 물론 일행에 둘러싸인 그녀를 자세히 볼 수 없었지만 나는 마치 무엇에라도 들킨 것처럼 혼자 얼굴이 빨개져서 한쪽 편에 불편하게 서 있었다. 얼굴이 빨개진 건 요동치는 심장의 결과물이다. 이처럼 우리는 좋아하는 대상이나 멋진 장면 앞에서 심장이 더 뛴다. 그야말로 '심쿵' 한다. 설레고 놀라는 마음으로 심장이 쿵쾅거린다는 뜻이다.

심장은 늘 쿵쾅거리고 있지만 평상시엔 느끼

지 못한다. 1분당 심장의 쿵쾅거림의 횟수를 심박수라 부른다. 심박수는 연령과 성별에 따라 다르지만 성인의 경우 평균 심박수가 분당 60~80회 정도다. 당신도 당신만의 손예진을 만나거나 예기치 못한 큰 선물을 받았다면 심박수가 80회를 바로 돌파할 것이다. 걸그룹의 노래와 댄스를 미친 듯이 따라한다면 심박수는 100을 넘을지도 모른다.

나이가 들면 '심쿵'을 느끼는 횟수가 현저히 줄어든다. 무엇엔가 꽂혀서 마구 심장이 뛰는 그런 경험은 도대체 언제 해봤는지 기억조차 나지 않게 된다. 나에게 심장이라는 게 있는지조차 모르고 산다. 하루하루 무의미하고 또 재미없게 산다. 마치 그냥 죽지 못해 사는 것처럼 보일 때도 있다. 아무래도 이건 아닌 것 같다.

지금이라도 심장이 뛰는 일을 찾아보라. 누구나 자기를 가슴 뛰게 하는 것이 한두 가지는 있을 것이다. 결코 어려운 일이 아니다. 거창한 일은 더욱 아니다. 그것이 산책을 하면서 마주치는 길가의 이름 모를 풀이어도 상관없다. 또 젊은이들 같은 쾌속 질주는 못하더라도 미니벨로로 초저속 페달링을 하면서 감상하는 강변의 저녁노을도 가슴을 뛰게 할 수 있다. 자전거 타기는 유산소 운동이므로 저녁노을이 아니더라도 심장 박동수는 자연히 빨라지게 되어 있다. 이런 경우는 2중으로 심장 뛰는 효과가 있어 더욱 좋다.

당신은 언제 심장이 뛰는가? 무엇을 할 때 심장이 뛰고 무엇을 보았을 때 심장이 뛴다는 사실을 느끼는가? 일반적으로 대상이 매력적이면, 특히 섹시하면 심장이 뛴다. 어떤 일에 새로운 재미를 느낄 때도 마찬가지다. 무언가 성취했을 때도 뿌듯함이나 자랑스러움에 가슴이 뛴다. 생각해보면 일상생활 속에서도 무수히 많은 케이스에 크고 작게 심장은 뛴다. 우리가 무덤덤해져서 심장이 뛰었다는 사실조차 기억을 못 할 뿐이다.

젊은이들은 컴퓨터게임을 할 때 심장이 요동칠 것이다. 어떤 이는 좋아하는 가수의 노래를 들으면 심장이 쿵쾅거려서 어쩔 줄을 모른다. 과일 하나를 팔면서도 심장이 뛰는 기쁨을 느끼는 사람도 있다. 어떤 사람은 지하철역에 붙은 장기 기증 광고를 보고 심장이 뛰었다고 했다. 섬뜩해서가 아니라 내 몸뚱이도 누군가에게 도움이 된다면 기꺼이 주자라고 다짐을 하면서 심장이 뛰었다고 했다. 어떤 친구는 늦은 나이에 코이카(KOICA: 한국 국제협력단)에 지원하면서 다시 심장이 뛰는 기쁨을 느꼈다고 했다.

거창할 필요도 없다. 허리 꼬부라진 할머니의 손목을 잡고 건널목 건너기만 도와줘도 심장은 뛴다. 〈응답하라 1988〉이 유행할 때는 '응팔'을 보면서 심장이 다시 뛴 주부들이 한두 명이 아니었다. 중국에서 〈태양의 후예〉가 공전의 히트를 쳤는데 그때 송중기와 송혜교가 뛰게 한 중국인들의 심장은 수억 개가 족히 넘는다. 난 40여 년 전 대학생 모임에서 아내를 처음 봤던 날의 그 '심쿵 순간'을 평생 잊을 수 없다.

누구나 바라던 꿈을 이루었을 때는 심장이 쫄깃해지는 느낌마저 든다. 심장이 뛰는 일을 자꾸 하라. 사람은 자신과 맞는 것을 만나면 자동적으로 심장이 뛴다. 나의 심장이 무엇에 뛰는지 알고 싶을 때는 직접 경험해보라. 내 심장이 뛰는 일은 마침내 다른 사람의 심장까지 뛰게 한다.

아름답게 늙는 법

심장이 빨리 뛰는 것과 심폐 기능의 강화가 의학적으로 어떤 상관관계가 있는지는 잘 모른다. 다만 유산소운동이 심장 건강에 매우 좋다는 것은 확실하다. 세상 살면서 자주 심장 뛰는 경험을 한다면 전문가의 의견을 들을 것도 없이 건강에 좋다. 적어도 정신건강에는 최고다. 그래서 평소에 자주 심장이 뛰는 경험을 하는 사람은 반드시 장수한다.

대기업 임원으로 은퇴하고 얼마 전 자원해서 코이카 봉사를 갔다온 종석이라는 친구가 있다. 물론 원래 등산 마니아이면서 또 마라톤도 수차례 풀코스 도전을 할 정도로 타고난 건강 체질의 소유자다. 어쩌면 코이카 봉사 활동 기간 동안은 좋아하는 등산이나 마라톤을 못 했을 것이다. 단순한 육체적 건강 차원이라면 훨씬 더 열악한 조건 속에서 2년을 보내고 온 셈이다.

그러나 코이카에서 돌아온 종석이를 다시 봤을 때 나는 내 눈을 의심했다. 이 친구, 코이카 간다고 하고 어디 가서 안티에이징 시술을 몰래 하고 온 게 아닌가 의심이 갔다. 정말 건강해 보였다. 무엇보다도 풍겨져 나오는 긍정 아우라가 장난이 아니었다. 진정 가슴 뛰는 일을 행복하게, 그것도 오랫동안 하고 온 사람만이 뿜을 수 있는 에너지가 느껴졌다.

예전 고등학교 때도 난 종석이가 꽤나 남자답게 생겼다고 생각했다. 특히 얼굴 가운데 떡하니 중심 잡은 매부리 콧등의 멋진 코가 멋져 보였다. 섹시하기까지 했다. 그러나 지금처럼 멋있다고 생각한 적은 없었다. 심지어는 아름다웠다. 나이 60을 넘어, 그것도 특별히 멋 부리지 않은 남자에게서 이런 느낌을 받을 수 있는 것이 신기했다. 진짜 멋있었다. 진한 수컷의 향기까지 느껴졌다. 장동건은 저리 가라로 잘생겼다고 느꼈다. 멋있는 인간이 내 눈앞에 친구로 앉아 있었다.

그래, 바로 이거야. 이렇게 늙는 게 아름다운거야. 이게 바로 진정으로 멋지게 늙는 법이구나 깨달았다. 사람은 역시 가슴 뛰는 일을 해야만 사람다워지는구나. 그래야 세월도 제대로 거스를 수 있겠구나. 긴 여운과 만감이 교차하는 47년 지기 친구 종석이와의 만남이었다.

우린 누구나 행복해야 할 의무가 있다. 그러기 위해서는 더욱더 즐거운 일을 찾아서 해야 한다. 내가 하고 싶은 일, 가슴 뛰는 일을 하면 즐겁고 행복해질 수 있다. 그것이 무엇이라도 좋다. 지금부터라도 내가 행복해질 수 있는 그 무엇을 제대로 찾아보자. 마치 보물찾기와 같다. 보물은 의외의 장소에 숨겨져 있는 경우가 많은데 그것은 스스로 찾지 않으면 찾을 수 없다. 인생을 즐겁고 재미있고 행복하게 살 것인지 아니면 그저 평범하고 지루하게 살 것인지는 자신에게 달려 있다.

친구 종석이 얼굴에서 뿜어져 나오던 '건강한 행복 에너지'를 우리 자신의 얼굴에서도 나오게 해보자. 한자 표현은 정능량(正能量)이다. 즉 플러스적 에너지라는 뜻이다. 그 반대 개념은 부능량(負能量)이다. 문자 그대로 마이너스적 에너지다. 하나는 내뿜는 것이고 하나는 빨아들이는 에너지다. 특히 인생 2막을 살아가고 있거나 머지않아 살아내야 하는 우리 모두는 내 주위에서부터 플러스 에너지가 퍼져나가는 사람이 되자. 그게 바로 진정한 어른 아니겠는가.

백 마디 말보다, 어떤 일장 훈계보다 훨씬 영향력 있는 가르침이 바로 플러스 에너지다. 이런 좋은 밝은 에너지는 우리가 살아온 삶의 흔적이 주는 느낌이다. 평소에 늘 의미 있고 또 가슴 뛰는 일을 즐겁게 자주 해온 사람에게서만 나오는 샘물이나 향기 같은 것이다. 그래서 누군가가 우리를 떠올리면 항상 선한 기운을 발산하는 사람으로 기억될 수 있게 해보자. 이왕 인간으로 태어났으면 그리고 인생 2막을 사는 인생의 선배라면 이런 뒷모습쯤은 남겨주고 갈 수 있는 그런 어른이 되자. 게다가 건강과 장수까지 가져다준다니 심장 뛰는 일을 안 할 이유가 전혀 없다. 지금 이 순간부터 나의 심장을 뛰게 하는 '보물찾기'를 시작해보자.

평생 젊을 수는 없지만 멋지게 나이 들 수는 있다

본받고 싶은 어른이 되자

자연계의 섭리까지 들먹거리지 않더라도 인간세계만 보더라도 인간은 나고 자라고 늙고 병들고 죽는 생로병사의 난계를 거스르지 못한다. 물론 과거에는 50이나 60 전후에 생을 마감했고 지금은 바야흐로 100세 시대가 되었지만 기간만 조금 연장되었지 세월이 지남에 따라 늙고 죽는다는 것은 마찬가지다. 오히려 오래 살다 보니 늙고 추악한 모습을 더 많이 보고 살아야 하는 비극 아닌 비극의 시대가 온 것이라고 역설적으로 말할 수도 있겠다.

홈쇼핑 채널을 틀어보라. 여기저기 무슨 건강

식품이니 비타민이니 하는 건강 장수 관련 상품들이 범람한다. 요즘 유행하는 말로 차고도 넘친다. 그리고 사람들은 마치 과거 진시황이 찾던 불로초라도 찾은 심정으로 휴대폰을 꺼내 들고 주문하기 바쁘다. 게다가 몇 초 남았다느니 몇 박스밖에 안 남았다느니 하는 쇼 호스트들의 긴박한 호소가 마치 이 기회를 잡지 않으면 나만 살아남지 못할 것 같은 공포마저 들게 한다.

그뿐이랴? 어느 프로그램에서 특정 식품이 건강에 좋다고 하면 그 다음 날로 전국 거의 모든 상점에서 해당 물건이 동나는 현상을 자주 목격하기도 한다. 100세 장수 시대에 건강식품과 기능성 약품들은 점점 더 불티나게 팔리고 그 시장은 끝없이 커져만 가고 있다.

그러나 안타까운 사실은 특히 나이 든 사람들은 먹어서 건강해지는 것에는 목숨을 걸지만, 운동을 한다거나 좀 더 젊고 멋지게 자기를 치장하고 표현하는 데에는 여전히 인색하다는 사실이다. 게다가 예전과는 달리 은퇴 후에 적어도 20~30년간은 어떤 형태로든지 사회활동을 해야 하는데도 말이다.

가장 큰 문제는 이제 나이 들었다고 아무것도 하지 않으려는 생각이다. 아니면 아무런 의미도 없는 일을 하거나, 꼭 해야 할 일을 전혀 하지 않으며 인생을 소비하고 있는 것이다. 일이라는 것은 몸의 건강을 위해서도 필요하지만, 정신의 평화를 위해서도 필요하다. 이제는 어떤 일을 함으로써 어떤 의미를 느낄 수 있어야 한다. 또 일에 귀천이 있을 수는 없지만, 당장의 일에 대한 보상의 정도보다는 자신이 하고 싶은 일인지 아닌지가 더욱 중요하다.

우리 인간은 행복을 추구하기 위해 산다. 행복은 어디에 있는가? 재미와 의미가 교차하는 지점에 있다. 즉 자신이 행복해지기 위해서라도 일을 할 때 재미도 있어야 하고 의미도 있어야 한다. 또한 자신의 재능을 잘 활용할 수 있는 일을 찾아서 하는 것이 좋다. 어떠한 의미도 없고, 자신이 하고 싶지도 않은 일이고, 또 재능마저 활용할 수도 없는 그런 일을 할 수밖에 없다면 아무 일도 하지 않는 게 나을지 모른다.

내가 무슨 재능을 갖고 있는지조차 모른다고 하는 사람들이 많다. 아니, 어쩌면 대부분의 사람들은 자신의 능력을 제대로 이해하지 못하고 있다. 상당한 능력이 있는 사람들조차 자신의 능력을 지나치게 과소평가하고 있기도 하다. 나이가 들어가면서 어쩌면 우리는 우리 자신이 누구인지를 먼저 알아보는 과정이 필요할지도 모른다.

예로부터 피할 수 없으면 즐기라고 하지 않았던가? 이제 우리도 은퇴 후에 20~30년은 더 사회활동을 하면서 늙어가야만 한다. 그렇다면 어차피 평생 젊을 수 없을 바엔 사회활동을 하면서 멋지게 나이 드는 방법을 배우고 실천해야 한다. 그래야 사회의 확실한 일원으로서 또 아직 현역 또는 준 현역으로서 대우받고 또 당당히 존재할 수 있을 것이다. 즉 멋지게 나이 들어야만 나름대로 존재감을 갖고 또 온전한 사회의 구성원으로서 무시당하지 않고 오히려 본받고 싶은 어른으로서 승격 아닌 승격이 될 수 있다는 게 내 생각이다.

멋지게 나이 드는 세 가지 방법

멋지게 나이 드는 방법은 많겠지만 나는 다음 세 가지를 제안하고자 한다.

첫째, 옷이나 악세서리 등에 좀 더 신경을 써서 나를 포장(?)하길 권한다. 외모 지상주의라고 부정적인 시선도 많고 이런저런 말들도 많이 하지만, 고개 들어 주위를 한번 보라. 요즘 젊은이들 중에 어느 누구 하나 외모에 신경 안 쓰는 사람이 있는가? 나는 나이 들수록 더욱 외모가 가장 강력한 경쟁력을 나타내는 수단이라고 생각한다. 더구나 현역이 아닌 은퇴자들의 경우는 명함조차 없는 경우가 많은데 나를 그나마 직관적으로 표현할 수 있는 방법이 내가 입은 옷매무새와 깔끔함, 청결함이 아닐까 한다.

그리고 나이 들었다고 이 나이에 남우세스럽게 주위를 너무 신경 써서 일부러 전혀 오버하지 않는, 절대로 눈에 띄지 않는 허접한 패션을 고집하지 않기를 바라고 또 바란다. 오히려 비록 나이는 들고 몸은 늙었지만 젊은이들이 갖지 못한 원숙함이나 깊게 파인 멋진 주름과 흰머리까지 멋들어지게 어우러지는 그런 섹시하면서 농익은 패션을 구사 못할 이유가 전혀 없다.

그래야 우리도 경험뿐만 아니고 외모 자체로도 젊은이들과 차별화되고 또 경쟁할 수 있지 않겠나? 오히려 젊은이들이 흉내 내고 싶어 하고 또 닮고 싶은 그런 그레이 패셔니스타가 될 수 있다면 이 또한 멋진 일이라고 생각한다.

예쁜 옷을 입으려면 당장 나온 배도 들여보내야 하니 이건 덤이다. 또 사회인의 거의 정형화되고 공통된 교복인 감색 양복 패션을 과감히 탈피해서 빛바랜 청바지도 한번쯤은 시도해보자. 거기다가 검은 구두 대신 흰색 스니커즈나 운동화를 매치해보면 어떨까? 그러면 당신의 숨겨 있던 진짜 매력을 보게 될 것이다. 물론 지나가던 예쁜 여자들의 고개 돌아가는 시선도 가끔은 의식하게 될지도 모른다.

둘째, 무엇이든 나누는 어른이 되었으면 한다. 이것이 멋지게 늙는 또 하나의 비법이다. 나는 나눌 게 없다고 생각하지 말자. 몇십 년을 헛살지 않았을 텐데, 당신에게는 무언가 후배들과 나눌 수 있는 값진 것들이 무수히 많다. 다만 당신 자신이 이것들이 얼마나 소중하고 귀한 것인지 모를 뿐이다. 내가 가진 재능이면 더욱 좋겠지만 그런 재능이 없다손 치더라도 당신이 경험했던 모든 것, 그것이 성공적이든 실패를 했든 슬픈 경험이든 간에 누군가에겐 소중한 지식 나눔이 되고 타산지석이 될 수 있다.

그러니 멋지게 나이 들고 싶다면 망설이지 말고 나누는 일에 참여하라. 나눌 게 없다는 것은 그저 핑계에 지나지 않는다. 나눌 게 있고 없고는 당신이 판단하는 게 아니다. 후배들이 당신에게 듣고 싶은 이야기가 있다면 당신은 이미 나눌 게 있다는 뜻이다.

셋째, 나누고 난 빈자리는 다시 새로운 것으로 채우기를 제안한다. 자고로 빈 수레는 요란한 법, 비우고 나면 더 소리만 요란한 꼰대가 될 수도 있지 않겠는가?

세상은 급변하고 있다. 변하는 세상을 외면하고 그동안의 게임

룰만 가지고 몇십 년을 더 살기엔 턱없이 부족하다. 세상은 지금 판이 바뀌고 있다. 사회가 재편되고 있다. 언제까지 흘러간 옛 노래만 부르고 있을 수는 없지 않은가?

지금 막 시작된 4차 산업혁명이 나와는 완전히 무관하다고 생각하면 오산이다. 수많은 기존 직업이 지구상에서 사라지고 새로운 직업이 생긴다고 한다. 새로운 직업에 대해 관심을 갖고 공부를 해두는 것도 좋을 것이다. 이 거대한 변화의 흐름에 올라타지 않으면 매우 불편한 기나긴 노년을 맞을 수도 있다.

그 외에도 당신이 좋아하는 일이나 마음이 가는 일, 즉 심장이 뛰는 일을 찾아서 무엇이든 익혀두라. 그래서 언제 어디서든 젊은이들과 같이 세상을 논하고 인생을 논하고 또 미래를 함께 이야기할 수 있는 진정한 깨어 있는 어른으로서 존재감을 뚜렷하게 나타낼 수 있기를 기대한다.

그냥 나이만 드는 것과 멋지게 나이 드는 것은 아주 작은 변화와 시도의 차이에 불과할지 모르지만, 어쩌면 당신의 인생 2막의 진정한 성공과 실패를 가르는 아주 중요한 분수령이 될지도 모른다.

나이 들어 가는 모든 '그레이'들에게 응원의 박수를 보낸다.

GREAT
GREY

PART 4

건강해야 장수도 의미 있다

- Keep Your Health!

건강의 비결은 방법이 아니라 견지다

아무리 강조해도 지나치지 않은 것은 건강

인생 후반전의 삶에서 가장 중요한 것은 무엇일까? 돈, 일, 건강? 어느 것 하나 중요하지 않은 것은 없다. 돈이 있으면 사는 데 굉장히 편리하다. 많은 것을 살 수도, 얻을 수도 있다. 그러면 건강은 어떨까? 돈으로 살 수 있을까? 아무리 돈이 많아도 건강만은 살 수 없다. 또 은퇴 후에도 오래도록 할 수 있는 일이 있다면 얼마나 다행스러운 일인가? 특히 100세 시대의 인생 후반전을 40~50년으로 본다면 당장 손에 쥔 재물보다는 오히려 할 수 있는 일이 있다는 게 더 소중할 수도 있다.

일도, 꿈도, 건강이 없으면 아무 소용이 없다. 그러니 건강만큼 중요한 것은 없다고 아무리 강조해도 지나치지 않다. 게다가 나이 들수록 정신건강이 무엇보다 중요해진다. 우리는 어릴 때부터 "건강한 신체에 건전한 정신"이라는 표어를 무수히 보아왔다. 신체가 건강하면 마음도 건강해진다. 즉 육체적으로 건강하면 자연히 정신도 맑아서 치매 같은 질병이 비집고 들어오기 힘들어진다는 뜻이다. 바야흐로 장수시대다. 무조건 오래 살아남는 자가 승리자가 아니라 건강하게 오래 살아남는 자가 진정한 승리자가 될 것이다.

얼마 전 한 친구의 부음을 들었다. 나랑은 중국 상하이에서 몇 년간 자주 보며 지냈고, 또 서울에 와서도 가끔씩 만나던 친구였다. 그 친구는 소위 '출신 성분'이 나와는 천지 차이였다. 부친은 모 은행의 행장을 지냈고, 장인어른은 국가기관의 고위직을 지내고 몇 나라의 대사까지 지내셨다. 그 또한 서울의 지하철을 한 번도 타보지 않았을 정도로 늘 기사를 두고 움직였딘, 강남 부자의 전형이있다. 그러나 내가 보아온 그는 늘 온실 속에서 자라는 화초 같은 나약한 모습이었다. 햇빛 한번, 강한 바람 한번 제대로 받아보지 못한, 모양만 그럴싸한 화초에 지나지 않았다. 그러다 보니 현실 세계에서는 손을 대는 사업마다 실패를 거듭했다. 실패를 딛고 다시 일어설 기회도 갖지 못했다. 가지고 있는 것이 많다 보니 또다시 새 사업에 손을 댈 여력이 있었고, 실패를 통해 뭔가를 배울 기회조차 없었다. 결국 여러 사업이 모두 실패로 끝났다. 급기야는 병까지 얻어 아직 젊은 나이에 유명을 달리한 것이다.

그의 부음을 듣고 가장 먼저 생각난 말은 '결국 그럴 줄 알았다'였다. 평소 그가 얼마나 자신의 건강에 무관심했고, 운동을 게을리 했으며, 죽는 순간까지도 담배를 끊지 못할 정도로 의지가 나약했으면 부음을 듣는 순간 그럴 줄 알았다는 생각부터 들었을까? 아직 30년을 더 살아도 모자랄 판에 안타깝게도 서둘러 삶을 마감한 친구의 영정 앞에서 나는 속절없이 안타깝고 속상했다. 더욱 안타까운 것은 살아 있을 때 왜 좀 더 강하게 운동을 하라고 권하고 담배를 끊게 하지 못했냐는 점이었다. 우리는 충분히 오래도록 재미있고 행복하게 인생 후반전을 함께할 수 있는 좋은 친구였는데 말이다. 뒤늦은 후회다.

견지하라,
승자가 될 것이니

인생 후반전을 건강하게 살려면 어떻게 해야 할까? 요즘 100세 시대를 맞아 신문이나 인터넷, TV 프로그램, 유튜브 등에 이에 관한 내용들이 부쩍 많이 등장한다. 하도 많이 접하다 보니 내용을 거의 다 외울 정도다.

주로 많이 등장하는 단골 메뉴는 다음과 같다.

- 버스나 지하철을 타지 말고 걸어라.
- 등산이나 올레길 걷기 등 운동을 하라.

- 엘리베이터를 타지 말고 계단을 이용하라.
- 육류 섭취를 줄이고 채소를 많이 먹어라.
- 소식을 실천하라.
- 지나친 음주나 흡연을 하지 마라.
- 잠을 충분히 자라.
- 근력 운동을 하라.

그 밖에도 친구를 많이 만나라, 인간관계에서 오는 스트레스를 줄여라, 일을 꾸준히 하라, 취미 활동을 하라, 봉사 활동을 하라, 자아실현의 기회를 많이 가져라 등등 정신건강과 육체적 건강을 동시에 챙길 수 있는 방법이 많이 소개되고 있다.

사실 이런 방법들을 몰라서 못하는 사람은 없을 것이다. 며칠 전 세상을 등진 그 친구도 몰라서 운동을 게을리하고 또 담배를 줄기차게 피운 것이 아니다. 젊었을 때야 누가 뭐라 해도 어른들의 충고가 잘 안 들리고, 나이 들면서는 아무리 친구가 충고를 해도 자신이 몸으로 느끼기 전에는 오래된 몸에 밴 '악습(나쁜 습관)'을 버리기가 쉽지 않다. 건강에 도움이 되는 습관이 생활 속에서 자연스레 몸에 익히는 것이 가장 좋다.

나 같은 경우는 걷기 운동을 2004년부터 시작해서 지금까지 꾸준히 하고 있다. 벌써 15년째다. 내가 요즘 '건강한 인생 후반전의 전도사'가 되어서 이렇게 몇 마디라도 할 수 있는 것은 다 꾸준한 걷기 운동 덕분이다. 걷기 운동을 시작할 때 내 몸무게는 80킬로그램을 넘었고, 허리는 무려 36인치였다. 그런데 지금은 몸무게 70킬로그램에 허리는 31인치다. 그 당시 나는 일반적으로 상상하는 대기업의 꼰대 부장님 풍채였다. 그러나 무역 부문에서 패션 부문으로 옮기면서부터 걷기 운동을 시작했다. 패션 회사 대표라는 사람이 배 불룩한 아재 몸매라면 그 시장에서는 '아웃'이었다. 게다가 그때가 이미 50이 넘은 늦은 나이였기 때문에 어떻게든지 몸매라도 패션업 종사자답게 갖추지 않으면 아무도 만나주지 않을 것 같았다. 절박했다. 바로 시행에 들어갔다. 그때 생각한 게 바로 '걷기의 생활화'였다.

당시는 회사 차와 기사가 딸려 있었기 때문에 어지간한 거리는 다 탑승해서 이동했다. 군대에서 "포병은 3보 이상 탑승"이라는 말이 있다. 내가 바로 군대로 치면 포병이었다. 걷기 운동으로 보자면 최악의 조건이었다. 출근 시에는 시간만 되면 한두 정거장 먼저 내려서 걸어갔다. 퇴근 때는 아예 회사 차를 타지 않고 걸어서 돌아가기도 했다. 집에 갈 때는 땀이 나도 바로 샤워를 할 수 있으니까 퇴근 때가 기회였다. 평소 패션 일을 할 때 특히 시장 조사나 백화점을 돌아볼 때면 속으로 쾌재를 불렀다. 일과 동시에 걷기 운동을 할 수 있었기 때문이다. 그것도 조금 빠른 속보로 걷기를 즐겼다. 빠른 걸음으로 걷다 보면 같이 따라오는 직원들은 거의 초죽음이 되었다. 땀을 뻘뻘 흘리며 사실은 운동 중인 나를 따라오기 바빴다. 그러면서 속으로 우리 법인장님 정말 일벌레라고 혀를 내둘렀을지 모른다. 남의 속도 모르고…….

LG패션을 그만두고 미국계 여성복 회사로 옮길 때는 연봉 협상

때 아예 자동차와 기사를 거부했다. 아무래도 걷기 운동에 방해가 되는 장애물이므로 원천 봉쇄할 생각이었다. 그러고는 신나게 지하철역 계단을 뛰어다녔다. 에스컬레이터라는 존재를 머릿속에서 지워버렸다. 절대 타지 않겠다고 결심했다. 그 결심은 내가 한국으로 돌아오기까지 2년 동안 단 한 번의 예외도 없이 지켜졌음은 물론이다. 지하철역 계단 오르기는 한국에 돌아온 지금까지도 지키고 있는 나의 철칙이다. 사실 이건 비밀인데, 남들 다 에스컬레이터를 탈 때 계단을 혼자 오르는 희열은 해본 사람만 안다. 허벅지와 종아리에 느껴지는 묵직함보다 훨씬 더 묵직한 자기만족감에 도취된다. 못 믿겠으면 한번 해보시라. 단, 최소한 1년 이상 견지해야 한다.

우리가 인생 후반전에서까지 꼭 승리자가 되려고 경쟁하고 애써야 할 필요는 없을지 모른다. 그러나 만약 누가 최후의 승리자일까를 가려야 한다면 결국 오래 살아남는 자가 되어야 할 것이다. 그중에서도 건강하게 오래 살아남는 자가 최후의 승리자가 될 수밖에 없다. 아무리 돈이 많아도 일찍 죽는다면 무슨 소용일까? 또 병들어 오래만 살면 무슨 의미가 있을까? 따라서 우리는 건강하게 오래 살 수 있는 법을 터득해야 한다. 일찍 터득하고 또 일찍 몸에 배게 한다면 그것이 최후 승리자로 가는 비법 아닌 비법이다. 몸에 배게 한다는 것은 습관처럼 건강을 관리하고 또 그것을 오래도록 견지한다는 뜻이다. 인생 후반전에 최후의 승리자가 되는 별 특별한 비법은 없다.

하루 섭취 칼로리 총량을 컨트롤하라

모든 것은 인풋과 아웃풋의 균형에 있다

"자오찬츠더썅황띠, 우찬츠더썅핑민, 완찬츠더썅치까이(早餐吃得像皇帝, 午餐吃得像平民, 晩餐吃得像乞丐: 아침은 황제처럼, 점심은 평민처럼, 저녁은 거지처럼 먹어라)"

이는 중국에서 오랫동안 전해 내려오는 말이다. 서양에도 "아침은 왕처럼, 점심은 왕자처럼, 저녁은 거지처럼"이라는 거의 비슷한 내용이 있는 것을 보면 동서양을 아우르는 진리임에는 틀림없어 보인다. 건강하면서도 정상 체중을 유지하기 위해 가장 중요한 비결은 하루 중 아침 식사를 가장 잘 챙겨먹는 습관이라는 것이 여러 연구를 통해 밝혀지고 있기도 하다. 아침 식사는 배만 채우는 게 아니라 영양을 고루 갖추는 게 필수다. 특히 아침 식사가 하루의 뇌 운동을 책임지기 때문이다. 점심은 배불리 먹되 영양소가 편중되지 않도록 해야 한다. 저녁은 적게 먹어야 한다. 사람은 밥을 먹으면 쉬어야 하는데 밤에 너무 많이 먹으면 수면에 영향을 주고 위장의 부담만 커질 뿐이다. 비만이 되기도 쉽다. 병이 날 확률도 높아진다. 잠을 자도록 설계돼 있는 시간대에 소화기관이 일을 하면 병이 생기기 마련이다.

이 정도 내용쯤이야 모르는 사람이 없을 것이다. 문제는 우리의 생활 리듬이 이를 지키기 힘들게 돌아간다는 것이다. 오히려 완전히 거꾸로일 때가 많다. 아침은 먹는 둥 마는 둥 거르고, 점심은 15분 만에 한 그릇 뚝딱 해치우고 30분간 커피 한 잔 마시는 게 대세다. 그러다 보니 하루의 필요 열량 거의 대부분을 저녁에 보충하려는 무의식까지 작용해서 정량을 오버하기 십상이다. 게다가 접대 선수라도 있는 날은 배가 터지게 먹고, 또 2차를 가서 고열량의 안주마저 마구 쑤셔 넣는다. 거꾸로도 완전 제대로 거꾸로다.

절이 싫으면 중이 떠나야 한다. 사회의 시스템을 하루아침에 내가 바꿀 수는 없다. 또한 그 시스템 속에서 '아침은 황제처럼 저녁은 거지처럼'을 실행하기는 더욱 불가능하다. 그렇다면 내 스타일대로 살자. 마음이나 편하게. 단, 하루 섭취하는 칼로리의 총량 개념은 갖고 살자. 어쨌든 인풋(input)보다 아웃풋(output)이 많으면 몸에 쌓이지는 않을 테니까.

건강한 성인 남녀의 경우 보통 하루에 음식으로 섭취하는 칼로리 권장량은 2,000~2,500칼로리 정도다. 우리는 주위에서 다이어트나 체중 조절을 한답시고 무조건 저칼로리 음식만 먹는다거나 극단적인 식이요법을 하는 경우를 많이 본다. 그럴 때마다 너무나 힘든 고통을 감내하면서 자신을 학대하는 경우들을 자주 보게 된다. 일반적으로 저칼로리 음식은 맛이 없다. 계속 그것만 먹기가 괴롭다. 생일 때 잘 먹으려고 미리부터 며칠 굶는 것은 바보다.

'마음대로'
먹어도 된다

나는 차라리 먹고 싶은 것은 먹되 하루 섭취하는 칼로리의 총량을 컨트롤하라고 제안하고 싶다. 점심에 많이 먹었다 싶으면 저녁을 조금 먹는다. 점심 때 아주 저칼로리 음식을 섭취했다면 저녁에 좀 푸짐하게 먹기도 한다. 점심도 잘 먹고 또 저녁도 어쩔 수 없이 고칼로리를 섭취했다 싶으면 헬스장에 간다든지 자전거를 탄다든지 집 주위를 걷는다든지 무조건 당일 내에 열량을 소비하고 잠자리에 들면 된다. 스트레스를 받으면서까지 저열량 식단만을 고집할 바엔 차라리 먹고 싶은 고열량 음식을 먹되 절대량을 조금 줄여라.

나는 맛있는 단팥빵을 먹고 싶으면 대신 밥을 좀 적게 먹는다. 실제로 난 단 음식을 좋아한다. 어릴 적부터 워낙 좋아했다. 냉장고에

초콜릿이 있으면 가만히 놔두지를 못한다. 마음이 늘 그곳에 가 있다. 애들 어릴 적엔 몰래 아이들 초콜릿을 먹어 혼쭐난 적이 한두 번이 아니다. 아직도 초콜릿을 가끔씩 즐긴다. 아니, 밝힌다는 표현이 맞다. 그러나 나의 기호마저 포기하고 싶지는 않다. 그래서 그럴 때는 밥이라도 좀 적게 먹는다. 마음이 끌리는 대로 먹고 의식적으로 다른 음식을 조절하는 방식이다. 이 방법은 정신적으로도 도움이 된다. 물론 칼로리 총량만 지키면 된다고 해서 잠들기 전에 마구 먹으라는 뜻은 아니다. 어느 정도 소화를 시킬 시간은 가져야 한다.

나의 부친은 금년에 91세를 맞았다. 아직 정신도 멀쩡하시고 허리도 굽지 않으셨다. 건강에 큰 문제는 없으시다. 고혈압 약을 드시긴 하지만 아직 특정한 질병으로 병원에 가신 일은 거의 없다. 부친은 우리가 어렸을 때부터 늘 "조금 더 먹고 싶을 때가 숟가락을 놓을 때"라는 원칙을 귀가 따갑게 들려주셨다. 부친은 아직도 이 원칙을 철저히 지키고 계시다. 밥 한 공기를 다 드시는 경우를 본 적이 한 번도 없다. 꼭 한 공기의 70퍼센트 정도만 드신다. 이 점에서는 정말 왕고집이다. 나는 아버지가 현재까지 건강한 91세 노인으로 정정하신 것은 '70퍼센트 섭취 법칙' 때문이라고 감히 생각한다.

그래서 그런지 우리 집에서는 다이어트라는 말을 들어본 적이 없다. 비만으로 고생하는 사람도 찾아볼 수 없다. 형제가 모두 어렸을 때부터 더 먹고 싶을 때 숟가락을 놓는 습관이 배어 있어서다.

칼로리 총량 컨트롤 법칙이란 하루의 섭취 총량을 정해놓고 어떻게든 초과하지 않도록 조심하는 것이다. 그러려면 자신의 활동 대사량을 먼저 알아야 한다. 활동 대사량이란 우리가 걷거나 달리는 등 일상생활 중 움직임에 소모되는 에너지량인데, 똑같은 활동을 하더라도 근육량이 많은 사람은 더 높은 활동 대사량을 가지게 된다. 우리가 나이 들수록 근력 운동을 더 해야 하는 것도 이 때문이다.

요즘은 몇 가지 질문에만 대답하면 자동적으로 본인의 하루 활동 대사량을 계산해주는 앱도 나와 있다. 자신의 활동 대사량을 알았다면 하루 섭취 총량을 이보다 적게 결정해놓고 지키면 된다. 결국은 인풋과 아웃풋의 차이 문제이기 때문이다.

평생 건강을 지켜라

식사의 간격과 한 끼 식사량의 조절은 사회생활을 하다 보면 잘 지키기 어렵기 때문에 하루 섭취 칼로리 총량을 컨트롤하는 게 훨씬 용이하다. 사실 소화만 잘 시킨다면 밤에 먹는 것마저도 크게 문제될 게 없다는 연구 결과도 있다. 6시 이후 절대 안 먹는 것은 지키기도 어렵고, 지킨다 해도 오히려 강박이 생겨 정신건강에도 해롭다. 야식의 유혹에 빠지기도 쉽다.

나는 보통 저녁에 비교적 넉넉하게 먹는 편이다. 물론 아침과 점심 때 미리 칼로리를 비워놓는다. 저녁을 좀 넉넉히 먹으면 야식 생각이 별로 나지 않는다. 저녁 때 손님들과의 약속 때문에 할 수 없이 출격(?)해야 할 경우가 많기 때문에 하루 칼로리의 약 40퍼센트 정도를 저녁에 배분하는 게 습관처럼 되어 있다. 그러면 저녁에 약속이 있다 해도 스트레스 없이 식사할 수 있다. 단 탄수화물은 의식적으로 좀 적게 먹는다. 하루 식사 중에 탄수화물, 단백질, 지방의 적정한 배분까지는 복잡하기도 하고 지키기도 어려워 탄구화물만 조금 덜 먹을 뿐 크게 개의치 않는 편이다. 이 세 가지 필수 영양소의 배분은 각자의 라이프스타일과도 깊은 관련이 있으므로, 나는 그냥 라이프스타일대로 하면 된다는 주의를 고수한다.

다이어트를 위해 간헐적 단식을 하는 이들도 많다. 하루에 16시간은 단식을 하고 나머지 8시간에는 마음대로 먹는 방법이다. 단식을 하고 있는 시간 동안 자기 지방을 분해해서라도 연명을 해야 하기 때문에 자연히 살이 빠진다는 논리다. 일부는 맞고 일부는 틀리다. 간헐적 단식의 올바른 이름은 칼로리 제한법이고 이는 장수를 목적으로 개발된 방법이라고 한다. 사실 노화는 성장의 이면이다. 노화란 살면서 이쩔 수 없이 만나야 하는 필연이다. 이때 일부러 성장을 억제하는 방법이 칼로리 제한, 곧 간헐적 단식이다. 말하자면 못 먹어서 덜 자란 걸 가지고 회춘이나 노화 방지라고 우기는 것 같다. 눈 가리고 아웅 하는 격이 아닌가 생각한다. 억지춘향이라는 생각도 든다. 물론 순전히 나의 개인적인 의견이다.

하루에 섭취하는 칼로리 총량을 컨트롤하는 게 몸에 배면 체중을 더 이상 늘지 않게 할 수 있다. 문제는 각자의 라이프스타일이나 식단의 차이에 따라 탄수화물, 단백질, 지방의 섭취 비율이 다르기 때문에 나타나는 결과도 다르다는 것이다. 또 몸무게는 컨트롤이 될 수 있지만, 몸매는 또 다른 문제라는 점도 남는다. 그러므로 칼로리 총량 컨트롤 방식의 체중 조절은 반드시 운동을 병행해야 한다. 같은 몸무게라도 전체 근육량의 많고 적음에 따라 보이는 건 천차만별이다. 전체 근육량을 늘려야 한다. 근육량이 많으면 칼로리 소모가 크기 때문에 먹고 싶은 걸 좀 더 먹을 수 있다. 활동 대사량이 많아지는 것이다.

다이어트에 관한 정보들은 시중에 차고 넘친다. 중요한 것은 원리를 정확히 이해하는 것이고, 더 중요하게는 이를 실천하는 것이다. 내가 스트레스를 적게 받으면서 실천 가능성이 커야 한다. 따로 시간을 내서 억지로 하기보다는 평소에 생활하면서 서서히 할 수 있어야 한다. 진정한 다이어트는 사고방식과 생활 습관을 아우르는 총체적 변화가 수반될 때 가능하다. 평소에 빨리 걷기 같은 운동을 생활화하고 근육 운동을 하면서 자신만의 라이프스타일을 만들어가면 된다.

평소 라이프스타일 속에서 스트레스 없이 건강을 유지할 수 있어야 한다. 일부러 무언가를 하려고 하면 다 일이 된다. 일은 즐겁지 않다. 걷기 운동의 생활화, 근력 운동의 놀이화가 답이라면 답이다. 그냥 생활의 일부가 되어야 한다. 재미있어야 한다. 거기에 무의식적으로 하루 칼로리 섭취 총량 법칙만 습관대로 지킨다면 평생 건강은 그냥 따라온다.

웬만한 거리는 걸어라, 그것도 폼나게

행복하게 걷는 사람이 오래 산다

걷는 것이 건강에 좋다는 것은 누구나 알고 있다. 그러나 정작 제대로 걷는 법을 아는 사람은 많지 않다. 게다가 꾸준히 실행하는 사람은 더더욱 드물다. 사실 걷는 자는 건강하다. 그리고 건강한 자는 정신도 건강하다. 건강한 정신을 가진 사람은 매사에 긍정적이고 행복하다. 긍정적이고 행복한 사람은 오래 산다. 건강하게 그것도 행복하게 장수하는 복을 누린다. 그 복을 누리려면 일단 잘 걸어야 한다. 꾸준히 걸어야 한다. 억지로 하는 운동이 아니라 생활이 되고 즐거움이 되는 놀이여야 한다. 그래야 자주 또 오래 걸을 수 있다. 그래서 난 오늘도 걷는다. 걷는 놀이를 즐긴다.

사실 나도 원래부터 걷는 것을 좋아한 사람은 아니었다. 걷는 게 건강에 좋다고 생각하니 걷기가 좋아진 것이다. 마치 예전에는 맛있는 음식이 건강에도 좋다고 믿었으나, 지금은 몸에 좋은 음식이 맛도 있다고 믿는 것과 같다.

일종의 자기 세뇌일 수도 있다. 걷기를 좋아한다고 매일같이 헬스클럽에 가서 러닝머신 위에서 걷는다고 생각하면 핀트가 빗나갔다. 물론 나도 헬스장에 일주일에 두세 번은 간다. 하지만 주로 근력운동을 위해서다. 특히 햇볕이 너무 강한 날은 자외선을 피해 헬스장 러닝머신 위에서 걷는다. 하지만 비나 눈이 오면 지하보도를 이용해서라도 걷는다. 알고 보면 의외로 우리나라는 지하 세계(?)가 잘 발달되어 있다.

평소에는 주로 동네를 걷거나 출퇴근 시간을 이용해서 일반 보도 위를 걷는다. 날씨가 좋은 날에는 약 8킬로미터의 출근길을 걸어서 간다. 어떤 날은 평지가 아니라 일부러 남산을 넘어서 가기도 한다. 평소에도 걷기 위해 편한 신발을 즐겨 신지만, 남산을 넘어가기로 맘먹은 날은 아예 운동화를 신고, 구두는 백팩에 넣어 간다. 평소에는 손가방이나 클러치 백을 들 때도 있지만, 걸을 땐 주로 백팩을 멘다. 손도 자연스러워지고 또 한쪽 어깨가 처지거나 척추가 기우는 것을 방지하기 위해서다.

나는 백팩을 멨을 때 양어깨에 균등하게 느껴지는 약간의 묵직함을 즐기는 편이다. 운동선수는 일부러 모래주머니를 차거나 무거운 것을 들고 운동을 한다. 나에게는 노트북과 한두 권의 책이 담긴 백팩이 모래주머니인 셈이다. 모든 것은 마음먹기 달렸다. 같은 무게의 백팩을 메더라도 누구는 무거운 짐으로 느끼지만, 마음먹기에 따라선 운동용 보조 기구가 되기도 한다. 그리고 나이가 들면 자꾸 어깨가 앞으로 구부러진다. 자연스레 등도 굽는다. 나도 거울을 보면서 약간 등이 굽은 걸 느낄 때가 있다. 그래서 무거운 백팩을 메야 할 때면 어깨 펴는 운동 기구로도 여기고 가슴을 오히려 과장되게 활짝 편다.

걷는 속도는 조금 빠른 걸음으로 걷는 것을 즐긴다. 시속 5~6킬로미터 정도로 걷는다. 서방의 연구에 의하면 뇌의 활동에 가장 좋은 것은 이보다 더 빨리 걷는 것이지만, 그렇게까지 무리하지 않아도 좋다. 평소 걷는 것보다 조금 빨리 걷는 정도로도 뇌의 활동이 활발해진다는 것은 분명한 사실이다.

속도도 중요하지만 목표하는 거리 또한 중요하다. 나도 처음에는 의욕만 앞서서 목표를 너무 멀리 잡았다. 그랬더니 걷기가 일이 되었다. 마음에 부담부터 되었다. 건강을 위한 것인데 오히려 정신건강부터 해쳤다. 정신건강에 안 좋으면 자연히 몸에도 이상이 온다. 완전히 역효과다.

그래서 목표는 크게 잡되 중간중간에 작은 목표들을 세웠다. 작은 목표를 하나하나 달성해가는 기쁨과 성취감을 가지고 다음 목표에 도전하는 식으로 했더니 재미까지 붙었다. 훨씬 수월했다. 어느

덧 걷는 것 자체가 일이 아니라 놀이가 되었다. 걷기 놀이를 하면서 자신과 나름 소소한 경쟁도 즐겼다. 남들이 보면 그냥 바쁘게 걷는 평범한 출퇴근 모습이었겠지만, 나는 사실 놀고 있는 중이었다. 피할 수 없다면 즐기는 게 최고다.

걷기 모드 스위치를 켰을 때는 주로 대중교통을 이용한다. 특히 버스보다는 지하철을 선호한다. 이유는 간단하다. 지하철역은 계단이 많기 때문이다. 거기가 다 나의 놀이터다. 진짜 신난다. 물론 에스컬레이터도 어디를 가나 거의 다 설치되어 있다. 그러나 나에겐 무용지물(無用之物) 아니 불용지물(不用之物)이다. 왜냐하면 난 에스컬레이터를 절대 타지 않기 때문이다. 적어도 올라갈 때는 절대 타지 않는다. 어쩌다 할 수 없이 타게 될 때면 가만히 서 있지 않고 왼쪽 비워둔 공간으로 걸어서 올라가기라도 한다. 하지만 무릎에 무리가 갈까 봐 내려갈 때는 컨디션에 따라 가끔 이용하기도 한다.

좀 더 걷고 싶을 때면 몇 정거장 먼저 내려서 걷는다. 내가 걷기를 즐기고부터는 환승역의 역과 역 사이가 먼 게 도리어 고맙다. 환승 거리가 멀수록 나의 걷는 거리도 증가하기 때문이다. 특히 환승역에는 계단이 많다.

내가 주로 이용하는 곳 중에 동작역의 9호선과 4호선 환승 구간에 있는 계단이 제일 도전적이다. 워낙 계단이 많고 높기 때문에 사람들이 거의 이용하지 않는다. 나에겐 절호의 찬스다. 등에 땀이 살짝 날 정도다. 마침 집으로 가는 길에 이 계단을 만난다. 나도 모르게 이적의 〈다행이다〉 노래를 개사해서 흥얼거리며 오른다. “계단을 만나고, 계단을 오를 수가 있어서 다행이다. 그대라는 높고 높은 계단이 여기 있어줘서~" 그곳의 계단 수는 무려 105개다.

한국 지하철 계단의 원칙은 '원칙 없음'이다

난 조금 도전적인 계단을 오를 때면 하나 둘 셋…… 숫자를 세면서 오르는 버릇이 있다. 내 나름 기합을 넣는 것이기도 하다. 이 버릇은 중국 상하이에 있을 때부터 생긴 것이다. 그때 우연히 발견한 아주 작은 '계단 설계의 비밀'이 있었다. 일반적으로 조금 높은 계단은 한 번에 오르도록 설계하지 않는다. 중간에 약간 숨을 고를 수 있도록 평편한 공간, '층계참'을 만들고 다시 계단을 오르도록 설계한다. 아주 높은 곳은 여러 개의 층계참으로 나누어서 설계가 된다. 이건 한국이나 중국이나 전 세계 어디라도 마찬가지다.

상하이에서 내가 발견했다고 주장하는 비밀은 이렇다. 층계참별 계단의 숫자가 첫 번째 층계참에는 18개, 두 번째는 17개, 세 번째는 15개…… 이런 식으로 올라갈수록 조금씩 줄어든다는 비밀이다. 계단을 오르는 사람은 올라갈수록 힘이 들 테니 그것까지 과학적으로 고려해서 층계참별 계단 수를 조금씩 줄여서 설계한 것이라고 생각했다. 아주 작은 배려이지만, 난 이런 인간애 충만한 설계자의 마음이 참 좋다. 고마운 마음과 함께 존경심마저 든다. 신기해서 가는 곳마다 세어보았다. 거의 예외가 없었다. 인간을 배려하는 멋진 세상이 거기 있었다. 그리고 아마도 이건 내가 몰라서 그렇지, 비밀이 아니라 세계 어디서나 통하는 계단 설계의 ABC 중의 ABC일 거라고 지금도 믿고 있다.

한국의 지하철 계단은 어떨지 호기심이 발동하여 계단을 세어보았다. 결과는 참담했다. 내가 세어본 이수역 환승 구역 계단은 첫 번째 층계참까지 14계단, 두 번째 층계참까지 17계단, 세 번째 층계참까지 16계단 나머지는 15계단이었다. 내친김에 또 한 군데를 확인해보았다. 그곳은 3개 구간이었는데 14, 10, 19계단이라는 더 어이없는 결과가 나왔다. 위에서도 언급한, 내가 좋아하는 동작역 환승 통로의 105계단은 7개 구간으로 13, 11, 17, 17, 17, 17, 13계단이다. 도대체 어떤 원칙이나 규칙은 있었는지 의심이 간다. 그 후로도 몇 군데의 계단을 층계참별로 더 세어보았다. 결론은 '원칙이 없다'였다. 그렇지 않고서야 이럴 수는 없었다.

상하이의 계단들은 우연이라고 하기엔 거의 예외가 없었다. 하지만 걱정은 하지 마시라. 일반적으로 '걸으면 비로소 보이는 것들'은 대부분 경이롭고 예쁘고 신기한 것들이다. 그러나 가끔 '비인도적으로 설계된 계단' 같은 건축 행정의 불합리성도 함께 보이는 것은 어쩔 수 없다. 이 도시에서 걷는 것을 즐기다 보면 때론 건강한 시민 '시정 감시단'이 될 수밖에 없다.

걸으면 비로소 보이는 것들

걸으면 비로소 보이는 것들은 생각 외로 너무나 많다. 한번만 제대로 걸어보면 안다. 진짜 상상 그 이상이다. 우선 보도 양옆에 화단들이 너무나 잘 가꾸어져 있다. 이름 모를 꽃들도 늘 피어 있다. 아침 일찍 길을 나서면 의외로 주인 없는 고양이들도 나를 반긴다. 보도블록 위 시각장애인을 위한 별도의 돌출 블록도 나름 예뻐 보인다. 노란색으로 되어 있는데, 노란색 자체는 시각장애인용이 아니라는 사실을 이 글을 쓰며 깨달았다. 정작 그들은 볼 수 없을 테니까……. 노란색은 순전히 일반인의 식별을 쉽게 하기 위한 조처다.

그런데 보행 길을 따라 쭉 나 있는 시각장애인용 노란색 보도블록이 도시 미관을 살려주는 역할도 하고 있다. 걷다 보면 시내 곳곳에 작은 공원들이 숨어 있다가 짠하고 나타난다. 벤치도 곳곳에 많고 마을 운동 시설들도 엄청 많이 눈에 띈다. 또 조금만 눈을 돌려보면 꽤 운치 있는 거리도 많다. 역사적으로 의미 있는 거리를 걸으며 잠시 역사 속 인물이 되어볼 수도 있다. 자유분방한 거리의 청춘 남녀들은 도시를 더욱 활기차게 보이게 하는 조연 배우들이다. 이들 모두 차를 타거나 지하철을 타면 절대 보지 못하는 것들이다. 그냥 스쳐지나갈 것들이다. 100번을 다녀도 100번 다 놓치고 말 소중한 풍경들이다.

걸으면 미세먼지의 많고 적음에도 더욱 민감해진다. 자연스레 환경보호론자가 된다. 새로 바뀐 예쁜 간판들도 눈을 사로잡는다. 때론 자전거와 사람이 함께 사용하는 도로 구간을 만나기도 한다. 짜증 날 수 있다. 그러나 걷는 사람과 자전거 타는 사람과의 만남의 장소라고 생각하면 된다. 함께 즐기는 구간이라고 생각하면 마음이 편해진다. 중국에서는 걷다가 갑자기 인도가 사라지는 경우도 심심치 않다. 왜냐하면 워낙 빠르게 도시가 변하고 있기 때문에 미처 보완되지 않은 탓이다.

중국하고 우리가 크게 다른 점은 한국의 거리가 훨씬 깨끗하다는 것이다. 그래서 걸을 만하다. 여기저기 쓰레기가 날리는 길을 걷는다고 생각해보라. 즐기기보다는 눈살이 먼저 찌푸려질 것이다. 쓰레기 없는 깨끗한 길을 걸을 수 있는 우리는 행복하다.

걸으면 복이 온다. 당신이 100세 시대를 건강하고 행복하게 살기 원한다면 오늘부터라도 걸어라. 완전 강추다. 걷는 데는 따로 무슨 거창한 준비물이 필요 없다. 그저 마음만 먹으면 지금 당장이라도 시작할 수 있다. 걷는 것은 건강에 좋을 뿐 아니라 마음도 상쾌해진다. 마음의 건강을 위해서도 걷는 게 최고다. 걸으면서 보이는 경치는 당신이 예전에 보던 경치가 아니다. 새로운 시각에서 기존 건물도 다시 감상해보라. 이름 모를 꽃들과도 인사를 나눌 수 있으면 좋겠다. 의외의 곳에서 생각지 못한 매우 정취 있는 풍경을 만날 수도 있다.

그리고 되도록 늘 다니지 않던 길을 찾아 걸어라. 그러면 상상 이상의 새로움이 당신을 기다리고 있을지 모른다. 혹시 필자인 나를 우연히 마주치게 될지도 모른다. 그때는 우리 그냥 지나치지 말자. 걷는 자, 즉 복받은 자들끼리 가벼운 손 인사 정도는 하고 지나치자.

걸으면서 당신 자신이 먼저 멋진 거리의 풍경이 되어보는 것은 어떨까?

오랫동안 할 수 있는 운동과 놀이를 미리미리 준비하라

취미는 노년 생활의 길잡이다

모든 사람이 똑같은 방식으로 나이 들어가는 것은 아니다. 노화가 진행되는 동안 사람들은 속수무책으로 당황만 하며 늙어간다. 극소수만이 그 과정을 받아들임과 동시에 일종의 쇄신과 회춘을 경험한다. 너 나 없이 수명이 길어졌다. 길어도 너무 길어졌다. 이제 환갑은 진짜 청춘이다. 마음만 청춘이 아니라 실제 신체 나이도 과거보다 훨씬 젊다. 65세부터 지하철 공짜는 난센스다. 구시대의 산물이다. 그러나 사회 전반적인 시스템은 아직도 그 시절 그대로다. 그러다 보니 대부분의 사람들은 아주 짧은 기간 동안만 온전한 삶을 살거나 살았을 뿐 은퇴나 퇴직 후에는 그야말로 죽어가는 과정만 지나치게 길어진 시대에 살게 되었다. 더 큰 비극은 자신들이 무엇을 어떻게 해야 할지도 모른다는 것이다.

이미 100세 시대다. 살아온 날만큼이나 아니, 그 이상을 더 살아야 한다. 그 긴 세월을 재미있고 온전하게 살 것인가 아니면 오랜 세월을 죽어가는 과정 속에서 지낼 것인가의 답은 뻔하다. 그러려면 오랫동안 할 수 있는 운동과 취미 생활, 즉 놀이를 미리미리 익혀두어야 한다. 미리 익혀둘수록 더 잘할 수 있고 제대로 즐길 수 있다. 무엇보다도 미리 익혀야 오래도록 같이 놀아줄 친구들을 함께 만들 수 있다.

어떤 운동을 해야 하는가는 전적으로 본인이 좋아하는 운동을 선택하는 게 가장 이상적이다. 운동이 아니라 진짜 놀이처럼 할 수 있는 게 최고다. 물론 건강에 도움이 되어야 함은 말할 것도 없다. 나는 상대방과 몸을 부딪혀가며 하는 운동은 선천적으로 잘 못한다. 특히 나이가 들수록 너무 격렬하거나 순간적인 리액션이 동반되는 운동은 비추다. 예를 들어, 권투나 축구 같은 경우다.

나는 해외 주재원 생활을 한 덕분에 일찍부터 골프를 배워 30년 이상 쳤다. 솔직히 세상에서 제일 재미있는 운동이라 해도 할 말이 딱히 없는 운동이다. 그러나 워낙 비용이 많이 들고 시간을 너무 많이 할애해야 하기 때문에 요즘은 거의 안 하고 있다. 대신 대학 시절 치다가 거의 잊어버린 실내운동 당구를 다시 시작했다. 과거에는 4

구라고 해서 볼 네 개짜리 경기를 주로 했는데, 요즘은 3구 스리쿠션이라는 경기가 유행이다. 나도 새로 배우기 시작했다. 고교 동창들이 격주로 모여 즐기는 당구 모임에도 가입했다. 만난 지 40년이 넘은 어릴 적 친구들과 한 번씩 보는 것만 해도 대만족인데, 새로운 당구 경기도 배우고 선의의 경쟁도 할 수 있어서 훨씬 좋다.

예전에는 당구장에서 담배를 피울 수 있었는데 이제는 법으로 규제해서 공기도 나쁘지 않다. 무엇보다도 새로운 3구 경기는 머리를 많이 써야 한다. 단순한 감으로는 어림 반 푼어치도 없다. 상당히 까다로운 여러 가지 시스템을 머리에 익히고 또 현장에서 그날 당구대의 컨디션에 따라 적당히 조절도 할 줄 알아야 한다. 머릿속이 여간 복잡하게 돌아가는 게 아니다. 치매 귀신이 파고들 공간이 없다. 가격도 비교적 저렴해서 부담이 별로 안 된다. 더구나 당구는 70이 아니라 80세가 되어도 서서 움직일 힘만 있으면 할 수 있는 운동이다. 좋은 친구들을 자주 만나고 싶은데 이런 재미있는 운동까지 같이 할 수 있다면 더 자주 모일 수 있을 것이다.

앞으로 꾸준히 치면서 재미있게 늙어갈 생각에 가슴이 뛴다. 마침 대학 시절 동아리 후배가 선배님의 스리쿠션 당구 계획을 축복하고 응원한다며 멋진 당구 큐까지 선물했다. 잘 안 맞으면 장비 탓하기도 글렀다. 연습이나 열심히 할 수밖에…….

즐기고 놀며
늙는다

앞에서도 말했지만, 내가 가장 즐겨하는 운동은 뭐니뭐니해도 걷기다. 걷기 운동의 좋은 점은 너무나 많고 누구나 잘 알고 있어 일일이 나열할 필요는 없을 듯하다. 걷기 운동은 출퇴근 시간이나 바깥 활동 시간 외에 집에서도 아침저녁으로 할 수 있는 그야말로 전천후 운동이다. 마침 한강변에 사는 나는 저녁 먹고 나서 아내와 함께 강변을 자주 걷는다. 부부가 함께 걷는 재미는 걷기 운동의 또 다른 맛이다.

나이가 들수록 부부간에 대화는 줄어든다. 대화가 절대 부족하다. 그런데 어깨를 나란히 하고 같이 걷는 시간 동안은 좋으나 싫으나 대화를 해야만 한다. 자연히 여러 가지 소재의 대화가 끊임없이 이어진다. 주로 식구들 이야기가 오간다. 아니면 교회 이야기나 각자의 친구들 이야기도 양념으로 섞인다.

나는 자식들이 일찍 출가를 감행해서 벌써 손주가 네 명이다. 그러다 보니 대화의 거의 절반 이상은 손주 녀석들 이야기다. 외손주 태리, 해리 그리고 친손주 이안, 이서 이 네 놈 이야기가 제일 재미있다. 우리 둘은 거의 반 흥분 상태에서 서로 한마디라도 더 하려고 애쓴다. 꼭 손주들 이야기가 아니더라도 시원한 강바람을 맞으며 가벼운 차림으로 함께 걸으며 나누는 대화는 절대 지루하지 않다. 물론 요즘은 각자 따로 걷기도 한다. 시간 맞추기가 어려울 때가 많기 때문이다.

요즘은 아내 혼자 걷는 경우가 부쩍 많아졌다. 걷다가 이웃 아저씨라도 만나는 것 아니냐고 농담 삼아 물었다. 그랬더니 이어폰을 귀에 꽂고 걷는다고 했다. 아내는 동네 구청에서 일본어를 벌써 거의 1년 넘게 열심히 배우고 있다. 수업이 끝나면 일본인 선생님이 원어민 발음으로 녹음해서 매번 카톡으로 보내주는 모양이다. 혼자서 걸으면서 녹음해준 일본어를 듣는단다. 기특하다. 환갑을 넘었어도 새로운 언어를 배우기 위해 걷는 시간까지 활용하고 있는 모습이 예쁘다. 그리고 나를 꼼짝없는 '대화의 늪'에서 구해준 것도 고맙기 그지없다. 나를 구해준 건지 아니면 본인이 먼저 탈출한 건지는 확실하지 않지만. 또 하나 내가 좋아하고 추천하고 싶은 운동은 자전거 타기다. 내가 오랜 해외 생활에서 한국으로 돌아와 감탄한 것 중 하나는 한국의 잘 닦인 자전거 도로다. 너무나 잘 만들어져 있다. 특히 한강변을 따라 쭉 나 있는 자전거 도로는 일품이다. 자전거 도로보다 더 놀란 것은 자전거 달리는 속도들이다. 다들 사이클 황제 랜스 암스트롱(Lance Armstrong)은 저리 가라로 빠르게 잘 탄다. 여성들도 남성들 못지않게 쌩쌩 달린다. 물론 헬멧 등 장비들은 다 갖추고 타는 것이지만 나같이 연식이 좀 된 사람들에게는 그야말로 쏜살같다. 누군가 말한 우리네 인생의 "속도는 중요하지 않다. 방향이 중요하다"라는 표현이 딱 나의 자전거 타기를 묘사하는 말이다.

나는 걷기로 치면 속보보다 조금 빠른 속도로 자전거를 탄다. 몸에 절대 무리가 가지 않는 범위 내에서 살짝 등에 땀이 날 정도로 타는 걸 원칙으로 한다. 그래야 오래 탄다. 앞으로 20~30년을 더 타야 한다. 그래서 자전거를 구입할 때 아예 로드나 산악자전거는 고려하지 않았다. 나는 지금 영국제 브롬톤 미니벨로 자전거를 타고 있다. 모양부터 멋있다. 내가 보기엔 진짜 영국 신사 느낌이 난다. 내가 누구인가? 폼생폼사 아니던가? 이왕이면 안전하고 또 멋지고 폼나는, 소위 간지 나는 자전거를 타고 싶었다.

언젠가 비행기에서 본 항공 잡지에 어떤 서양 멋쟁이가 19세기식 영국 고전 의상을 차려입고 미니벨로 자전거를 타는 사진이 있었다. 한눈에 반했다. 너무나 멋있었다. 영화의 한 장면 같았다. 나는 몰래 그 페이지를 찢어서 한동안 서랍에 간직했다. 그리고 나도 언젠가는 이런 장면을 연출하리라 다짐도 했다. 비록 복장까지는 아니더라도 나는 그때의 다짐을 지금 브롬톤 미니벨로로 실행하는 중이다. 머지않아 멋진 트위드(tweed) 복장까지 갖추고 브롬톤 미니벨로로 서울 시내를 그 잡지 속 장면처럼 누비는 꿈을 꾸고 있다. 사실 미니벨로를 구입할 때 굳이 브롬톤을 고른 것도, 또 진한 녹색 바디 자전거를 선택한 것도 오래전 항공 잡지 속 사진이 결정적이었다. 나는 따라쟁이다.

나는 걷기를 좋아한다. 걸으면 비로소 보이는 것들이 참 많다. 그런데 자전거 타면서 보는 풍경 또한 다양하고 멋지다. 특히 가을엔 강변에 무수히 피어 있는 코스모스를 스치듯 보는 환희가 있다. 또 5월 늦봄엔 청보리, 흑보리 같은 보리밭의 아름다움에 빠져 페달 밟는 것을 잊을 때도 있다. 석양이 질 무렵 자전거를 타고 강변북로 쪽에서 바라다보는 여의도와 붉은 노을은 그냥 한 폭의 그림이다.

내가 아는 한 친구는 요즘 이름도 생소한 디지펀아트(Digifun-art)

라는 것에 푹 빠져 있다. 국내 굴지의 호텔 체인 부회장이기도 한 그가 취미로 디지펀아트를 시작했고 워낙 새로운 놀이(?)이기 때문에 아예 세계적 협회도 창립하고 새로운 룰도 만드는 등 본격적인 활동을 하고 있다. 디지펀아트는 디지털의 'digital', 즐겁다의 'fun', 예술의 'art'로 이루어진 합성어다. 핸드폰 같은 디지털 도구를 이용해서 놀면서 즐겁게 하는 현대판 예술이다.

최근에는 서울시와 함께 서울의 상징적 빌딩들을 배경으로 디지펀아트 쇼를 개최하기도 했다. 평소 미술에 관심이 많은 나는 조만간 디지펀아트에도 관심을 갖고 참여할 생각이다. 내가 좋아하고 내가 잘할 수 있는 분야이면서, 내가 다소 부족할 수 있는 디지털 분야가 접목되어 있어 더욱 매력이 있다. 그야말로 시대를 앞서가면서 내가 하고 싶은 놀이를 즐길 수 있을 것 같아 벌써부터 흥분된다.

이외에도 나는 오래도록 내가 즐길 수 있는 운동과 놀이를 계속 찾고 또 즐길 것이다. 진정 멋지다는 것은 나이듦 자체를 거부하는 것이 아니라 나이듦을 즐기는 것이다. 나이 들어가면서 오래도록 어떻게 누구와 무엇을 하며 즐길 것인가를 고민해야 한다. 나는 평생 현역이고 싶다. 하지만 인생 2막에선 그동안 못했던 그림 그리기, 노래 배우기. 여행하기, 외국어 배우기, 자원 봉사, 친구들과의 만남, 운동 등 진짜 하고 싶은 활동들을 할 수 있는 여유와 시간을 최우선 순위에 놓으려고 한다. 그러기 위해서도 오랫동안 할 수 있는 운동과 놀이쯤은 미리미리 익혀두면 도움이 많이 될 것이다. 더 이상 속수무책으로 당황만 하며 늙어가지는 말자.

골프로 배우는 또 다른 지혜

골프장이 때로는 비즈니스 현장이 되기도 한다

이 글을 읽는 독자 중에 골프와는 전혀 무관하거나 심지어는 여유 있는 자들의 운동쯤으로 거부감을 느끼는 사람들도 있을 것이다. 그러나 일반적으로 해외 주재원들에게 골프는 비즈니스의 일부인 경우가 많다. 나도 예외는 아니었다.

오랜 주재원 생활 동안 나에게는 골프도 상당히 중요한 생활의 일부였고, 때로는 골프장이 비즈니스 현장이 되기도 했다. 자연히 골프는 내가 가장 즐기는 운동이 되었고, 내가 자주 골프를 언급하게 된 것도 그 때문이다. 골프의 가장 유익한 점을 꼽으라면 사교, 즉 네트워킹에 최적화되어 있다는 것이다. 누군가와 어렵사리 같이 라운딩을 하게 된다면 적어도 네 시간 이상을 꼼짝없이(?) 함께 운동해야 하고, 운동 후에도 어쩔 수 없이 샤워를 같이 해야 하기 때문에 서로 상대의 민낯을 보기 쉽고 이 때문에 급격히 친해지기에도 그만이다.

그래서 그런지는 몰라도 골프의 경우는 단 한 번이라도 라운딩을 같이 한 사람은 평생 동안 기억할 수 밖에 없다는 말이 있을 정도다. 나도 거의 30년 넘게 골프를 즐기다 보니 수많은 동반자들이 기억 속에 남아 있다. 그중에서도 내가 만났던 어느 노신사의 홀인원 이야기와 나의 인생 2막의 또 다른 목표인 에이지 슈터(age shooter: 골프 한 라운드에서 자기 나이 숫자만큼의 타수를 치는 골퍼) 이야기를 소개하고 싶다.

한 번의 스윙으로 홀에 공이 바로 들어가는 홀인원은 실력이 아니라고 한다. '운7 기3'도 아니고 100퍼센트 운이라고들 한다. 실제로 마치 로또에 비견될 정도로 확률이 낮아서 한 골퍼가 평생에 한 번이라도 한다면 그는 아주 운이 좋은 골퍼로 치켜세워질 정도다. 그런데 나에게 골프는 운만이 아니라는 것을 증명해 보여준 분이 있다. 한국의 화장품 대기업 중 하나인 S사의 대표로 상하이에 나와 계셨던 최 회장 이야기다.

하루는 최 회장과 함께 라운딩을 하는데 그분이 앞으로 한 달 안에 홀인원을 해야 한다며 조바심을 내셨다. 좀 의아하게 생각하며 나는 "저는 바로 얼마 전에 홀인원을 한 번 했습니다"라고 했더니, 최 회장이 "하하하! 저는 이미 세 번을 했고요, 지금은 네 번째 홀인원을 노리고 있는 겁니다"라는 게 아닌가?

"저는 2년에 한 번씩 홀인원을 하겠다는 목표가 있습니다. 그런데 그 2년이 이제 한 달밖에 안 남았습니다."

최 회장은 분명히 그렇게 말했다. 나는 내 귀를 의심했다. 일생에 한 번도 하기 어렵다는 홀인원을 이미 세 번씩이나 하고 그것도 모자라 네 번째 홀인원을, 그것도 무슨 사업계획도 아니고 목표를 가지고 추구한다니…….

아무튼 나의 첫 홀인원 자랑은 최 회장 앞에서 '그까짓 겨우 첫 번째 홀인원'이 되어 여지없이 빛을 잃었음은 물론이다. 운동 후 샤워를 끝내고 나서 맥주 한잔을 같이 나누면서, 그의 홀인원 2개년 계획에 대해서 더 들을 수 있었다. 솔직히 궁금했다. 다른 것도 아니고 골프에도 신이 있다면 바로 그 '골프의 신'이 내려준다는 홀인원을 어떻게 세 번이나 할 수 있었는지 그 비결을 알고 싶었다.

그가 이야기해준 '홀인원 많이 하는 법'은 이렇다. 그는 매번 홀인원이 가능한 파 3홀(비교적 짧은 홀로서 한 번에 그린에 올릴 수 있도록 설계된 곳)에 도착, 티 박스(티샷을 하도록 정해진 구역)에 올라가서 스윙을 하기 전에 반드시 세 가지를 상기한다고 한다. 첫째, 홀인원을 이번에 꼭 하겠다고 다짐한다. 둘째, 홀까지 어떤 장애물이 있더라도 돌아가거나 피해서 안전하게 치려고 하지 않고 깃대를 보고 홀을 향해 똑바로 공략한다. 셋째, 반드시 홀을 지나칠 수 있을 정도로 충분히 길게 친다.

이 세 가지 홀인원 많이 하는 방법론을 듣는 순간 나는 소름이 쫙

끼칠 정도로 놀랐고 그가 무섭기까지 했다. 그리고 그는 지금도 어떤 동반자들과 긴장 가득한 플레이를 하든 작은 내기를 하든지 간에 파 3홀에만 오면 반드시 '자기 자신과의 홀인원 시합'을 한다고 했다. 그때마다 혼자만의 기분 좋은 기대와 짜릿한 긴장감을 즐기고 있다고 했다. 최 회장의 홀인원 하는 비결을 듣고 보니 나의 홀인원도 그냥 된 것이 아니고, 바로 최 회장의 비법과 일맥상통하는 비법들의 교집합이었음을 발견할 수 있었다.

내가 홀인원을 했던 그 홀에서 나는 두 번째 순서였다. 나보다 먼저 친 동반 플레이어가 아주 잘 쳐서 홀에서 1미터 정도밖에 안 떨어진 곳에 공을 보냈다. 나는 티 박스로 올라가면서 우스갯소리로 "방금 어느 자리에 티를 꽂고 쳤어요? 나도 같은 곳에 티를 꽂고 치면 좋은 곳에 보낼 수 있을 것 같은데……"라고 중얼거렸는데, 나의 캐디가 "같은 자리에 꽂으면 아마 홀인원 할지도 몰라요"라며 '홀인원'이라는 단어를 상기시켰다.

맞다. 평소엔 생각조차 않던 홀인원 세 글자를 나도 모르게 새롭게 인식했다. 그의 첫 번째 비법이다. 그러곤 홀인원이라는 목표가 생기다 보니 장애물이 눈에 들어올 리 만무였다. 과감하게 깃대를 바로 노리고 샷을 날렸다. 이건 그의 두 번째 비법이다. 게다가 처음엔 내가 평소에 그 홀에서 잡고 스윙하던 9번 아이언 채를 잡았다가 홀인원 이야기 덕에 다시 그보다 조금 길게 칠 수 있는 8번 아이언으로 바꾸어 잡았다는 기억까지 떠오르자 다시 소름이 돋았다. 이게 바로 그가 말한 세 번째 비법, 즉 반드시 지나칠 수 있도록 충분한 거리를 내는 채로 치라는 것과 정확히 일치한 셈이었다.

나의 골프 역사 30여 년 만에 처음으로 찾아왔던 행운의 홀인원이 다시 분석해보니 우연만은 아니고 홀인원이 나올 수 있는 조건들이 조각조각 합쳐져서 만들어낸 결과였던 것이다. 진짜 이야기는 지금부터다. 그와 라운딩을 하고 나서 보름도 지나지 않아 나는 그의 전화를 받았다. "지 사장, 축하해주세요. 나 결국 네 번째 홀인원 했어요. 2년 시한 단 일주일 남기고 했습니다", "내가 뭐랬어요? 내 비법대로 하면 지사장도 홀인원 또 할 수 있어요", "하하하!" 전화기 너머로 들려오는 노신사의 호탕한 웃음소리가 그날따라 더 크고 우렁차게 들렸다. 나는 "회장님, 정말 대단하십니다. 축하드립니다" 하며 연신 부러움 반 축하 반의 멘트를 날렸음은 물론이다. "지사장도 내 방법대로 한번 시도해보세요. 아직 나보다 젊고 실력도 좋으니까 아마도 앞으로 다섯 번은 문제없을 겁니다"라며 최 회장은 전화를 끊었다.

나는 오늘도 에이지 슈터를 꿈꾼다

이렇게 전수받은 홀인원 비법은 당장 다음 라운딩부터 실천에 옮겨졌음은 물론이다. 비록 아직까지 두 번째 홀인원은 못 했지만, 확실히 아무 생각도 없이 라운딩을 할 때보다는 깃대에 가까이 붙는 경우가 많아졌고, 치기만 하면 볼이 홀을 향해 날아가서 두세 번은 홀에 꽂힌 깃대를 맞추기까지 했다. 정말 신기했다. 마치 자석이라도 붙은 것같이 볼이 홀을 향해 날아갔다.

시간이 지나자 어느새 최 회장이 알려준 '홀인원 많이 하는 비법'을 또 까마득히 잊고 라운딩을 하고 있지만, 내가 이런저런 특강을 할 기회가 있을 때마다 젊은 후배들에게 인생의 금과옥조 비슷하게 이야기해주고 있는 단골 메뉴 중 하나가 되었다. 결국 인생이나 어학 공부나 마찬가지로 뭔가 제대로 된 결과를 얻으려면 꼭 지켜야 할 세 가지 법칙이 있다고.

첫째, 확실한 목표를 세우고 늘 다짐을 한다. 둘째, 중간에 어떤 고난이나 어려움이 닥쳐와도 굴하지 않고 한눈 팔지 말고 목표를 향해 앞만 보고 달린다. 셋째, 자신의 능력을 잘 알고, 자신의 능력이 닿는 범위 내에서 시도를 해야 성공할 수 있다. 이 세 가지를 강조하며, 나와 최 회장의 에피소드를 이야기해주곤 한다.

한국에 돌아온 후로는 중국에 주재하고 있을 때보다는 라운딩을 할 기회가 많지 않다. 자주 치지도 않고 연습도 거의 하지 않아서 스코어는 하향세 국면이다. 아무래도 나이가 들면서 유연성도 떨어지고 다리 힘도 줄어들어 거리는 형편없이 줄었고, 별로 힘을 요하지 않는 퍼팅(그린 위에서 퍼터로 공을 홀에 집어넣는 것)마저도 집중력이 떨어져서인지 예전만 못하다. 그야말로 총체적 난국이다. 예전 같으면 조금만 잘 맞지 않으면 바로 연습장으로 달려가서 칼을 갈았겠지만, 이제는 스코어에 일희일비하지 않는다.

아이러니컬하게도 요즘 오히려 라운딩이 즐거워졌다. 이제야 비로소 골프를 즐기는 단계로 접어든 느낌이다. 역시 마음을 비우니까 골프의 진정한 즐거움을 알게 된 것이다. 특히 중고교 때 친구들과 옛이야기를 하며 몇 시간씩 함께 라운딩을 하다 보면 그야말로 '잃어버린 50년(중학교 때 친구들은 만난 지 50년이 된다)'을 되찾을 수 있어 시간이 허락하는 대로 또 불러주는 곳이 있으면 열심히 참가하고 있다.

어릴 적 친구들과의 골프에서는 그야말로 '행복은 성적순이 아니다'. 그렇다고 무념무상으로 골프장으로 달려갈 내가 아니다. 아무 목표 없이 필드에 가서 그저 친구들과 떠들며 어울리는 것에 만족할 내가 아니다. 난 다시 홀인원 외에도 새로운 목표를 하나 세우고 도전하고 있다. 그래서 최근엔 골프 약속을 잡고 나면 며칠 전부터 다시 가슴이 설레기 시작했다. 언제나 '꿈'은 이래서 좋다. 새로운 목표는 다름 아닌 모든 골퍼의 마지막 꿈인 '에이지 슈터'가 되는 것이다. 이는 한 라운드에 자신의 나이만큼의 스코어를 치는 것이다. 가뜩이나 거리도 줄어들고 힘도 약해져서 나이가 늘어감에 따라 스코어도 급상승(골프 스코어는 적을수록 잘 치는 것이다)하는 게 일반적인데, 해마다 늘어가는 나이에 비해 스코어는 줄어들어야만 달성할 수 있는 게 에이지 슈터다. 일생에 거의 한 번도 할 수 없는 게 에이지 슈팅이다. 아마도 홀인원보다 훨씬 더 어려울 것이다.

그러나 내가 에이지 슈터의 꿈을 꾸는 이유는, 사실 그 목표를 달성하는 것도 좋지만 그 과정을 즐기기 위함이 더 크다. 그 과정에서 얻는 부수적 이익이 너무나 크고 소중하다. 내가 생각하는 에이지 슈터의 꿈을 이루기 위한 세 가지 필수 조건이 있다. 첫째, 체력 관리가 무엇보다도 중요하다. 몸이 받쳐주지 않으면 필드에 나가서 제대로 된 플레이를 할 수 없다. 기본 중의 기본이다. 둘째, 나이 들어서도 동반 플레이를 할 수 있는 친구가 있어야 한다. 골프는 일반적으로 네 명이 함께 라운딩을 한다. 그러니 혼자만 체력 관리를 잘 해서도 안 된다. 같이 운동할 수 있는 친구가 몇 명 더 있어야 하는 것이다. 셋째, 예나 지금이나 골프 비용은 만만치가 않다. 앞으로도 다른 운동 비용에 비해서는 경제적인 부담이 만만치 않을 것이다. 그러므로 나이 들어 은퇴하고 나서 에이지 슈터의 꿈을 이루기 위해서는, 건강한 몸과 건강하고 맘에 맞는 좋은 친구들과 경제적 여유까지 있어야 한다. 이 세 박자가 모두 맞아야만 비로소 최소한의 조건이 갖추어지는 것이다.

그래서 나는 더욱더 에이지 슈터의 꿈을 버릴 수 없다. 설령 그 꿈을 못 이룬다 할지라도(이루려고 끝까지 노력하겠지만) 그 꿈을 위한 여정을 즐기겠다는 또 다른 '꿈속의 꿈'이 있기 때문이다. 사실 에이지 슈터의 꿈은 애초부터 달성하리라고 믿고 세운 목표는 아니었다는 게 솔직한 표현이다. 그러나 그 꿈을 절대 포기하지 않고 나의 건강을 잘 관리하고, 친구들도 잘 관리(?)하고, 또 평생 현역으로 운동에 필요한 재정적 부담도 해결하려고 노력할 생각이다. 인생 2막에서의 꿈은 꼭 달성하라고 세우는 것이 아니다. 그 꿈을 향해 계속 달려가라고 있는 것이다. 마치 이정표 같은 것이다. '에이지 슈터'가 바로 나의 인생 2막 이정표 중 하나인 것이다.

나는 골프 예찬론자이자 골프 애호가이긴 하지만, 아직도 매번 골프를 칠 때면 비싼 비용에 솔직히 돈이 아깝다는 생각을 자주 하곤 한다. 그런데 이제 와서 어떻게 하랴. 아주 젊어서부터 배웠고 또 즐겨왔으며, 골프를 매개로 맺어진 친구들도 많아서 횟수는 줄었지만 지금도 여전히 라운딩을 계속 하고 있다. 피할 수 없으면 즐기라고 했다. 나에게 골프는 나이 들어서도 젊은이와 겨룰 수 있고 또 함께 즐길 수 있는 운동이기도 해서 그만두지는 않을 생각이다. 다만 예전처럼 한 타 한 타에 일희일비하지 않고 그야말로 그냥 즐길 것이다. 쓸데없는 스트레스를 받지 않으려고 가벼운 내기마저도 가능하면 사양하는 편이다. 사실 골프는 내기를 해야 재미있긴 하다. 하지만 나에겐 파 3홀을 만날 때마다 홀인원을 하겠다는 새로운 목표와 죽기 전에 꼭 에이지 슈터가 되겠다는 원대한 꿈이 있어, 늘 기분 좋은 긴장감과 짜릿함을 즐기며 라운딩에 임할 것이다.

이렇게 나이 들어서도 골프라는 운동을 통해서 건강을 유지하고 또 오래오래 좋은 친구들을 만나고 게다가 인생의 진리까지 배우고 깨달을 수 있다면 골프에 대한 일부 부정적인 시각을 상쇄하고도 남지 않을까?

발 안마 하나로 장수와 스킨십까지

유구한 전통의 중국 발 안마

중국에 여행가거나 출장을 가보면 자주 눈에 띄는 간판이 있다. 그 가운데 하나가 지아오띠안모(脚底按摩: 발 안마)다. 문자대로라면 '발바닥 안마'라는 뜻이다. 중국에는 발 안마숍이 두 집 건너 하나씩 있다. 우리나라로 치면 아마 세 집 건너 하나씩 보이는 커피숍의 노출 빈도만큼이나 많을 것이다. 내가 중국에서 살 때 느낀 바로는 중국인들의 발 안마에 대한 믿음은 가히 종교에 가깝다. 중국은 워낙 다양한 민간 치료법이 많을뿐더러 백성들이 꽤나 믿고 의지하는 편이다. 게다가 최근에는 발 안마숍이 단순 발 안마, 즉 치료나 치유의 의미를 떠나 만남의 장소, 소통의 장소로도 널리 애용되고 있어서 가히 발 안마 전성시대를 구가하고 있는 중이다.

한국에서도 결혼식 피로연 때나 신랑이 처가댁을 처음 방문할 때 신랑의 발바닥을 북어 같은 것으로 마구 때리는 관습이 있는데, 발바닥에 있는 혈을 자극해줘서 정력이 좋아지라는 의미에서 시작된 것이라고 한다. 원래는 발바닥 중앙에 있는 '용천혈'을 자극하기 위한 방편이었을 것이다. 중국에서는 고대로부터 '용천혈'이 정력과 장수의 '비밀 스폿(spot)'으로 유명했다. 중국의 민간요법 발 안마의 잔재가 아직 우리 풍습에도 남아 있다고 볼 수 있다.

예로부터 우리는 손바닥을 작은 우주라고 해서 몸의 오장육부를 대표하는 부위가 손바닥 안에 있다고 생각했다. 수지침은 바로 이런 손바닥에 있는 각 기관들의 반사구(反射區)를 침으로 자극해서 질병을 치료하는 방법이다. 발 안마도 같은 원리로 발바닥에 분포되어 있는 반사구를 자극해줌으로써 관련 기관들의 기능을 회복시켜주어 치료 효과를 거두는 자연 건강 치유법이다. 이는 제3의학의 일종으로 동양의 전통 의료의 한 장르에 속한다.

발 안마는 발바닥을 손이나 도구를 이용하여 안마하는 방식으로 별로 낯설지 않은 개념이다. 그 기원은 중국에서 나온 것으로 알려져 있는데 역사는 무려 4000년 전으로 거슬러 올라간다. 지금은 중국 고대 전통 의학의 일부분으로 공식적으로 인정받고 있으며, 전통 의학의 침술과 같은 원리의 치료 방법으로 여겨지고 있다. 그러나 발 안마가 중국에서 유래되긴 했지만, 정작 중국에서는 그리 보편적으로 전승되어오지는 않았다. 오히려 수많은 환난과 역사의 부침을 겪으면서 발 안마는 거의 중국의 문화유산에서 자취를 감출 뻔하기도 했다. 거의 소멸될 위기까지 겪으면서 이어져오다가 중국의 급속한 경제 발전과 함께 오늘날의 발 안마 르네상스에 이른 것이다.

중국 역사에도 진한(秦漢) 시기에 사회가 급속히 발전하면서 발 안마가 질병 치료의 개념으로 아주 성행했다고 나온다. 《황제내경(黃帝內经)》의 〈족심편(足心篇)〉에도 발 안마가 상세히 묘사되어 있다. 한나라 때는 유명한 명의 화타(华佗)가 《화타비적(华佗秘籍)》에 〈족심도(足心道)〉라고 하여 발 안마를 상세히 기록해놓기도 했다. 특히 한고조 유방은 발 안마를 특별히 즐겼다고 하는데, 잠자리에 들기 전에 반드시 두 명의 시녀로부터 양쪽 발의 세족과 안마를 받았다는 기록이 있다고 한다. 얼마나 발 안마를 좋아했으면 유방이 죽기 직전 가장 큰 소원이 다시 한 번 발을 씻고 싶다고 했다는 말이 전해질 정도다.

건강을 넘어 문화로 자리 잡다

발 안마는 당나라 때에 이르러 일본에 전파되었다. 일본에서는 '침술'과 '족심도(足心道)'의 두 가지로 발전되어 지금까지 전해지고 있다. 그러나 유교 사상이 지배했던 송나라 때에 와서는 예의범절 문화에 짓눌려서 거의 자취를 감추었다. 그러나 칭기

즈칸의 원나라 때는 발 안마가 유럽으로 전파되어 한때 유럽에서 발 안마 부흥이 일어나기도 했다.

명나라 때 와서는 다시 발 안마가 많은 의학 전문가들 사이에서 건강 관리의 좋은 수단으로 각광받기 시작했다. 우리에게도 잘 알려진 명나라 때의 유명한 의학가 이시진(李时珍)은 "寒从脚下起，故脚部为治病之根本源泉", 즉 "차가운 기운은 발에서부터 시작된다. 그러므로 발이 병을 고치는 근원이 된다"라며 발 안마의 효능을 찬양했다. 또한 약의 왕이라고 불렸던 손사막(孙思邈)은 장수의 비결 중 하나로 "매일같이 발바닥, 특히 용천혈(涌泉穴: 발바닥 중앙의 가장 오목한 부분)을 부드럽게 안마해주면 오래 산다"라고 설파하기도 했다.

20세기 들어서 현대 의학의 연구 방법까지 동원하고 많은 연구 서적이 나오면서 비로소 제대로 된 '족부반사구건강법(足部反射区健康法)'으로 정립되게 되었다.

근대에 들어오면서 중국의 민간에서 다시 유행하기 시작, 1982년에는 정식으로 발 안마 전문 기구가 발족하고 세계대회도 여는 등 국제화되기 시작했다. 1999년에는 발 안마사가 정식으로 중국의 직업으로 인정받게 되어, 그동안 수천 년에 걸쳐 민간에서 민간으로만 전승되어오던 발 안마가 정식으로 국가가 인정한 의료 행위 중 하나가 되었다.

오늘날 중국에서는 발 안마가 치료의 목적이라기보다는 하나의 사회현상에 가깝다고 볼 수 있다. 새로운 '건강 휴식 문화'라고 할 수 있다. 마치 우리가 밥을 먹고 가까운 커피숍에 가듯 중국인들은 식사 후에 같이 발 안마를 받으러 가는 것이 꽤나 자연스럽다. 어디가 아파서 가는 것이 아니라 조용히 같이 담소하기 위해서 발 안마숍을 찾는다는 말이다. 하긴 발 안마를 받으면서 자연스레 옆에 앉거나 비스듬히 누워서 기분 좋은 상태로 나누는 대화는 발에 바르는 아로마 윤활유보다 더 부드러워질 수밖에 없다.

그러다 보니 우리가 헬스장의 장기 티켓을 끊듯 중국인들은 발 안마의 장기 이용권을 끊어놓고 수시로 가는 경우가 많다. 때로는 혼자서 피로를 풀러 가기도 하지만, 대부분은 친구들과 건강을 돌보고 담소도 나누려고 간다. 중국인들은 우리보다 쑥스러움을 덜 탄다. 보통 룸으로 되어 있고 한 룸에 몇 명 정도가 같이 들어가는 게 일반적이다. 그러므로 아주 친하지 않은 거래처 사람이라도 할 수 없이 같은 룸에 들어가 옆에 앉거나 누워서 발 안마를 받을 때가 많다. 바로 옆에서 양말을 벗고 맨발을 드러내야 하는 상황이 벌어지는 것이다.

우리 같으면 좀 쑥스러워하거나 자리를 떼어 앉거나 아니면 아예 별도의 방으로 나누어서 들어가 발 안마를 받고 싶어 하는 게 보통이다. 그러나 대부분의 중국인은 거의 그런 내색을 안 한다. 오히려 우리가 유난하다고 생각할 정도다.

아무튼 가끔씩 좀 어색한 장면을 연출하는 것을 빼곤, 발 안마 자체는 너무 좋다. 나도 꽤나 발 안마를 즐기는 편이다. 오늘 나의 건강을 있게 한 일정 부분은 오랜 중국 생활 동안 받았던 무수한 발 안마 덕분일 거라는 게 나의 감이자 추측이다. 명나라 때 약의 왕 손사막이 "발 안마는 장수의 비결"이라고 했으니, 그의 말이 사실이라면 나는 120세 전에 죽기는 틀린 것 같다.

내가 발 안마를 좋아하는 이유는 첫째, 일단 건강에 좋다. 특히 걷는 것을 좋아하는 나는 발바닥을 혹사하기 일쑤다. 그래서 항상 나의 발바닥에게 미안한 마음을 갖고 산다. 그래서 좀 많이 걸었다 싶은 날은 한 번씩 발 안마를 받으러 간다. 고생한 나의 발바닥을 위로해주는 일종의 '속죄 의식'이다. 받고 나서 마치 구름 위를 걷는 것 같은 새털 같은 가벼운 느낌을 즐긴다. 날아갈 것 같다. 둘째, 인적 네트워킹을 강화하는 수단으로도 매우 유용하다. 발 안마는 원활한 소통에 도움을 준다. 특히 거래선 사람들과 같이 가서 나란히 발 안마를 받는 시간은 그야말로 빼도 박도 못하는 함께할 수밖에 없는 시간이다. 게다가 하루의 피로를 풀어주는 남의 손길을 느끼면서 이야기를 할라치면 아주 심각한 이야기가 아닌 이상 술술 풀린다. 아내와 걷기 운동을 같이할 때도 걷는 시간 동안만큼은 이런저런 이야기를 나눌 수밖에 없듯이 발 안마를 같이 받는 시간 동안은 어쩔 수 없이 이야기를 주고받을 수밖에 없다. 그야말로 반강제적 소통의 장소인 셈이다.

나의 경우 거래선들과 저녁 식사 후에 주로 같이 간다. 나는 특히 술을 잘 안 먹기 때문에 소위 2차 장소로는 제격이다. 아주 건전하고 건강한 코스다. 가격 또한 비교적 합리적이다. 이만큼 값싸고 건강하면서, 건전하게 함께할 수 있는 2차 놀이터도 드물다. 나의 중국 인맥 만들기의 중요한 통로이자 비밀 병기가 바로 '발 안마'다.

발에서 받는 음양의 조화를 누리며

중국의 발 안마숍에는 일반적으로 단순 발 안마 외에 귀파기, 발톱 깎기, 손톱 깍기, 각질 제거, 부황 뜨기 등의 다양한 서비스가 같이 제공된다. 중국에 현대적인 발 안마숍이 성행하기 시작한 것은 개혁개방이 되고 나서부터니까 약 30년 남짓 되었다. 내가 타이베이에 처음 주재원으로 나간 게 1984년도였는데, 그때 벌써 타이베이에는 이발청(理髮廳)이라는 거창한 이름의 이발소 겸 안마숍 겸 발 안마숍이 매우 성행하고 있었다. 타이베이의 유명한 어느 이발청은 중국식 홍등으로 장식된 6층짜리 휘황찬란한 건물의 전 층을 사용하고 있었다. 안마숍의 끝판왕이자 '종합 신체 피팅 센터'였다. 그 당시도 출장자들이 오기만 하면 으레 모시고 가서 신기한 체험을 시켜주던 필수 코스였다. 안마, 특히 발 안마를 좋아하기는 중국인이나 우리 한국인이나 별반 차이가 없는 것 같다.

중국인들도 발 안마숍의 다목적 공간 활용의 이점을 간파하고 마치 헬스클럽 회원권처럼 장기 이용권을 끊고 다니는 사람이 많다. 그리고 상품권을 선물하듯이 발 안마 이용권을 선물하는 게 한때 유행하기도 했다. 일반적으로 술이나 중국차 같은 것으로 선물을 많이 하지만, 나는 솔직히 발 안마 이용권을 선물 받았을 때가 더 좋았다. 돈으로도 살 수 없는 건강을 선물 받은 것 같아서 특히 좋아했던 것 같다.

중국에 살다 보면 이래저래 발 안마를 자주 하러 갈 기회가 생긴다. 언젠가 본사 사장님이 오셔서 발 안마를 받아보시더니 주재원인 우리를 무척 부러워하셨다. 이런 것을 매일 받을 수 있으니 얼마나 좋겠냐면서.

사실이었다. 행운이었다. 복받은 셈이다. 중국 명나라의 손사막은 용천혈을 자주 안마해주면 장수를 할 수 있다고 했다. 그 말이 맞다면 목숨을 연장해주는 비결, 즉 장수할 수 있는 비법을 지사에 근무하면서 누릴 기회가 누구보다 많으니 혜택도 이런 혜택이 없다. 그래서 그런지 난 아직까지 병원과는 담을 쌓고 산다. 건강검진 때만 빼고.

한국에 돌아오니 발 안마를 받으러 갈 기회가 거의 없는 게 안타깝다. 얼마 전 홈쇼핑 채널에서 발 안마 족욕기를 선전하는 걸 본 기억이 난다. 그때 나는 '왜 진작 이런 생각을 하지 못했지? 당장이라도 하나 구매해야겠다.' 하고 생각했다. 하나 사서 아내와 서로서로 발 마사지를 해주면 좋을 것 같다. 그동안 중국에 오래 주재하면서 수없이 많이 받아왔던 발 안마 비법을 하나하나 기억해내 내 것으로 만들면서 그 혜택을 평생 나를 사랑해주고 지켜주고 곁에 있어준 아내에게 돌려주면 좋겠다는 게 나의 깜찍한(?) 생각이다. 물론 비법을 아내에게도 전수해주어 오래도록 서로가 서로에게 해주는 새로운 전통을 만들어야겠다. 이거야말로 부부니까 오래도록 계속 할 수 있는 장수 비법 중의 비법이다. 게다가 오래 산 부부간의 강제적(?) 스킨십은 덤이다.

내가 타는 지하철엔 '경로 우대석'이 없다

나는 양보받을 사람이 결코 아니다

중국에서 지하철을 타보면 심심치 않게 큰소리가 오가는 장면을 보게 된다. 주로 임산부나 할머니 같은 사회적 보호 대상과 사지 멀쩡한 버릇없는 청년들 사이의 자리다툼 실랑이가 많다. 특히 중국어는 그냥 들어도 마치 싸우는 것 같다. 그러니 서로 목청을 높여 다투기라도 하는 날엔 정말이지 지하철이 떠나갈 듯하다. 중국에도 우리처럼 노약자석이나 임산부 전용석이 있다. 잘 찾아보면 한쪽에 눈에 잘 뜨이지 않게 '愛心專座(아이신좐쭈오: 사랑의 자리)'라고 쓰인 자리가 있다. 더구나 우리의 한자와는 다른 간체자(簡体字)로 쓰여 있기 때문에 무슨 뜻인지 모르고 털썩 그 자리에 앉는 실수를 범하기 쉽다. 사실 그 자리가 우리의 경로 우대석에 해당하는 자리다. 정확히는 우리의 경로석과 장애인석 그리고 임산부 전용 좌석을 합쳐놓은 종합 개념의 좌석이다. '老/弱/病/殘/孕', 즉 '노인/약자/병자/장애인/임산부'의 자리를 말한다.

그러나 아직은 시민 의식 수준이 높지 않다. 게다가 좌석의 절대적인 숫자도 적다. 그래서 그런지 별로 잘 지켜지는 것 같지는 않다. 특히 남녀평등 사상이 강해서 그런지 멀쩡한 남성들마저 약한 여성들에게 자리를 내주는 경우를 거의 볼 수 없다. 그리고 소황제라 받들어지는 어린아이들의 경우는 더하다. 옆에 어른들이 있어도 무조건 먼저 앉고 본다. 그를 지켜보는 부모들도 제재를 하기는커녕 오히려 도와준다. 저절로 눈살이 찌푸려진 적이 한두 번이 아니다.

오랜 중국 생활 끝에 한국에 돌아와 지하철을 자주 탄다. 그런데 우리네 지하철 승차 예절에선 제법 선진국 냄새가 난다. 다른 곳에 자리가 없더라도 대부분의 젊은이들은 경로석을 비워놓는다. 이 모습이 처음엔 오랜 외국 생활로 외국인이나 다름없는 나에게 꽤나 낯설었다. 문명국가가 따로 없었다. 시민 의식 충만한 대한민국에 감탄했다. 한국인임이 자랑스러울 정도였다. 내가 아마도 중국에서 왔기 때문에 그 느낌은 더욱 강렬했을 것이다.

지하철에서 나는 웬만해선 앉지 않는다. 그냥 서서 가면서 지하철의 기분 좋은 흔들림에 몸을 맡기는 편이다. 서서 중심을 잡아가며 음악을 듣는 재미가 쏠쏠하다. 며칠 전 예의 이어폰을 귀에 꽂고 지하철에 올랐다. 동시에 30대쯤 되어보이는 여성이 자리에서 일어났다. 설마 나에게 양보하는 것은 아니겠지, 하며 주위를 둘러보니 아무도 없었다. 순간 나는 당황했다. 나를 자리 양보 대상 할배로 보다니……. 너무 화가 났다. 죄도 없는 그 친절한 여성을 거의 때릴 뻔했다.

나는 이어폰을 빼랴, 손사래를 치랴, 그 느닷없는 호의를 거절하느라 정신이 없었다. 그 여성분도 좀 어색한 표정으로 다시 자리에 앉으며 흘깃 나를 아래위로 스캔하는 것 같았다. 나는 민망하여 옆쪽으로 슬그머니 자리를 옮겼다. 그녀도 다시는 내 쪽을 주시하지 않았다. 서로 불편한 장면은 피하고 싶었던 것이다. 시선에서 편해지자 나는 늘 그랬듯이 '지하철 서핑(나는 손으로 전철 손잡이를 잡지 않고 지하철의 움직임에 몸을 맡기는 동작을 '서핑'이라 혼자 부르며 즐긴다)'을 다시 하기 시작했다. 사실 자리를 양보받고 사양하는 그 몇 초 동안 가장 당황했던 건 나 자신이었다. 난 아직 절대 자리 양보를 받을 군번이 아니라고 찰떡같이 믿고 있었고, 또 비주얼로도 나름 자신이 있었기 때문이다.

10년 후의 나에게 양보하자

요즘 고교 동창 모임이 꽤나 부흥하고 있다. 시간이 갈수록 늘어나는 것은 뱃살과 흰머리 그리고 동창 모임 참가자 수라고들 했다. 특히 과거에 고관대작을 지내고 사회적 명성을 얻었던 친구들이 많이 나온다. 이 나이쯤 되니 시간도 많고 옛 친구들 만나서 수다 떠는 일이 가장 부담 없고 즐거운 모양이다. 지금도 이런저런 제목을 붙인 모임이 자꾸 생겨난다. 물론 나도 몇 그룹의 모임에 적극 참여하는 편이다. 특히 오랜 해외 생활로 거의 만나지 못했던 어릴 적 친구들을 다시 만날 수 있어서 의식적으로 열심을 내고 있다. 몇십 년의 갭을 단번에 줄여주는 '타임머신'이 작동하는 그런 모임들이 고맙다. 그곳에만 나가면 갑자기 잃어버린 40여 년을 보상받는 느낌마저 든다.

모임이 끝나면 과거와는 달리 2차, 3차 마다하고 집에 가기들 바쁘다. 대부분 대중교통을 이용하는데, 특히 지하철 노선별로 소위 귀가조가 짜인다. 그래서 4호선 쪽에 사는 나는 자주 4호선 귀가조와 함께 지하철을 탄다. 이럴 때도 친구들은 대부분 경로석에 엉덩이를 붙이기 바쁘지만, 난 지하철 서핑 놀이를 즐기며 귀가한다. 다들 나에게 앉으라고 성화다. 그것도 큰소리로 권한다. 나 아직 귀 안 먹었는데, 다들 입에 확성기를 단 것 같다.

꼭 늦은 시간 귀가 때만 그런 게 아니다. 낮이나 밤이나 마찬가지다. 지하철에 타기만 하면 다들 자리 잡기에 혈안이 되어 친구고 뭐고 안중에 없다. 우리나라 아줌마들의 지하철 자리 잡기 신공이 사람들의 입에 우스갯소리로 자주 오르지만, 환갑 지난 중늙은이들의 신공 또한 만만찮다. 다들 군대 갔다 온 티가 유독 이 장면에서 난다. 누가 보면 다들 공수부대나 해병대 출신인 줄 알 정도다. 자칫 눈치 없는 젊은이들이라도 눈에 띄면 일장 훈시마저 퍼부을 기세다. 그럴 때 난 마치 일행이 아닌 척 딴청을 부리기도 한다. 굳이 서서 가는 것을 고집하는 나를 친구들은 이해 못하겠다는 표정으로 바라보곤 한다.

제일 진상은 다른 곳에 자리가 있는데도 경로석으로 자진 납세 가는 녀석들이다. 굳이 그렇게까지 꼰대 티를 내고 싶을까? 나로서는 그 심리가 이해 불가다. 물론 나도 힘들고 지칠 때는 자리가 나면 앉는다. 나라고 365일 철인은 아니니까. 그러나 나에게는 하나의 철칙이 있다. 아무리 힘들어도 경로석에는 앉지 않는다. 다른 곳에 자리가 전혀 없어서 다른 선택이 불가능할 때라도 서서 갈지언정 절대로 경로석에는 앉지 않는다. 내가 타는 지하철에 경로석은 없다.

그 자리는 나보다 더 필요한 사람에게 양보하자. 한 10년쯤 후의 나에게 양보하자. 아직은 서 있을 수 있을 때 서서 가자. 나중에 실컷 앉아 갈 수 있다. 아니 할 수 없이 누워 있을 수밖에 없을 때가 올지도 모른다. 월급도 가불하면 좋을 게 없는데 경로석 가불은 절대 하지 않겠다, 라고 다짐을 하곤 한다. 나조차도 믿기 어렵지만 나도 이제 곧 '지공대사'의 반열에 오른다. 즉 지하철을 공짜로 타는 대상이 된다. 그러나 가능하다면 당분간은 공짜 패스는 안 만들고 지금처럼 요금을 내고 타고 다닐 생각이다.

내가 돈이 많아서가 아니라 나는 생물학적 나이와 주민등록상 나이 모두를 거부하고 싶기 때문이다. 말로만 거부한다고 하고 지하철은 슬쩍 공짜로 탄다면 나 자신이 우선 용납을 못할 것 같다. 마치 이중적 인간이 된 것 같은 기분도 들 것 같다. 그리고 내친김에 소위 진정한 '노블레스 오블리주(Noblesse Oblige)'라면 이 정도는 되어야 하지 않을까 하는 목소리도 조심스레 내보고 싶다. 그것도 내가 받은 것에 대한 작은 사회 환원이라는 그럴듯한 제목을 붙일 수도 있지 않을까?

나는 생활 속에서 지하철의 경로석 거부를 꾸준히 실천할 것이다. 사실은 나이를 거부하고 시간을 거스르고 싶은 나의 몸부림 중 하나다. 나이 들어감에 따라 지하철 무료 승차처럼 우대받는 불편한 진실(?)은 점점 더 많아질 것이다. 노인도 다 같은 노인이 아니다. 60대 노인과 80대 노인은 또 다를 수밖에 없다. 그러니 이제부터라도 이렇게 해보자. 나보다 더 나이가 많아 보이거나 불편해 보이는 사람이 가까이 오면 기뻐하자. 자리를 양보할 수 있음에 감사하자.

같이 늙어가는 처지에 굳이 내가…… 이러면서 눈길을 피하거나 제발 조는 척 좀 하지 말자. 그냥 조건반사까지는 아니더라도 재빨리 잠깐의 육체적 안락을 포기하고 정신적 안위를 택하도록 하자. 자리를 양보하고 나서 꼭 지하철 서핑까지 하라는 말은 아니다. 무수히 달려 있는 손잡이만 살짝 잡아도 절대 쓰러지지 않는다. 그렇다고 한 시간 두 시간씩 서서 갈 리는 만무하지 않겠는가? 어쩌면 두어 정거장도 못 가서 옆자리가 빌지도 모른다. 그러니 너무 마음 안 편하고 몸만 좀 편한 어정쩡한 버티기는 이제 하지 말자. 그 대신 일단 양보하자. 그리고 오래 서서 가게 되면 다리가 단련되어 좋고, 운 좋게 바로 다시 앉아 갈 수 있으면 하늘은 스스로 돕는 자를 돕는다는 말이 맞구나 하며 속으로 흐뭇해하자.

만약 양보하기 싫고 또 경로석도 포기하기 싫으면 아예 멀지 않은 거리 정도는 걸어 다녀라. 지하철에서의 머리싸움, 몸싸움, 자리다툼보다는 훨씬 더 큰 건강이라는 보상까지 얻게 될 테니까. 제발 말로만 "나는 젊게 산다"고 자랑하지 말자. 진짜 젊게 산다면 당신의 머릿속에서 지하철 경로 우대석부터 지워버려라. 그게 싫다면 몇 정거장 정도는 걸을 각오를 하라. 그게 진짜 젊게 사는 법이다.

나는 5년 후에 퇴사하고 싶다

지민 지음 | 14,000원

빛나는 인생 2막을 위해
지금부터 5년 후 퇴직을 준비하라!

"퇴직 후 어떻게 살아야 하는가?" 100세 시대 은퇴 이후의 삶을 고민하는 사람들이 많다. 이 책은 100세 시대 퇴사를 준비하고 있거나 진행 중인 사람, 은퇴 이후의 인생을 사는 사람들을 위해 저자는 주간, 월간, 분기, 연 단위로 시간을 전략적으로 경영하여 내 인생의 주인이 되는 방법, 퇴사 준비는 회사에 다니면서 시작하는 퇴직 준비의 원리, 퇴직 후 생활을 대비한 습관을 만들기 등을 알려준다. 지금의 회사를 당장 때려치울 것인지, 참고 다닐 것인지 매일 고민에 휩싸여본 사람이라면 현실적인 퇴직 준비에 관한 조언을 얻을 수 있을 것이다.

서드 피리어드

장영환 지음 | 13,800원

100세 시대, 60세 이후 세 번째 인생을 준비하라
3040이 반드시 갖추어야 할 34가지 생존 기술!

100세 시대 우리나라 국민 중 퇴직 후 생활이 준비된 사람은 불과 2.2퍼센트에 불과하다. 준비가 안 된 사람들에게 100세 시대는 축복이 아닌 공포로 느껴지고 있다. 은퇴 이후에 어떤 준비를 해야 할지 걱정되는 직장인을 위해 저자는 인생의 생애주기를 4단계로 나누어, 각 단계의 연령대에 따라 어떤 기준으로 준비해야 하는지 상세하고 구체적으로 설명하고 있다. 퇴직 이후를 걱정하는 이들에게 이 책은 생존을 위한 경제적인 능력과 함께 가치 있는 삶을 어떻게 준비해야 하는지 길을 제시해줄 것이다.